U0724063

何 芹 ◎ 著

新型城镇化若干问题研究

中国水利水电出版社
www.waterpub.com.cn
·北京·

内 容 提 要

本书在前人研究成果的基础上,通过对新型城镇化理论和实践的回顾总结,借鉴国外城镇化发展的经验教训,系统梳理当前我国新型城镇化面临的主要问题,分析这些问题产生的深层次原因,提出相应的对策建议,目的在于探索一条既遵循城镇化发展客观规律,又符合中国国情、有别于传统城镇化发展道路的新型城镇化发展理念和道路,以提高中国城镇化发展的水平和质量。

本书结构合理,条理清晰,内容丰富新颖,可供理论界和实际工作部门参考借鉴。

图书在版编目(CIP)数据

新型城镇化若干问题研究/何芹著. —北京:中
国水利水电出版社,2017.8 (2024.1重印)
ISBN 978-7-5170-5784-0

Ⅰ.①新… Ⅱ.①何… Ⅲ.①城市化—研究—中国
Ⅳ.①F299.21

中国版本图书馆 CIP 数据核字(2017)第 212690 号

书 名	新型城镇化若干问题研究 XINXING CHENGZHENHUA RUOGAN WENTI YANJIU
作 者	何 芹 著
出版发行	中国水利水电出版社
	(北京市海淀区玉渊潭南路 1 号 D 座 100038)
	网址:www.waterpub.com.cn
	E-mail:sales@waterpub.com.cn
	电话:(010)68367658(营销中心)
经 售	北京科水图书销售中心(零售)
	电话:(010)88383994、63202643、68545874
	全国各地新华书店和相关出版物销售网点
排 版	北京亚吉飞数码科技有限公司
印 刷	三河市天润建兴印务有限公司
规 格	170mm×240mm 16 开本 15.25 印张 273 千字
版 次	2018 年 1 月第 1 版 2024 年 1 月第 2 次印刷
印 数	0001—2000 册
定 价	68.00 元

前　言

　　新型城镇化是今后一个时期我国发展的主战略，是未来中国经济增长的重要的持久动力，是未来扩大内需的最大潜力所在。推进新型城镇化发展，是我们党立足全局、着眼长远、与时俱进的重大战略决策，也是在中国现代化建设发展到一定阶段，对现阶段突出矛盾的一次求解，对推进我国现代化建设事业的实现具有重大意义。

　　本书在前人研究成果的基础上，通过对新型城镇化理论和实践的回顾总结，借鉴国外城镇化发展的经验教训，系统梳理当前我国新型城镇化面临的主要问题，分析这些问题产生的深层次原因，提出相应的对策建议，目的在于探索一条既遵循城镇化发展客观规律，又符合中国国情、有别于传统城镇化发展道路的新型城镇化发展理念和道路，提高中国城镇化发展的水平和质量，供理论界和实际工作部门参考借鉴。

　　城镇化是现代化的必由之路。本书从工业化、信息化、城镇化、农业现代化"四化"协调发展的角度，分析了在全球化、市场化、信息化和生态化的时代背景下，城镇化发展的新趋势和新特点，提出了推进新型城镇化的发展理念、推进机制和推进主体，专题论述了新型城镇化的体制机制、产业支撑、土地利用、生态价值取向、可持续交通、农民市民化转化、历史文化保护传承、发展质量、旧城改造、城市治理等十个方面重大问题，并对我国新型城镇化的推进提出了政策建议。

　　习近平总书记指出，新型城镇化建设一定要站在新起点、取得新进展。要坚持以创新、协调、绿色、开放、共享的发展理念为引领，以人的城镇化为核心，更加注重提高户籍人口城镇化率，更加注重城乡基本公共服务均等化，更加注重环境宜居和历史文脉传承，更加注重提升人民群众获得感和幸福感。要遵循科学规律，加强顶层设计，统筹推进相关配套改革，鼓励各地因地制宜、突出特色、大胆创新，积极引导社会资本参与，促进中国特色新型城镇化持续健康发展。

　　推进新型城镇化是当前和长远相结合，统筹稳增长、调结构、惠民生的重要战略举措。要积极推进农业转移人口市民化，加快落实户籍制度改革政策，全面实行居住证制度，推进城镇基本公共服务覆盖常住人口。要加快城镇棚户区改造和基础设施建设,推动新型城市建设,加快培育中小城市和特色小城镇,全面提升城市综合承载能力。要充分发挥新型城镇化对新农村建设的辐射带动作用,推动基础设施和公共服务向农村延伸,搭建多层次、宽领域、广覆盖的融合发展平台,带动农村一二三产业融合发展。要做好"地""钱""房"三个方面的改革,完善土地利用机制,创新投融资机制,完善城镇住房制度,为新型城镇化提供科学合理的制度保障。要进一步深化新型城镇化综合试点,努力在建立人口市民化成本分担机制、多元可持续城镇化投融资机制、完善农村宅基地制度、创新设市设区模式等方面,尽快实现突破。

由于学识水平所限,加之时间仓促,错误和不当之处在所难免,恳请专家学者和同行们批评指教!此外,本书借鉴和参考了相关论著与文献资料,在此谨向著者致以深深的敬意和谢意!

作　者

2017 年 5 月 18 日于华北水利水电大学

目 录

第一章　新型城镇化：当前中国发展的重大课题

　　当前,我国正走在实现工业化、城镇化、信息化、农业现代化的新"四化"征途上,其中城镇化是重要载体,是现代文明的重要标志,也是我国全面建成小康社会面临的重大课题。完成城镇化的任务,不能走过去城乡分割发展的老路,必须城乡结合、城乡一体,走出一条新型城镇化道路。破解新型城镇化课题,需要从城市的起源、功能等方面深入研究,以期把握新型城镇化的规律,科学实现城镇化的发展目标。

第一节　城市的起源和城市化、城镇化的关系

一、城市的起源

(一)古代城市的形成和缓慢发展

　　人类早期,居无定所,为了共同抵抗个体庞大的凶猛动物,以便生存繁衍下去,个人只有选择联合其他人群而群居。随着群居群体的不断壮大,抓获的猎物也不断增多,并且不便携带游牧,就选择水草丰美之地定居下来。定居以后,为了抵御外来野兽的入侵,就在定居地逐渐形成了早期的村落。经过不断地繁衍生息,村落人口不断增长,规模不断增大,猎杀一只动物,整个村落的人倾巢出动显得有些多了,且不便分配猎物。于是,村落内部便分化出若干个群体,各自为战捕获猎物,猎物在群体内分配。由于群体的划分是随意进行的,对于那些老弱病残的群体来说,因为常常抓获不到动物而只好依附在力量强壮的群体周围,获得一些食物。而收获丰盈的群体,不仅消费不完猎物,还可以把多余的猎物拿来,与其他群体换取自己没有的东西。于是,早期的"城市"便形成了。《世本·作篇》记载:颛顼时"祝融作市"。颜师古注曰:"古未有市,若朝聚井汲,便将货物于井边货卖,曰市井。"这便是

— 1 —

"市井"的来历。与此同时,在另一些地方,生活着同样的村落,村落之间常常为了一只猎物发生械斗。于是,各村落为了防备其他村落的侵袭,便在村落周围篱笆的基础上筑起城墙。《吴越春秋》一书有这样的记载:"筑城以卫君,造郭以卫民。"城以墙为界,有内城、外城的区别。内城叫城,外城叫郭。内城里住着皇帝高官,外城里住着平民百姓。这里所说的君,在早期应该是猎物和收获很丰富的群体,而民则是收获贫乏、难以养活自己,依附在收获丰盈的群体周围的群体。人类最早的城市其实具有"国"的意味,这就是一般认为的人类城市的形成及演变的大致过程。

由此可以看出,农耕时代,人类开始定居,城市就出现了。但由于农业经济时代的生产力低下,城市的主要作用是军事防御和举行祭祀仪式,并不具备生产功能,只是一个消费中心,并且每一个城市与其控制的农村,构成一个小单位,相对封闭,自给自足,因此城市发展非常缓慢。

18世纪中后期,第一次工业革命发生,工业化快速蔓延,生产力水平迅速提高,城市功能急剧扩展,现代城市开始诞生。最初城市中的工业聚集,是为了使商品交换更为方便而形成的。在城市中直接加工销售相对于将已加工好的商品拿到城市中来交换而言,则是由于工业城市的出现而产生的商业变革。伴随着这种工业变革和商业变革,城市规模、城市交通、城市布局等发生着巨大变化。

(二)城市起源的主要学说

城市的形成和推进是长期演化的结构,因此我们有必要从历史的角度去回顾城市的起源。目前最早期出现城市文明有五个地区:美索不达米亚、埃及、印度河峡谷、中国北方以及中美洲。不同学者通过对这五个区域的材料收集、分析、总结,提出六种城市起源学说。尽管每个学说都不够完美,不能考虑得面面俱到,但它们都展示了促进早期城市化的不同因素的作用。

一是农村剩余产品说。随着生产力的逐渐进步和社会生产的缓慢发展,人们开始有了多余的农产品、畜产品,需要相对集中的集市进行交换。进行交换的地方逐渐固定,聚集的人多了,就有了市,后来就建起了城。同时,剩余产品管理需求呼唤城市更加集中化的社会组织结构的出现,以维护资源的合理分配、管理商品的正常交易、约束部落等,新的城市管理阶层便应运而生。

二是人口压力说。随着村落人口规模的扩大,可能逐步扰乱了原有的人口与资源的平衡,迫使一部分人迁移到进行农业生产环境相对较差的地区,这个场景可能促进了早期农业技术的突破,或是贸易、防卫、手工业等非农活动的开展,这些活动可能支撑了城市集聚的进一步建立。

　　三是防御学说。远古时期人们为了抵御外敌入侵而群居。出现灌溉农业后，为了宝贵的灌溉系统不被打击，需要综合的防御系统。大量城墙和其他防御工事的遗迹广泛存在，证明了这点。同时以防御为目的的人们的群居激励手工业专业化，带来分工细化和阶层多样化，形成不同的城市群体。

　　四是水文学说。研究表明很多早期城市起源于通常依赖灌溉和受定期春季洪水控制的农业地区。

　　Karl August Wittfogel 指出精密的灌溉项目需要劳动分工、大尺度的协作以及耕作的强化。基于农业产品过剩的前提，通过促进职业专业化、社会组织集中化，这些需求激发了城市的发展。

　　五是贸易需求说。很多学者观察到无数的城市中心是围绕市场区发生的，于是将城市的出现归结为长途贸易的功能。贸易网络形成需要一个管理商品正式流通系统，社会组织随之发展起来。总之，不断强化的职业专业化和经济竞争促进了城市的发展。

　　六是宗教需求说。大量宗教建筑和寺庙的存在反映出宗教在早期城市居民生活中的重要地位。Sjoberg 认为，精英集团通常通过对圣坛祭品的控制得到政治和经济权力，从而影响着促进城市形成发展的经济社会因素。

二、城市的内涵和本质

(一)城市的含义

　　即使是最原始的城市，从其存在那天起，就是一个具有多面性的、复杂的系统有机体。到目前为止，尚未有公认的对现代城市全面的确切的定义，但是不同学者从不同侧面揭示着现代城市的特点。马克思认为，现代城市相对于乡村的孤立和分散，是人口、生产、资本、享乐、需求的集中。列宁指出，城市是经济、政治和人民精神生活的中心，是前进的动力。有的学者认为，城市是相当大面积和高人口密度的地域共同体，其中住着各类非农业的专门人员。法国地理学家约克认为城市是一片经济空间，一种人口密度，一个生活中心，一种气氛，一个灵魂等等。总之，现代城市是一定范围内政治、经济、文化、宗教、人口等集中地和中心所在，是以非农业产业和非农业人口集聚为主要特点的居民生产、消费和居住场所。

　　学术界依据自身研究方向的不同，从不同领域、不同角度对其进行研究和认识。

　　一是从经济学角度。城市是在有限空间的各种经济市场(包括住房、劳动力、土地、运输等私人企业和公共部门)交织在一起产生规模经济的连片地理区域。

二是从社会学角度。城市是在特定区域聚集、具有社会性异质性的诸多个体的总和,它们之间的相互联系和相互作用导致了社会关系的多样性。

三是从地理学角度。城市是从事非农产业的人口在交通便利的环境中形成的人群和房屋密集结合体,它强调的是人类对其居住环境的依赖与改造。

四是从城市规划学角度。依据《城市规划基本术语标准》,城市是以非农业产业和非农业人口集聚为主要特征的居民点。

以上各个学科的学者从各自的研究目的出发,对城市进行了各自不同层面的定义,对于我们从不同角度去认识城市具有重要启示。

(二)城市的本质

综合以上分析,我们认为城市是为满足人类自身需求而不断推动生产力和生产关系融合的高效率的空间载体,城市的产生取决于自然、地理、经济、社会、政治、文化等诸方面的因素。

在这里主要强调以下几点。

第一,城市是人类为满足自身需求而产生。所有权威著作关于城市的起源和推进的研究,都能够得出一个结论:城市是随着生产力的发展,人们需求的扩展和提升而产生的。人的需求的不断生成和变化,形成了非农产业,而这些非农产业的集中便形成了城市。从最初的农业为主的农耕时代手工业的兴起,到工业时代,工业的兴起、繁荣、第三产业的崛起,本质上都是人类追求需求最大化的结果。

第二,城市是生产力和生产关系高度融合的空间载体。城市规模的从小到大,城市功能的不断拓展,城市定位的不断优化,无不反映着生产力推动着生产关系的不断改进,生产关系不断地反作用于生产力,二者在相互作用中高度融合,共同推动城市向前迈进。空间是城市存在和发展的基础,又是城市经济运行的基本要素。城市经济的本质属性就在于其空间性,空间是城市存在的基本形式。研究城市问题,如果离开了空间这个载体,就像航行失去了坐标,研究将迷失方向。

三、城市化与城镇化

(一)城市化的基本含义

城市化一词源于英文 urbanization,其词头 urban 意为都市的、市镇的;其词尾 ization 由 iz(e)+ation 组成,表示行为的过程,意为"……化"。1867

年西班牙城市规划设计师赛达在《城市化原理》中从工程技术角度较早使用
"城市化"一词，迄今已经有100多年的历史了。由于城市化是一种动态的、
复杂的、长期的、影响深远的经济社会转变过程，因此自"城市化"一词诞生
以来，就受到不同学科背景的学者的密切关注，并深入研究。

人口学家倾向于城市化是农村人口不断向城市迁移，城市人口比重不
断提升的过程。如赫茨勒指出：城市化，就是人口从乡村地区流向大城市以
及人口在城市的集中；威尔逊在《人口辞典》中认为：人口城市化即指居住在
城市地区的人口比重上升的现象。经济学家侧重于从经济与城市的关系出
发，强调城市化是从乡村经济向城市经济形态的转变过程。沃纳·赫希认
为：城市化是从人口稀疏、孤立分布等特征的农村经济，转变为具有基本对
立特征的城市经济的变化过程。社会学家以社群网（即人与人之间的关系
网）的密度、深度和广度作为研究城市的对象，强调社会生活方式的产生、发
展和扩散的过程。如美国学者沃思指出：城市化意味着乡村生活方式向城
市生活方式质变的全过程；日本社会学家矶村英一认为城市化的概念应该
包括社会结构和社会关系的特点，城市化应该分为形态的城市化、社会结构
的城市化和思想感情的城市化三个方面。地理学的城市化定义强调人口、
产业等等由乡村地域景观向城市地域景观的转化和集中过程。日本地理学
家山鹿城次指出，城市化概念应当包括城市地域的扩大，大城市地域的形
成，城市关系的形成与变化等等。

城市化的概念与城市概念一样，迄今为止没有统一的定论。笔者通过
对诸多城市化定义的汇总整合，总结出城市化的内涵：随着非农经济向城市
集中，农村人口向城市集中，城市基础设施不断完善，其综合承载力不断增
强，逐步实现经济城市化、空间城市化、人口城市化，完成人们生活方式从乡
村社会向现代都市的转变。

（二）城镇化的内涵

"城镇化"是我国学者创造的一个具有中国特色的新概念，显然，该词汇
的出现要晚于"城市化"。1991年，辜胜阻在《非农化与城镇化研究》中使用
了"城镇化"的概念，提出了中国城镇化发展的"二元城镇化理论"，即在推行
以发展城市圈、城市带为特点的网络型城市的同时，推进农村范围内的村庄
和居民点向城镇聚集。农村城镇化作为整个城市化过程的重要组成部分，
指农村人口由第一产业向二三产业转移，居住地由农村区域向城镇区域迁
移的空间聚集过程。具体表现为：农民身份的转变，生活方式的改变，基础
设施和公共服务的提升和共享等等。城镇化是我国发展阶段的产物，是一
个发展中的概念，是一个历史范畴，符合中国当前由农业人口占很大比重的

传统社会向非农业人口占多数的现代化社会转变的历史过程,是我国在实现工业化、现代化过程中所经历社会变迁的一种反映。因此,党的十五届三中全会通过的《中共中央关于农业和农村工作若干重大问题的决定》正式使用了"城镇化"一词,这是近50年来中国首次在最高官方文件中使用"城镇化"。

(三)城市化与城镇化的关系

从前文对城市化和城镇化含义界定可以看出,二者是既有联系又有区别的概念。两者的相同点是:都是实现了人口从分散到集中,人们从事农业活动到从事非农业活动,实现农民的职业转换和居住地的空间转移过程。也就是说两种提法的"化"字内涵是完全一致的,指的都是事物朝着某种目标运行的变化向度、发展态势、变迁路径和演进趋向的动态过程。两个概念的差别,在于"城市"和"城镇"的差别。其不仅是中文词汇的不同,更是基本内涵的差异。《现代汉语词典》对"城市"一词的解释是:"人口集中、工商业发达、居民以非农业为主,通常是周围地区的政治、经济、文化中心。"《现代汉语词典》对"城镇"一词的解释是:"城市和集镇。"而对"集镇"的解释是:"以非农业人口为主的比城市小的居住区。"1989年12月26日第七届全国人民代表大会常务委员会第十一次会议通过的《中华人民共和国城市规划法》第三条对"城市"一词的解释是:"本法所称城市,是指国家按行政建制设立的直辖市、市、镇。"尽管在2008年颁布《中华人民共和国城乡规划法》取代《中华人民共和国城市规划法》,"城市"定义未做改变。据规划局的解释是,这里的"镇"指的是非农业人口为十万左右,是小城市的范畴。在实际操作中,通常指的是位于县城的城关镇,及少数的具有一定规模的"重镇"。而"城镇化"中的"镇"指所有的建制镇及乡镇管辖的小集镇。因此来说城市不等于城镇,城市化不等于城镇化,城市化水平不等于城镇化水平。"城镇化"模型的基本结构是:"城镇化"="城市化"+"乡镇化"。城镇化不仅包含了城市化的主张,更包含了乡镇化的导向。

从国家层面将"城镇化"一词取代"城市化",是基于小城镇在中国的特殊作用,使得"城镇化"的提法更符合中国国情。采用"城镇化"的概念,一方面有利于避免片面发展大城市而产生一系列的问题,确保制定城镇化政策时既包含大城市,又积极发展小城镇,从而建立布局合理的城镇体系,使得农村人口有序转移,城乡经济社会协调发展。

四、新型城镇化概念的提出

改革开放以来,我国城镇化进程不断加快,这对于扩大内需、推动经济发展具有不可替代的作用。然而这种粗放型工业化推动下的传统城镇化发展模式也带来很多问题,导致城镇人口规模量的几何级增长,城镇空间"摊大饼"式的无序膨胀,能源资源的大量消耗,城市承载能力不堪重负,城镇生态环境迅速恶化,贫富差距两极分化,严重制约着我国经济升级转型,制约了城乡一体化发展,影响了共同富裕进程,生态文明建设也难以为继。在这样的背景下,走新型城镇化成为学界和政界的普遍共识。党的十六大报告提出"走中国特色城镇化道路",新型城镇化概念已经呼之欲出。2003 年谢志强在《社会科学报》发表《新型城镇化:中国城市化道路的新选择》一文,开始探讨新型城镇化道路。党的十六届五中全会提出"新四化"目标,明确倡导新型城镇化的发展方向。党的十七大报告确定"新五化",提出了新型城镇化的指导思想。随后,新型城镇化写入国家和各级地方政府的十二五规划之中。党的十八大报告明确提出"坚持走中国特色新型城镇化道路",进一步明确提出新型城镇化的概念。十八届三中全会《决定》对推进新型城镇化的战略思路和具体路径做了明确规定。随后我们党召开了全国城镇化会议,旨在进一步探讨新型城镇化的推进思路、具体对策及保障措施。

国务院总理李克强明确指出,新型城镇化的核心是以人为本的城镇化,这就要求不断提升城镇化建设的质量内涵,推动城镇化由数量规模增加向注重质量内涵转变。具体体现在以下几方面:一是重在强调产业支撑、人居环境、社会保障、生活方式等方面实现从"乡"到"城"的转变;二是通过观念更新、体制革新、技术创新和文化复新,推动全社会的新型工业化、区域城镇化、社会信息化、农业现代化、生态良性化的发展过程;三是通过建立以改革农村土地制度为主的补偿机制、以改革户籍制度为主的基础设施和公共服务共享机制、以产业支撑和城镇体系建设为主的协同机制,推动农村人口真正能够"转得出、进的来、留得住";四是要改变以往依靠中心城市带动的城市化发展战略,而是更加强调发展城市群、大中小城市和小城镇协调发展的城乡一体化建设方针。综上所述,不论从新型城镇化提出的发展历程,还是其实质内涵、现实意义看,其必将成为今后一个时期中国发展的重要战略任务。

第二节 世界城市化发展历程和道路启示

中国城镇化目前正处于快速推进时期,在面临良好发展机遇的同时,急剧的城镇化引发的一系列经济、社会、人口、资源、环境等方面的压力和不可持续发展的问题,也对我国深入推进城镇化进程带来诸多挑战。为少走弯路、少犯错误,有必要通过总结世界城市化的发展历程和经验教训,为我国当前的城镇化的健康发展提供有益的启示借鉴。

一、世界城市化发展阶段和发展模式

(一)世界城市化的三个发展阶段

1.工业革命前的缓慢发展阶段

这个阶段主要是指从城市的出现到18世纪中叶工业革命的兴起为止。在这5 250多年的历史长河中,期间经历了城市起源及扩散阶段、中世纪商业城镇发展阶段和文艺复兴工业革命酝酿阶段,产生了印度河峡谷、古埃及都城、美索不达米亚、中国北方和中美洲的玛雅古城等古老的城市文明,出现了40万人口的雅典古城、100万人口的罗马古城、100万人口的西安古城和70万人口的北京元明都城等人类农业文明时期的最具代表性的城市。这个时期城市化进程十分缓慢,世界城市化水平仅仅增长了3个百分点,即从零增加到1750年的3%左右。城市化进展缓慢的原因在于工业革命之前农业经济比重较大,劳动力密集型传统手工业是城市经济的主体,手工作坊和私营小型企业是城市经济活动的主要场所,商业服务比较落后,因而城市对农村人口的带动能力太小,不足以吸引农村人口大规模迁移到城市。

2.局部地区快速城市化阶段

这个阶段从18世纪中叶第一次工业革命开始,到19世纪中期二战时期结束。第一次工业革命实现了机器大生产代替手工作坊,快速地推进人口向城市聚集,从此人类城市化的进程进入加速阶段。但由于工业化对社会制度、人口素质以及技术知识水平要求的门槛较高,因此这个时期城市化主要集中在西欧和北美洲等世界上较早开始工业革命的局部地区。据统计,从全世界范围看,自1750年到1950年的200年间,世界城市化水平从

3%提高到29.2%，提高了26个百分点。然而对于西欧和北美洲这些局部经济发达地区，到1950年，都基本达到了高度城市化，人口城市化率平均值在60%以上。

3.世界城市化广泛发展阶段

二战结束后，西方发达国家的现代工业迅速在全世界传播，全世界普遍开始了工业化和城市化进程，城市化也以前所未有的速度向前迈进。从1945年至2010年，世界城市化水平提高了23.9个百分点，从27%左右提高到50.9%，完成了城市化过半的伟大历史创举，人类进入欣欣向荣的城市文明时代。这个阶段，城市化主要呈现出三个特点：第一，发达国家的城市化继续深化、完善，成为主要靠第三产业推动的、后工业化时期的新型城市化的先驱；第二，随着一批紧追第三次工业浪潮的新兴国家的迅速崛起，这些国家成为城市化的主要推动者；第三，广大发展中国家随着工业化程度的提升，积极参与到世界城市化进程中来，并在其中发挥着越来越大的作用。

(二)世界城市化的发展模式

从城市化与工业化的相互关系看，世界城市化可以分为同步城市化、过度城市化和滞后城市化等三种模式。

1.同步城市化

同步城市化是指工业化和城市化协调发展、相互促进的城市化。工业化为城市化的主要推动力，为城市化提供必要的物质技术条件；城市化的发展促进人口聚集，增加城市数量、扩大城市规模，为工业化提供城市的规模经济效应，从而推动工业化的进一步发展。因此，这里的"同步"具体体现在城市化率与工业化率相协调、农村人口向城市转移的数量与城市提供的岗位相一致、城市化的发展与农业提供的剩余产品相适应、城市综合承载力与城市人口实现平衡等等。这是一种工业发展、技术进步、经济集聚推动型的城市化发展道路。

2.过度城市化

过度城市化是指城市化水平远远大于工业化的发展水平。大量的农民放弃农业，涌入少数的大中城市，而城市建设的速度跟不上人口城市化的速度。另外，城市工业不能为居民提供足够的就业机会和生活条件，从而造成严重的"城市病"，在大城市中形成大量的"贫民窟"。这种城市化发展模式是不利于经济和社会健康发展的畸形城市化。形成过度城市化的主要原因在于城乡二元经济结构形成的推力和拉力,再加上政府宏观调控措施的缺乏。比如印度、墨西哥等发展中国家的城市化模式。这些国家经济发展远不如发达国家,但城市化却高于发达国家,不仅没有带来高度工业化和经济繁荣,相反还使农业衰败、乡村凋敝,粮食由出口国变为进口国,温饱问题还没有完全得到解决。

3.滞后城市化

滞后城市化是指城市化水平落后于工业化水平的城市化。滞后城市化产生的原因在于政府为了避免城乡对立和"城市病"的发生,采取各种措施限制城市化的发展,从而引发了工业乡土化、农业副业化、离农人口"两栖化"、小城镇发展无序化、生态环境恶化等"农村病",同时使得城市的集聚效应和规模效应不能较好地发挥,严重阻碍了工业化和农业现代化及城市文明的扩散。这是一种不符合工业化进程的城市化发展模式,以改革开放前的中国为突出代表。

二、西方发达国家的城市化历程和典型代表

(一)西方发达国家的城市化历程

西方发达国家探索出了一条工业化和城市化协调发展的传统城市化道路,率先实现了城市化目标,并在解决城市化过程中出现的问题方面积累了宝贵的经验,对我国走出新型城镇化道路具有重要的启示和借鉴意义。因此,有必要再专门回顾总结一下西方发达国家的城市化发展历程。

1.初步城市化

这个阶段从 18 世纪中叶英国的工业革命开始,到 19 世纪中叶西方少数发达国家初步完成了城市化历程。现代意义的城市化是伴随着工业革命而开始的。18 世纪 60 年代,随着在英国开始以蒸汽机的发明和使用为标志的机器大生产代替手工作坊,大规模的集中生产方式逐渐成为生产的主流方式。生产的集中带来人口的集聚,大批的工业城镇产生,城市化开始了快速发展的历史进程。由于机器发明不断涌现,工厂规模、工业规模不断扩大,附近的人口越聚越多,村镇变成小城市,小城市变成了大城市等等,城市扩张的速度越来越快。在第一次工业革命的推动下,英国成为首个实现城市化的国家。与此同时,随着工业革命的扩散,城市化在欧洲大陆和北美洲

地区逐步兴起,法国开始于 19 世纪 30 年代,美国开始于 19 世纪 40 年代,德国、加拿大随后也开始了城市化进程。19 世纪中叶,这些发达国家基本上实现了初步的城市化。尽管当时的城市从功能上讲还不算是现代城市,经济还处于初级发展阶段,但环境污染、贫民窟等"城市病"问题已相当突出。

2. 城市化的深入推进

19 世纪中期,随着以电气化为主要技术标志的第二次工业革命在美、德、英、法等主要资本主义国家兴起,重工业逐渐取代轻工业成为当时的主导产业。这次工业革命,进一步推动了生产力的发展,加快了企业和工业的聚集,进一步改变人口的空间布局,推动人口急剧向城镇集中。到 20 世纪中期,西方发达资本主义国家基本都完成了城市化。英国城市化水平最高,为 79%。随着西方发达国家经济的腾飞,城市的基础设施得到大量的修建,城市生活和工作条件得到改善,原有的近代城市发展为现代城市。然而以前的贫民窟和各种社会问题依旧没有从根本上解决,并且开始显现出"过度城市化"的问题。

3. 城市化进一步发展

20 世纪 50 年代以来,以信息化为标志的第三次工业革命兴起,使得以信息化为核心的高新技术产业开始取代重工业成为主导产业,从而推动着发达国家从工业经济向信息经济迈进。随之,信息化对发达国家的城市布局、人口分布产生了巨大影响,推动城市化进入新的发展阶段。这个阶段依据人口分布情况,出现两种城市化状态。一是分散城市化。由于中心城市的过度拥挤及交通越来越便捷,以西欧为代表的发达国家出现了人口城市化从集中为主向分散为主转变,即中心城区人口不断减少,郊区人口相应增加,城市分布趋于分散化,郊区化和逆城市化特征明显。这里需要说明的是这里的逆城市化并不代表对城镇化的否定,而是在高度城市化基础上的人口分布的调整和完善。这一城市化趋势使得城市文明在郊区加速传播,缩小了城乡差距,同时也带来了城市的过度蔓延、中心城区的衰败等。二是以北美洲和大洋洲为代表人口高度集中城市化。由于中心城市基础设施、环境治理能力的推进,汽车燃油成本的高涨,一些发达国家的城市居民重新返回城市中心,这是城市人口布局的再调整。

经过这三个阶段,西方发达国家基本上实现了高度城市化。据统计,至 2005 年,发达国家总体的城市化水平达到 74.1%,英国、美国等国家的城市化水平达到了 80% 以上,法国、德国、西班牙超过了 75%,日本、意大利、奥地利的城市化水平超过了 65％。同时,通过对这些发达国家城市人口布局的分析表明,欧洲国家的城市化以中小城市的发展为主,而北美洲和大洋洲国家的城市化以大城市的发展为主。

(二)以英美为代表的发达国家城市化道路

发达国家走的是一条工业化和城市化相互促进、大中小城市基本协调发展、城乡差别和工农差别先扩大后缩小的动态均衡的城市化道路。在运行机制上,主要是依靠市场自发调节机制,同时也重视政府的宏观调控和规划引导。从成效来看,西方发达国家走出一条较为成功的城市化道路,非常值得我们学习和借鉴。在这里我们重点研究美国、英国这两个最具有代表性的发达国家的城市化道路的特点。

1.美国城市化的特点和启示

美国作为当今世界经济最发达、综合实力最强的超级大国,也是实现城市化非常成功的国家,到 2010 年美国的城市化率已达到 82.1％。美国城市化进程所体现的发达国家城市化的一些典型特征,可以为我们认识城市化提供一个有益的参照系。深入分析研究美国城市化的历程和道路,可以发现美国城市化有如下特点,对我国的城镇化有重要的启示。

一是工业化与城市化的协调发展。首先,工业化在城市扩展和城市发展中起决定作用。在工业化初期,工业发展形成聚集效应,对城市化进程起到直接的推动作用;当工业化进入中期阶段以后,产业结构升级的巨大促进作用,超出了工业发展的直接集聚作用,特别是产业升级使得第三产业的比重明显增加,第三产业发展带动的大量就业需要推动了城镇化率的提升。统计数据表明,工业化以后美国服务业就业比重几乎是制造业的 3 倍。其次,城市化对工业化的升级转型同样起着巨大的促进作用。城市的集聚效应使得工业发展降低了人力成本、交通成本、区位成本等,从而使工业产品更有竞争力,加速了工业的积累和扩张;同时,随着城市人口的不断增加,对物质、精神需求不断提升,反过来进一步推动了产业结构的转型升级。

二是在城市化进程中大都市区居于核心地位。由于交通的逐步完善和便捷,城市居民逐渐形成工作在城市中心、居住在郊区城镇的生产生活模式。这些中心城市与周边城镇逐渐连成一片,形成面积广袤、人口众多、相互依存、融合发展的大都市区。这些大都市区逐渐连片发展,不断扩张,成为美国较为发达的城市化区域,并在城市化进程中处于"核心"地位,并辐射周边,对地区的经济、社会和文化等产生多方面的重要影响。美国目前有三个主要都市区:大西洋沿岸都市区、五大湖南部都市区、太平洋沿岸都市区。

据统计,三大都市区的 GDP 占全美国 GDP 总量的 76%,成为美国主要的人口居住、工业生产、文化产业的集聚地。

三是采用法律手段调控贫富差距。美国对发展程度不同的各州制定不同的消费税,如在较发达的加利福利亚洲,消费税率为 9.25%,在相对落后的内陆州,仅为 6% 左右。美国法律还规定,郊区和乡村的教育、医疗、保险、养老、通信等服务标准同城市完全一样,这样就缩小甚至消除了城乡差距,有效防止了城市化进程中的两极分化现象。

2.英国城市化的特点和启示

英国是最早开始大规模城市化的国家,其城市化是伴随着工业革命而兴起,相对其他发达国家,其城市化步伐更为迅猛和彻底。到 2005 年,英国的城市化率已达到 90% 以上。因而,认真总结英国城市化进程和主要经验,对推进我国城镇化健康发展具有重要借鉴意义。

一是以工业化助推城市化进程。工业革命兴起前,英国是一个以农业为主的传统乡村国家,只有少数人生活在伦敦等一些比较大的城市中。但工业革命蓬勃发展后,工厂如雨后春笋般兴起,大量的劳动力从第一产业转移到第二产业和第三产业,人口迅速集聚形成城市,极大地推动了城市化的进程。同时,工业的发展、科技的进步,又促进了先进农业生产技术的广泛应用和农产品产量的大幅度提升,农业开始形成规模效应,大农场纷纷建立,农业迅速实现机械化和现代化,使得英国可以用较少的农业人口生产出更多的农产品,满足更多的城市人口生活需要,为城市化的顺利进行提供了坚实的物质基础。

二是以发达的交通运输业保障城市化的扩张。交通运输是城市的血管,没有发达的交通运输业支撑,城市的生产品和消费品供应就难以为继,城市就失去了生命。英国在城市化进程中,建设了以运河、公路、铁路、空运等为纽带的四通八达的交通网络,极大地推动了城乡的经济联系,从而使这些交通枢纽地区快速发展成为集工业、商贸等一体的城市。

三是发挥大城市的引领和带动作用。城市化不是遍地开花,而是根据条件和基础,有重点地建设一些大城市,发挥其辐射带动作用。英国以伦敦为首的 10 个大城市发展速度一直远远超过其他小城市,这些大城市在全国范围内引领、带动着周边地区经济的发展,产生了巨大的集聚效应,成为农村人口转移的主要目的地。

四是依法保障劳动者的自由流动。城市化进程也是农村人口向城市转移的过程,其前提是劳动者能自由迁徙,根据城市化的进度和需要合法流动。英国在 1795 年就颁布《贫民迁移法》,同时取消《定居法》,以保证人口的自由流动,对促进城市化的顺利进行发挥重要的法律保障作用。

三、以巴西为代表的发展中国家城市化发展模式

巴西是拉美地区国土面积最大、人口最多、经济发展水平较高的发展中国家,其城市化进程一波三折,有成就也有失误,在拉美地区具有代表性,对发展中国家推进城市化有重要的借鉴意义。我们有必要分析巴西这种过度城市化国家的问题及原因,以避免犯同样的错误。巴西城市化进程具有如下特点,对我国具有诸多启示作用。

一是城市化过于超前经济发展水平。从 20 世纪 30 年代开始,巴西工业进入快速发展轨道,特别是重工业和耐用消费品产业进展迅速,同时在工业化的带动下一些大中城市也快速发展。但由于城乡二元经济结构问题没有很好解决,导致城市化与经济发展水平明显脱节,同时国家也没有采取得力的宏观调控措施,使得在 20 世纪 50 年代到 70 年代的 30 年间,巴西的城市化水平从 36.2% 快速上升到 67.6%,但人均 GDP 仅增加了 60%。而完成同样水平的城市化,发达国家则需要 50 年,人均 GDP 需要同时增加 2.5 倍。

二是城市人口过于集中于少数特大城市。巴西的城市化进程不够均衡,在区域上主要集中于圣保罗州等东南沿海地区,这使得少数特大城市的就业、交通、住宅、供水等由于人口数量的迅猛增加严重不适应,引发巴西的各类社会问题,这也是巴西后来社会动荡、经济下滑、进入所谓"拉美化"陷阱的重要原因。

四、国外城市化发展的经验借鉴

(一)城市化须与工业化同步发展

国外一些国家城市化的经验表明,只有同步城市化模式,才有可能实现工业化、农业现代化与城市化的协调发展与良性循环,避免或缓解、消除"城市病"。超前城市化模式和滞后城市化模式不符合可持续发展的现实需求。

(二)务必重视农业的基础地位

农业为城市的发展提供基本的物质消费资料,没有农业的发展,城市化只能是畸形的病态发展,不仅难以持续,而且失去了根基,成为无源之水无本之末,也不可能良性发展。因此,过度城市化之所以不合理不科学,就在于在没有农业现代化、没有积累大量剩余农产品的情况下,大量农民涌向城

市,导致农业的荒废和农产品产量的急剧下降,城市经济的发展缺少了最重要的物质基础,城市新增加的人口温饱问题突出,物资严重匮乏,在快速城市化进程中产生了严重的"城市病"。

(三)大中小城市必须协调发展

实践证明,城市过大,过少,过于集中,容易产生"大城市病";城市过多,过小,过于分散,就会影响集聚效应和规模效应,并且还造成土地资源的极大浪费,不利于农业发展。因此,大中小城市的结构、布局必须合理搭配,协调发展。

(四)坚持走市场力量决定、政府宏观调控的城市化道路

完全由市场调节,会引起农村人口无序涌入城市,导致城市的盲目发展甚至恶性膨胀。另外,公共基础设施和非盈利部门也不能完全依靠市场的力量,这就要求必须发挥政府宏观调控的引导作用。

第三节 中国城镇化发展历程和道路回顾

2001年诺贝尔经济学奖得主、美国哥伦比亚大学教授斯蒂格利茨(Stieglitz)认为,影响21世纪全球发展的两件大事之一,就是中国的城市化。随着全球化的不断推进,中国的工业化逐渐深刻影响世界发展,成为受世界关注的制造大国,被广泛认为是"世界工厂",相伴而生的城镇化也在深入推进。中国的城镇化历经60多年的坎坷发展,经历了起步、曲折、停滞、复苏和稳定发展阶段,目前步入快速发展时期。

一、城镇化起步时期(1949—1957)

1949年3月,中国共产党七届二中全会明确指出:"从现在起,开始由乡村到城市并由城市领导乡村的时期。党的中心工作由农村转移到城市。"随着党的中心工作由乡村向城市转移,我国的经济发展开始有了明显的好转,城镇化开始迈出新的发展步伐。数据表明,1949—1952年,我国的国民经济基本上得到恢复和正常发展,城镇化水平由10.64%提升到12.5%。1952年,毛泽东同志在《一九五三年至一九五七年计划轮廓(草案)》及其《总说明》《关于编制1953年计划及长期计划纲要的指示》等文件中明确提出:"工业建设以重工业为主,轻工业为辅。"因此,从1953年我国第一个五

年计划开始,在重工业发展推动下,城市化进程明显加速,至 1957 年,城市化率达到 15.39%。城镇人口由 5 765 万人上升到 9 949 万人,城市数量由 69 座增长到 176 座。这个阶段城镇化的基本特点是以重工业优先发展带动城镇化的同步发展。

二、城镇化曲折发展时期(1958—1965)

1958 年 5 月,中共八大二次会议正式通过了"鼓足干劲、力争上游、多快好省地建设社会主义"的总路线,并提出在 15 年或是更短时间内,在主要工业产品产量方面 10 年内超过英国,15 年内超过美国(所谓"超英赶美")。这次会议过后,全国都投入到"全民大炼钢铁"的大跃进运动中去,使大批劳动力涌向城市,出现了一次城镇化高峰,城市人口的年递增率竟达到 10.5%,1960 年城镇化水平达到 19.75%。到了 1961 年,由于受国际环境恶化以及国内连续三年的自然灾害的影响,国民经济严重萎缩,粮食困难。理论界认为,城市的发展取决于经济发展形势的需求,我国城市发展已超越了农业的承受能力,产生了反城市的观点。因此,在 1962 年为了纠正"大跃进"的错误,进行了国民经济的调整,并决定减少城市人口,中国城市化第一次经历了由城市人口转移到农村的城市化波动,并由此逐渐形成了城乡一体化的思想。这个阶段,城市数量由 1958 年的 176 座增长到 1960 年的 208 座,之后到 1965 年下降到 171 座;城镇人口由 1958 年的 10 271 万人,上升到 1960 年的 13 073 万人,之后到 1963 年下降到 11 646 万人;城镇化率由 1958 年的 16.25% 上升到 1960 年 19.75%,之后到 1965 年下降到 17.98%。这个阶段的基本特征可以总结为:工业化的"大跃进"带来城市人口的"大跃进",并随着形势恶化,国民经济进入整顿时期,城市人口不断减少,城镇化进入曲折发展时期。

三、城镇化停滞时期(1966—1978)

从 1966 年开始,我国进入长达十年的"文化大革命"阶段。这一时期,由于受"三线"建设、干部下放及知识青年"上山下乡"的政策影响,经济增长速度逐渐下降,再次出现了城市人口迁往农村的城镇化倒退现象,期间累计约有 30 万人被强制性地迁往农村,城乡一体化发展学说成为指导城镇化发展的主要思想。数据统计显示,从 1966 年起,中国的城镇化水平就逐渐下降,到 1972 年降至最低点,为 17.1%。1971 年以后,农村小城镇"五小工业"的发展使经济虽然有所复苏,但是城镇化水平仍然很低,1976 年仅为

17.4%。城市数量由 1966 年的 175 座增长到 1978 年的 193 座,城镇人口由 13 313 万人上升到 17 245 万人,城镇化率变化不大,均值为 17%。这个阶段的基本特征可以总结为:随着政治运动成为社会活动中心,工农业与城镇化同时陷入停滞局面。

四、改革开放后城镇化复苏和发展时期(1979—2000)

这一时期依据城镇化的发展动力不同,可以分为三个阶段。

(一)以农村改革为主要动力的城镇化恢复阶段(1978—1984 年)

以家庭联产承包责任制为主的农村经济体制改革在全国的推行,有力地调动了农民的生产积极性,促进了农村经济的繁荣发展。乡镇企业异军突起,成为推动城镇化发展的重要力量。到 1984 年,全国乡镇企业实现产值 1 245.4 亿元,占全国工业总产值的 16.3%,吸收非农产业的就业人数 5 208万人,占全国非农产业就业比重的 30.1%。在城乡二元分割体制下,农民自发建设小城镇的积极性空前高涨,诞生了一大批以浙江省龙港镇等为代表的小城镇。此外,2 000 万"上山下乡"知识青年和下放干部返城,以及高考的恢复和迅速发展也使得一批农村学生涌进城市,使得城市开始恢复和发展,终于结束了城市建设多年徘徊的局面。到 1984 年底,城市数量增加到 300 座,城镇人口增加到 24 017 万,城镇化率上升到 23.01%。

(二)以城市改革为主要动力的城镇化发展阶段(1984—1991 年)

十二届三中全会通过《中共中央关于经济体制改革的决定》,标志着国家将经济体制改革的重点转向了城市。对国有企业全面推行"拨改贷",深化企业"承包制",实施"利改税",推动了以轻工业为代表的城市工业全面发展。城市工业的恢复性增长,有力地带动了城镇化和第三产业的迅猛发展。到 1992 年,第三产业经济比重提高到了 34.3%,第三产业实现就业人数增加到 1.3 亿人,所占就业的比重上升到 19.8%。对外经济改革带来的开放新局面,也大大推动了工业化进程,催生了一大批城镇的诞生,深圳从香港边的小渔村发展成为国际大都市就是典型例子。继 1980 年国务院设立首批 4 个经济特区后,1984 年国家又开放了 14 个沿海港口城市,1985 年将长三角、珠三角、厦漳泉划为经济开放区,1988 年将海南全省批准为经济特区,1990 年又开发了浦东新区。沿海开发开放区域的不断扩大,在促进劳动密集型产业发展的同时,还推动了资本密集型和高科技产业的发展,提供了各种层次的大量就业岗位,在带动农村剩余劳动力转移的同时,还推动了大批城市和小城镇的发展,加之乡镇企业的蓬勃发展,使这个阶段城镇化呈现出"离土又离乡、进厂又进城"的小城镇化模式与"离土不离乡、进厂不进城"的农村城镇化发展模式并存局面。到 1991 年,城市数量增加到 479 座,城镇人口上升到 31 203 万人,城镇化率上升到 26.94%,建制镇上升到 12 455 个。

(三)以市场经济体制改革为主要动力的城镇化快速发展阶段(1992—2000 年)

中共十四大提出了建立社会主义市场经济体制的改革目标。党的十四届三中全会通过了《中共中央关于建立社会主义市场经济体制若干重大问题的决定》,要求在市场体系、宏观调控体系、国有企业改革、分配制度和社会保障制度改革等方面,实现改革的整体推进和重点突破,该《决定》指引了 20 世纪 90 年代的经济体制改革,使我国到 90 年代末基本建立了社会主义市场经济体制的体制框架。这一阶段,与城镇化关系最紧密的改革是:一是随着改革开放的大举推进,城市真正成为经济发展的主战场。1992 年国务院决定对五个长江沿海城市、13 个边境城市、11 个内陆省会实行沿海开放城市的政策,这些区域的经济迅速升温,随之,全国的经济开发区遍地开花,城市流动人口迅速膨胀。二是房地产发展与土地制度改革的有机结合,使得土地制度的改革加速推进,并取得重大突破。1993 年国家对商用型土地使用权采用公开招拍挂制度,1994 年国家推行城镇住房改革,有力地推动城市房地产的发展。1994 年我国开始分税制财政体制改革,强化了国家财政的分配协调功能,从而为地方政府建立"土地财政"奠定了基础。随着城市经济的迅猛发展,大量人口流入城市,房地产市场逐渐繁荣起来。同时,伴随着城市经济的繁荣与发展,乡镇企业由于竞争力差,城乡差距显著扩大,更是加快了人口向城市转移的步伐。到 2000 年,我国城镇化率达到 37%。

(四)城镇化进入质量提升的快速发展新时期(2001 年至今)

随着社会主义市场经济体制改革的不断深入推进,商品经济日益发达,市场建设不断完善,大中型城市规模迅速扩张。与此相适,城市建设日新月异,城市经济日趋活跃,城市群、城市带、大城市群也逐步形成并不断发展。同时,中央对小城镇发展也更加重视。党的十六大报告提出:"坚持大中小城市和小城镇协调发展、走中国特色城镇化道路"。2003 年党的十六届三中全会提出"科学发展观"的重大战略思想,标志着我们党在经济和社会发展战略上的重大转折。中央在提出"加快城镇化进程"的同时,更加强调"五个统筹"，即统筹城乡发展、统筹区域发展、统筹经济社会发展、统筹人与自然发展、统筹国内发展和对外开放。2006年党中央提出建设社会主义新农村的战略举措，明确提出要实行"工业反哺农业、城市支持乡村"的指导方针。针对区域差距过大的不利局面，国家区域发展战略进行了重大调整，继"西部大开发战略"之后，又分别实施了"振兴东北老工业基地"和"中部崛起"战略，力求实现东、中、西部的协调发展。同时，中央出台若干政策措施，要求解决农民工的养老、住房、子女教育、医疗等问题，并将其纳入城市财政的统筹范围，逐步解决农民工的"市民化"问题。中央及有关部门出台若干政策意见，希望通过加大保障性住房的供给力度来切实解决中低收入群众的居住困难。中国城镇化发展开始走上数量扩张和质量提升并举的健康发展轨道。2012年中国城镇化率达到52%，第一次超过50%。党的十八届三中全会《决定》明确提出，坚持推进"以人为本"的城镇化，推进中大小城市和小城镇协调发展、产业和城镇融合发展，同时优化空间结构和管理格局，增强城市综合承载能力，这就意味着中国的城镇化将进入由人口城镇化向结构城镇化转变的加速期。

综上所述看，改革开放前我国城镇化速度非常缓慢，在1949—1978年近30年的时间里，中国的城镇化率仅从建国时的10.6%，增长到1978年底的17.9%。这个阶段，中国实行的是高度集中的计划经济体制，采用的是政府一元推动的自上而下的包办模式，城乡分割严重，工业基础薄弱并在发展中缺乏活力。改革开放以来，随着农村、城市改革的相继进行，经济迅速活跃起来，尤其是进入20世纪90年代后，市场经济体制改革号角的吹响，中国城市化进入前所未有的加速期。特别是2012年以来，提出走以人为本的中国特色新型城镇化道路，这将为中国城镇化道路的可持续发展提供了强有力的政策保障。

第四节　新型城镇化是当前中国发展面临的重大课题

中国的城镇化和美国的新技术革命被视为21世纪影响人类社会进程的最重要的两件大事。在全球化致使国际经济格局不断调整、我国处于经济转型阶段的关键时期，新型城镇化对于我国整体上加入世界城市网络体系、推动产业升级、转变经济发展方式、解决和预防传统城镇化造成的诸多经济社会问题等具有重大的战略意义。同时，城镇化对于拉动内需、提高人民群众的物质文化生活水平、缩小城乡差距、促进经济社会全面协调可持续发展，也具有重要意义。因此，新型城镇化是当前中国经济发展面临的重大课题。

一、新型城镇化是经济全球化背景下我国从整体上加入世界城市网络体系的客观需要

经济全球化、信息化是当今世界发展总体趋势。随着经济全球化、信息化程度越来越高,通信和交通的发展使得资源的流动成本日益降低,各国的经济体系将越来越开放,各种资源(信息、技术、资金和人力)的跨国流动规模越来越大,这将要求各国在全球化进程中,经济结构在空间上的重新组合,于是城市和区域体系将再次演化,将形成崭新的多级多层次的有机联系的世界城市网络。因此,在我国当前正处在加速城镇化的关键时期,必须改变基于传统"大一统"国家治理的框架,分为首都、省会、中心城市、县城等级别的传统的城市体系构建思路,从经济全球化的生产、流通、交换体系的形成机制出发,从加入到世界城市网络体系高度,构建新的功能节点。这就要求我国充分发挥后发优势,借鉴发达国家城市化的经验教训,高起点、高质量地建设新型城镇化,通过新兴产业的发展融合城镇化进程,构建新的城市网络体系,特别是要建立国际性和区域性的创新中心城市,并使之尽快成为中国与世界经济连接的新节点①。

二、新型城镇化是我国扩大内需和转变经济发展方式的强大动力

近年来党中央多次提出经济发展方式要从依赖出口和投资转变到消费、投资、出口协调发展上来,增强消费对经济的拉动作用,特别强调在扩大内需上下工夫。而新型城镇化就是一个扩内需、转方式的过程,这个过程在宏观上表现为经济结构、社会结构、文化观念、空间结构的变迁,在微观上表现为个人就业方式、消费方式、休闲方式、思想观念等的转变。这些转换都会有一个物质化的外在表现,那就是消费结构的转变②。

随着农民大规模进城定居,在新的生活环境下,进城农民的生活方式、居住方式、思想观念等发生着翻天覆地的变化,其消费观念和生活需求潜力得到充分释放,对医疗、休闲、通信等城市公共设施和服务产生巨量需求,这就创造了和提升了巨大的刚性内需。据统计,城市人口每增加1人,其用于消费的支出要增加5倍以上,另外拉动的城市基础设施和公共服务的潜在

---

① 顾朝林,张勤,蔡建明.经济全球化与中国城市发展——跨世纪城市发展战略研究[M].北京:商务印书馆,1999.

② 王振中.中国城市化道路[M].北京:社会科学文献出版社,2012.

投资需求是 10 万元左右。如果每年进城人口有 2 000 万,那么仅城市基础设施这一项投资需求就达到 20 万亿元。[①] 目前我们正处于城镇化的加速期,2012 年我国的城镇化率为 52.57%,这就意味着,我国城镇化率每提高 1 个百分点,将有 1 000 多万人转移到城市,意味着我国在 20 年的城镇化加速期[②]内将会产生巨大的投资和消费需求。

三、新型城镇化是解决和预防传统城镇化造成的诸多经济社会问题的有效途径

改革开放以来,我国的城镇化水平得到了极大提升,然而这种粗放的规模扩张式的传统城镇化发展模式,不论对于经济转型还是自身的可持续发展,都产生了诸多不利影响。这就呼唤以新型城镇化战略化解传统城镇化面临的诸多问题。一是新型工业化呼唤新型城镇化。要走科技含量高、经济效益好、资源消耗低、环境污染少的集约式、内涵式的新型工业化道路,必然要求较高素质的人力资源与区域经济发展和产业布局紧密衔接的城市布局,以及农业转移人口有序市民化和公共服务协调发展,注重城镇化的社会管理和服务创新。新型城镇化完全符合新型工业化的要求,为新型工业化的发展提供了有力保障。二是以新型城镇化解决中国城镇化自身发展中出现的问题。尽管我国的城镇化还滞后于工业化,但已经出现了各种不良倾向。诸如半城镇化、被城镇化、"大跃进"城镇化等现象,从而造成大城市过度集聚、小城镇无序开发、耕地滥占滥用、地区发展失衡、城市之间关系不协调、两栖人口不断增加等诸多问题,如果不采取新型的科学的城镇化道路,尽早预防和治理这些经济社会问题,以后将更难根治,严重制约我国走可持续发展道路。

四、新型城镇化是统筹城乡发展、推动产业升级的引擎

新型城镇化的一个重要内容就是逐步实现基础设施和公共服务的城乡共享,从而使得进入城市的农业人口享受城市的发展成果,同时使得城市文明向农村扩散,特别是就地城镇化的农民生活方式城市化、接受的公共服务城市化,逐步改变城乡二元经济社会结构,实现城乡一体化均等融合式

---

① 郑新立.转变经济发展方式是刻不容缓的战略任务[J].时事报告,2010(7).

② 依据美国诺瑟姆划分,10%～30%为城镇化的起步阶段,30%～70%为城镇化加速阶段,70%以上为城镇化成熟期。依据这个标准,我国目前处于城镇化加速阶段,还需将近 20 年,才能进入城镇化成熟阶段。

发展。

此外,新型城镇化为产业结构升级提供了重要依托。新型城镇化通过人口迁出机制、城乡共享机制、人口迁入机制等体制机制为动力,不仅推动了以教育、医疗、就业、社会保障等为主要内容的城镇公共服务发展,也推动了以商贸、餐饮、旅游等为主要内容的城镇消费型服务业和以金融、保险、物流等为主要内容的生产型服务业的发展,从而有力地引导和促进了我国的产业升级和结构转型。

第二章　新型城镇化建设的产业支撑

党的十八大提出,建设新型城镇化是以城乡统筹、城乡一体、生态宜居、和谐发展为基本特征的城镇化。城镇化建设的一个重要前提是产业的充分发展,产业的发展能推动城镇建设扩张,并为市民提供充分的就业岗位和各项生产生活服务。因此,城镇化的建设离不开产业发展的支持,只有大力发展产业,建立科学合理的产业布局与产业结构,才能实现新型城镇化建设的健康发展。当前我国城镇化建设还处于初期阶段,产业基础薄弱,产业支撑力不强,城镇化建设发展缓慢,所以在新型城镇化建设进程中,探讨产业发展与新型城镇化建设之间的关系、我国新型城镇化建设产业发展的现状以及如何推动新型城镇化建设的产业支撑问题有重要的现实意义。

第一节　产业发展在新型城镇化建设进程中的地位和作用

新型城镇化是指坚持以人为本,以新型工业化为动力,以统筹兼顾为原则,推动城市现代化、城市集群化、城市生态化、农村城镇化,全面提升城镇化质量和水平,走科学发展、集约高效、功能完善、环境友好、社会和谐、个性鲜明、城乡一体、大中小城市和小城镇协调发展的城镇化建设路子。城镇化的建设离不开产业的支撑,任何一个国家或区域的城镇化进程都伴随着产业发展。离开产业发展来空谈城镇化也只能是只有形式而没有内容的城镇化,是基础脆弱的城镇化,是空壳的不可持续的城镇化。因此,各项产业的发展是城镇化的支撑和立足点。

一、现代农业发展为新型城镇化建设提供了基础动力

城镇化的发展与产业演进大体是同步的,第一产业对城镇化的发展很重要,它是城镇化发展的前提条件。农业生产的发展水平和农业劳动生产率的高低,直接决定非农产业的发展水平,直接决定能养活多少城镇人口。

农业越发达,则可以提供更多的工业原料和更大的市场,使工业获得更多的发展,为进城农民提供更多的就业机会。由于社会生产力和科学技术发展水平的差异,对于农业现代化的内涵,截至目前为止,学术界对这一概念仍缺乏一个规范、统一的认识,不同时期有着不同的表述。20 世纪 50—60 年代,以"四化"即机械化、电气化、水利化和化肥化来概括农业现代化的内涵,从农业技术和生产方式变革的角度理解农业现代化,实际上是农业生产现代化或农业生产过程现代化。20 世纪 70 年代末至 80 年代中期,即改革开放的初、中期,人们对农业现代化的认识逐渐深化,农业现代化的基本内涵有了发展,延伸至经营管理现代化,认为农业现代化的本质是科学化,即应把农业的生产和管理逐步建立在生态科学、系统科学、生物科学、经济科学和社会科学的基础上。20 世纪 80 年代中期至 90 年代初期,我国学者广泛吸收国内外的发展经验,理论界对农业现代化的内涵有了更为深入的理解,主要集中在以下三个方面:第一,以科学化、集约化、社会化和商品化来概括农业现代化的内涵和特征;第二,用现代科技(尤其是生物技术)、现代装备、现代管理、现代农民来概括农业现代化的内涵;第三,认为生态农业或可持续发展农业才是真正意义上的农业现代化,以区别于以往农业现代化等同于"石油农业"的倾向。这些观点的共同之处在于,它们从广义上理解现代农业及农业现代化的内涵和外延,吸收了发达国家农业现代化的经验和教训,体现了可持续发展的思想,同时还认识到,农业现代化是一个复杂的社会系统工程,在一定的内部条件和外部条件下应将农业以及与之相关的主要社会经济问题纳入农村这一大系统之内综合分析,从农村和农业与其他相关社会经济方面的相互关系中研究农业发展问题,而不是简单地谈论农业自身的现代化。

新型城镇化是对传统城镇发展方式的扬弃,不是简单的城市人口比例增加和面积扩张,而是要在产业支撑、人居环境、社会保障、生活方式等方面实现由"乡"到"城"的转变,真正使我们的城镇成为具有较高品质的适宜人居之所。在这种转变的过程中,现代农业对新型城镇化支撑主要表现在以下四个方面。一是农业产品供给的支撑。城镇化需要的农业产品主要是两大类产品,第一种是食用性农产品,包括食物型农产品和原料型半成品,前者主要包括粮食、蔬菜、水果、肉类、奶类和蛋类等,主要用于城市居民日常生活;后者主要包括棉花、油料、糖料等经济作物,主要用于城市企业的生产。第二种是景观性农产品。很多农产品本身就能成为城市的景观,比如花卉、苗木等,既属于农业范畴,又属于生态范畴,这些都是提升城市品位与品质不可缺少的。农业现代化水平的高低决定了农业所提供的食物商品和景观性商品的数量和质量。因此,现代农业发展水平的高低不仅决定了城市人口的数量和规模,也决定了新型城镇化建设的规模和速度。二是农业产业延伸的支撑。除种植业和养殖业以外,农业向精深加工、商贸物流、文化创意、休闲旅游的延伸,也是城市产业发展的重要组成。三是农业功能拓展的支撑。农业的生态功能、文化功能的拓展不仅可以成为城市的产业,而且可以成为改善城市环境、促进城市和谐、彰显城市特色的重要元素。四是农业生产要素的支撑。首先是土地要素的支撑。没有土地的非农化,城市就没有空间发展。其次是农业劳动力的支撑。农业剩余劳动力向城镇的转移,既是现代农业发展的必然,也是城市二、三产业和城镇化发展的需要。五是现代农业发展为城镇化发展创造了市场条件。城镇化的推进需要农业发展为其提供市场,而农村是一个潜力巨大的市场,随着农业的发展以及农业劳动生产率的提高将使农业人口的收入提高。农民对工业品和服务的需求在绝对数量和相对比例上都会增加,从而为城市的第二、第三产业发展创造需求,使城市工业品的销售市场扩大,城市生产得以持续进行,城镇化建设的动力不断增强。另外,农业现代化过程本身也需要大量的农业机械、化肥等工业用品的投入,这也直接刺激了新型城镇的发展。

二、工业化是新型城镇化建设的核心动力

城市的发展进程在工业革命之前非常缓慢。随着工业革命的发生,生产技术和生产方式的转变,大工业生产体系的形成,使原来分散和落后的手工业生产和以农业为主体的乡村经济发生了性质的和地域的变化,使生产者能够摆脱农村土地的束缚,自由选择生产场所,发展工业所需要的生产者、原料、市场和交通运输网络,倾向于布局在人口相对比较密集、生产原材料比较丰富、商业市场比较发达和区位交通优势比较明显的城镇。许多企业为了降低基础设施建设成本和市场交易成本,共享新兴产业发展的新技术和现代信息资源,会致力于追求外部规模经济发展,倾向于产业集聚发展,这些因素使资本、工厂、技术和人口等工业因素迅速聚集在发展工业所需要的条件比较好的城镇,并通过长期发展得到积累,促进了城镇数量的增加、人口数量增加和城市规模的不断扩大,大量的生产活动和居住活动开始不断向城市集中,在城市获得发展的同时,工业的发展随之也成为城镇化发展的主要动力。同时,城市生产活动的聚集和人口的增加,城市基础设施的兴建和城市功能的不断完善以及经济效益的不断强化,又促进了工业的发展。正如钱纳里在《工业化和经济增长的比较研究》一书中指出:"工业化与

城市化密切联系,工业化过程伴随着产业结构的变化过程,这是城市化的动因。"[①]同时,工业发展阶段决定城镇化的发展速度,随着工业化的推进,中国城镇化水平由 2001 年的 37.7% 上升到 2013 年的 53.73%,到 2020 年,人口城镇化率将接近 60%。对比世界工业化和城镇化的发展速度,可以发现,在工业化初期,工业发展以缓慢的速度上升到占国民生产总值的 30% 的水平,这一时期,城镇化的发展速度也比较缓慢。在城镇化发展中期,工业发展的提速,迅速发展到占国民生产总值的 70% 的水平,这一时期,城镇化的发展速度也保持较快的增长,平均能达到初期工业化发展的两倍。在工业化发展的后期,工业发展速度缓慢或者下降,这一时期城镇化的发展速度随之缓慢或下降,甚至有些国家出现了逆城市化现象。可见,工业发展和城市化发展存在着正相关关系,工业发展是城镇化发展的核心动力。

工业化不能再走传统的高能耗、高污染、高投入、低产出的传统工业化道路,必须走出一条新路。党的十六大报告提出了走新型工业化道路的重大战略。所谓新型工业化,就是坚持以信息化带动工业化,以工业化促进信息化,就是科技含量高、经济效益好、资源消耗低、环境污染少、人力资源优势得到充分发挥的工业化。其主要特点是以信息化带动的、能够实现跨越式发展的工业化;能够增强可持续发展能力的工业化;能够充分发挥我国人力资源优势的工业化。走新型工业化道路这一新概念,反映了我国工业化理论的新发展,同我国走集约、智能、绿色、低碳的新型城镇化道路是相辅相成的。

三、第三产业发展为新型城镇化建设提供了持续动力

第三产业,又称第三次产业,是指除第一、第二产业以外的其他行业,是指不生产物质产品的行业,即服务业。第三产业一词首先是英国经济学家、新西兰奥塔哥大学教授费希尔 1935 年在《安全与进步的冲突》一书中首先提出来的。第三产业主要包括流通、生产生活服务等部门。追溯世界各国城镇化发展历程,不难发现,城镇的诞生与发展本身就是产业演化的自然结果。早在 17 世纪,西方经济学家威廉·配第就已经发现,随着经济的不断发展,产业中心将逐渐由有形财物的生产转向无形的服务性生产。1691年,威廉·配第根据当时英国的实际情况明确指出:工业往往比农业、商业往往比工业的利润多得多,因此劳动力必然由农转工,而后再由工转商。这也揭示发展第三产业与城镇化之间是一种相辅相成、互相促进的关系,两者

---

① 钱纳里.工业化和经济增长的比较研究[M].上海:上海三联书店,1996.

之间呈现出明显的正相关性。从某种程度上来讲,城镇主导产业的定位从诞生初期的简单手工业或低层次服务业逐渐过渡到中期的工业乃至后期的第三产业。就现代经济而言,城镇数量的增加、规模拓展和功能完善即是第三产业发展、分化和壮大的空间依托,二者彼此依赖,相互强化。在城镇化进程中,第三产业发展在吸纳劳动力就业、增加农民收入、建设社会主义新农村、构建完备的城镇体系与和谐的城乡关系等方面发挥着不可替代的作用。

(一)第三产业通过强化城镇聚集功能提供了城镇可持续发展的持续动力

第三产业凭借为工业和城镇提供良好的服务环境和完善的城市基础条件,强化了城镇的吸纳能力,为城镇化发展提供了持续动力。当工业发展到一定阶段,分工成为整个社会的普遍生产组织形势时,它对产前产后的各种服务提出了更高的要求。例如,便捷、廉价、高效、共享的信息服务业,速度快、成本低、载量大、储存条件好的物流业,安全性能高、投资风险小、服务质量高的金融保险业等,都是工业化和城镇化发展带来的分工细化的结果。同时,工业化和城镇化及分工的细化,促进了经济的发展,增加了市民的收入。因收入增加所引起的城镇居民消费水准的提高,反过来也必然刺激生活服务的需求,如医疗、餐饮、旅游、服装、健身和娱乐等行业的发展。这些行业的兴起在为第二行业提供服务的同时,也有力地推动了城镇基础设施的完善,从而使得城镇的产业结构日趋完备、生产生活更加便利、城市功能更加完善、城市承载能力更强。第二产业发展为新型城镇化建设提供了产业支撑,使新型城镇化建设得以可持续、健康发展。

(二)第三产业通过较高的就业弹性推动城镇化发展

第三产业主要集中在劳动密集型领域,吸纳劳动力能力较强,就业弹性高。随着城镇化和工业化进程的不断推进,城镇吸纳就业的能力继续增强,有力地促进了乡村富余劳动力向城镇地区的转移。2014年末,我国就业人员总量达到77 253万人,比上年末增加944万人,其中,城镇就业人员总量39 310万人,比上年末增加1 070万人;城镇常住人口74 916万人,比上年末增加1 805万人,城镇人口占总人口比重为54.77%。第三产业就业弹性大的特征内在地决定了其在解决农村剩余劳动力就业方面的特殊作用。在工业化的中后期,由于第二产业内部结构的调整,资本有机构成逐渐提高,资本、技术对劳动的替代能力增强,第二产业吸纳就业空间会不断缩小。因此,仅仅依靠发展第二产业来解决中国艰巨的就业问题不太现实。相反,第三产业本身具备就业弹性大的天然属性,通过发展第三产业不仅可以广泛吸纳大量农村剩余劳动力就业,而且也不至于使工业部门因产业升级而被排挤出的失业人员回流至农村,从而阻止农村土地的适度规模经营。

(三)第三产业的发展有利于实现城乡统筹发展

在城镇周边地带和经济发达地区,发展农村腹地第三产业的过程,也是第三产业在有形的地理空间上和无形的市场容量上的自然渗透和延伸,是城镇生产要素向农村地域的转移和扩散,实现城镇发展带动农村经济发展的城乡一体化的过程。从城镇化建设的国内外的经验来看,随着新型城镇化建设的快速推进和工业化的快速发展,在推动农村第三产业发展的过程中,这种以城带乡的辐射作用也越来越明显。在国外,城乡一体化格局的情景十分明显,尽管城乡生产方式上仍存在着一定差别,即城镇发展工业和第三产业、农村主要经营农业,但是城乡在生活方式上几乎相差无几,银行、邮局、商店、通信、医院、网吧等现代服务业延伸到乡村各地。在我国越是经济发达地区,城镇第三产业的部分功能向乡村延伸的步伐越快,城乡的协调性、统筹性也越好,城乡资源的共享性、互动性也越强。

第二节 新型城镇化进程中产业发展的现状及存在的问题

改革开放以来,伴随着经济社会的快速发展,我国城镇化进程也快速推进,取得了巨大成就。国家统计局 2014 年公布的数据显示,2013 年末中国城镇人口占总人口比重升至 53.73%,中国城镇化率已经跨越半数大关。我国城镇化建设取得巨大成就的同时,产业发展也面临着诸多问题和矛盾。我国地域辽阔,由于资源禀赋、地域条件、历史原因和宏观政策等多方面的原因,各地经济和产业发展水平参差不齐。对于产业发展过程中遇到的各种问题,必须正确认识并采取有效措施予以解决,否则将会严重影响新型城镇化的顺利推进。

一、我国农业发展现状及存在的问题

我国农业和农村经济工作所取得的重大成就是有目共睹的,但应该清醒地认识到,巩固和加强农业的基础地位、建设现代农业、全面加快农村小康建设是一项长期、复杂而艰巨的任务。当前我国的农业和农村经济发展仍处于农业发展的初级阶段,还存在不少矛盾和问题。

第一,农业基础还较为薄弱。与发达国家相比,我国的集约化农业存在很多的问题。单位耕地面积的农业投入大,农业集约化水平低;单位面积农用地的机械化水平低;我国农业劳动生产率低,农业科研的投资少,与发达国家相比差距非常大。目前中国农业集约化手段主要表现在使用大量化肥和农药以及单一的作物品种,其对水体、土壤、大气和生物多样性所造成的负面影响是巨大的。此外,农产品国际市场竞争力也比较薄弱,我国绝大多数主要农产品的国内价格已赶上或超过国际价格,丧失了在国际上的价格竞争优势。

第二,农业与二、三产业存在脱节现象。现阶段我国的农业发展还相对孤立,与现代工业、现代服务业以及整个社会的发展联系不够紧密,对各种社会资源的利用率较低。如农业与工业生产不够协调同步,使得工业生产所需原料不能完全得到满足;农业生产环节与农产品市场需求信息等社会服务联系较少,导致生产、加工、销售环节缺少稳定渠道,最后造成农产品销售不畅、加工程度不高等问题。另外,农产品质量安全问题仍然较多。

第三,农村剩余劳动力数量庞大、整体文化素质偏低,农民比较缺乏农业现代化发展所需要的现代知识。农民中具有大学程度的只占 0.1%,中学程度的占 30%,小学程度占 40%,还有 30% 为文盲或半文盲,农业院校在校生 8.7 万人,占在校大学生总数的 6.2%,远不能适应现代化农业发展的需求。我国农业在发展中表现出的劳动人口素质不高,农业现代化程度较低,已成为影响经济增长的十分重要的因素。

二、我国工业发展现状及存在的问题

改革开放以来,我国的工业化和城镇化进程得到快速推进,工业为我国经济发展作出了巨大贡献,但随着经济的深入发展,在城镇化过程中也存在着一些突出问题。

(一)行业结构不合理

长期以来,我国形成了依靠重工业为重点的经济发展和工业化模式,造成能源、原材料等上游产业比重大,低水平的加工工业增长过快,高加工度的工业发展缓慢等行业结构不合理的现状。由于高科技行业的缺乏,产品结构也不太合理,多数企业只能生产落后的传统产品或低加工的零部件,缺乏高新技术产品,企业效益也受到一定影响。

(二)产业出现断层现象

现有的主导产业因资源枯竭而衰退,更新换代产业没有及时更替,两者间出现明显的断层,导致总体产业发展增速放缓、停滞不前甚至后退。这种情况主要发生在我国资源型省份和地区,矿产资源的开发和利用等相关产业是这些地区的支柱产业,然而随着前期的资源大肆开采和粗放的管理模式,造成了较为严重的资源浪费和环境污染问题,这种不可持续的产业发展模式近年来受到社会各界的广泛关注和深切担忧。地方政府尽管意识到了产业发展模式的问题,但由于替代产业的选取和发展没有跟上,无力解决原有主导的资源开发产业的衰退和新型替代主导产业发展之间明显的断层问题,导致现有的产业发展出现困境。

(三)行业集中度较低

我国企业大多组织规模小,而且比较分散,比如新闻出版、影视动漫、钢铁、矿业、煤炭、化工等等,产业规模说起来很大,但因为太分散,难以实现规模效益,在一定程度上造成了资源的浪费。国外早就发展到跨国企业竞争的阶段了,一个企业规模往往顶国内很多个企业,这种企业在资源、人力、资金、技术上优势非常明显。世界500强的企业除了垄断型的企业外很少找到中国企业的影子。尽管近几年来我国企业在政府的主导下进行重组和兼并,但实质上生产效益和竞争力得到提升的却很少。

(四)产业衰退化

产业衰退指原有产业由于内部原因和外部环境的变动不能够适应市场需求的变化,逐渐丧失市场竞争力而陷入停滞甚至是萎缩的状态。这种情况较常见于我国的一些老工业地区。由于内部制度环境的变化如企业改制等,致使企业内部管理出现问题,无法适应外部环境的变化并满足新的市场需求,尽管拥有较好的物质和设备基础,却无竞争优势,进而被市场所淘汰。

(五)产业非均衡化

产业维持和发展对地区外部乃至国外消费存在很大的依赖程度,忽视内源性需求,产业结构呈现非均衡化特征,对抗经济系统性风险的能力较差。这种产业结构主要集中在我国沿海地区。改革开放初期,这些地方凭借地理优势在全球经济一体化的浪潮中迅速承接国际转移产业,并大力发展各类对外贸易活动,在先期阶段产业发展较快,但在遭遇金融危机等国际市场环境恶化的情况下,极易受到较大的影响。

(六)产业低量化

地区内产业发展程度较低,产业经济总量不足,不能提供足够的就业岗位,导致地区内劳动力大量外流。这种情况主要存在于我国中部、西部一些省份和地区。由于区域内产业发展不能完全解决周边适龄劳动力就业问题,大量劳动力不能在本地就业,被迫背井离乡前往外地就业。

(七)产业低质化

产业存在高污染、高耗能特征,不符合低碳、环保、绿色和可持续发展的原则。这种情况存在于我国诸多地区和城市。一些地方单纯追求经济发展和"GDP政绩",而且政府往往刻意忽视污染产业带来的资源浪费和环境污染。在当前全球资源短缺、生态恶化的大背景下,低碳、绿色、可持续发展已成为全球共同的战略选择,这种对环境严重污染或对资源进行过度开采和利用的产业面临着转型升级的压力和挑战。

三、我国第三产业发展现状及存在的问题

我国的第三产业与发达国家相比仍然存在着较大的差距。在国际服务贸易中,除了旅游业外,我们的其他第三产业都还存在着贸易逆差。服务不规范,服务质量水平不高,服务贸易中侵犯消费者合法权益的事件屡见不鲜,致使我国第三产业在服务国际贸易中竞争力不强,而这些又制约着我国第三产业的进一步发展。一是技术含量有待提高。我国第三产业总体技术含量不高,劳动生产率较低,科技对第三产业的贡献率还有待进一步提高。二是创新能力有待加强。自主创新能力不强,制约着我国第三产业的发展,如软件和信息服务业由于自主创新能力不足、缺乏核心技术,我国所提供的产品和信息服务基本处于产业链底端,经济效益很低,而且我国在第三产业领域研发投入的不足,也在一定程度上影响了第三产业创新能力的提高。目前,全球大部分国家的第三产业研发费用比重正逐步扩大,特别是美国等发达国家,第三产业研发费用比重上升的趋势更加明显。三是人才短缺问题凸显。我国虽然拥有丰富的人力资源,但服务人才的短缺尤其是结构性短缺一直制约着我国第三产业的发展。在物流行业,熟悉现代物流业务、了解国际惯例、富有操作经验的高端物流人才奇缺的问题一直没有得到缓解。四是融资困难亟待改善。大多数服务企业由于规模小、信用低以及缺乏足够的抵押品等原因,很难从银行获得企业发展所需的贷款。在需要大量资金的第三产业如节能服务业,融资困难一直是制约行业发展的最大难题。

五是规模品牌有待提升。规模偏小、品牌效应差也是制约着我国第三产业发展的重要原因,在服务外包领域,企业规模越大、品牌效应越高,越容易获得订单。我国大多数服务外包企业虽然发展迅速,但由于规模偏小、品牌效应不大,在国际竞争中处于不利地位,难以获得较大的订单。

当前,我国第三产业与城镇化互动协调发展不够,既有客观的发展阶段因素,也有主观上认识不够、重视不够、政策支持不够的制约。在加快转变经济发展方式的新阶段,城镇化的动力机制不仅是靠工业化,而且需要依赖于第三产业的大力发展。尤其是大城市,根据国内外超级大城市经济发展的一般规律,服务业将逐渐取代工业化成为经济发展的主导力量,这需要大量高素质的从业人员。但大城市的存量人口结构与第三产业发展的要求不符,这突出地表现在城镇化率比较高但城镇化质量不高等方面,第三产业所需要的高级、通用、专业人才大量短缺,城市人口素质结构不够多样化。同时,制造业转移到了中心城市,但大量的产业工人仍然居住在大城市,城镇人口空间分布与产业空间布局发生错位,与服务经济逐步占据主导的转换进程不够对称,将限制大城市综合竞争力的提升。

第三节　国外城镇化建设进程中产业发展的实践经验

一、美国纽约以产业结构升级推进城镇化的发展模式

美国是全球城镇化水平最高的国家之一,城镇化率超过 82%。美国城镇化过程也走过弯路,出现过浪费土地资源、破坏生态平衡等问题,但其经验仍值得借鉴。城市产业结构升级虽说从宏观层面是一、二、三次产业的比例关系问题,但更主要的是在工业占主导的工业化时期的内部结构变化和由工业化时期向后工业化时期过渡的问题。

纽约位于美国东海岸北部,濒临大西洋,是纽约大都市经济圈的核心地带,为美国最大的金融、商业和文化中心。20 世纪 50 年代以来,在科技进步的推动下,美国产业结构发生变化并影响了美国的城市体系。东北部、中西部城市因传统工业比重较大而陷于衰退,而纽约在 70 年代则进行了产业结构的后工业化转型,在生产者服务业的带动下,再度繁荣。产业结构升级对各城区产生了不同的影响,产业聚集性凸现,纽约市区内的不平衡发展也更为突出。产业结构的成功升级使纽约成为一个典型的后工业化城市。

就升级过程来看,从第二次世界大战后到 20 世纪 70 年代中期,纽约的

产业结构就出现了制造业的急剧衰落与金融、服务业等第三产业崛起的双重变化。20 世纪 60、70、80 年代,纽约的制造业就业人数分别减少了 9 万、18 万和 26 万,下降率分别为 9％、19％和 35％。在这一过程中,实业最为突出的首推服装制造业这一传统部门。该产业在 1950—1980 年间共有 20 万人失业,占纽约制造业失业人口总数的 1/5。自 1980 年以来,该产业就业人数减少了 60％。与制造业的衰落、就业人口减少形成鲜明对比的是第三产业尤其是贸易、金融、服务业就业人口在总就业人口中的比重迅速增加,由 1945 年的 47％上升到 1975 年的 65％。从 70 年代中期至今,纽约制造业和消费者服务业的产值和就业比重持续下降,生产者服务业在产值和就业份额上超过了传统的消费者服务业,成为城市经济增长和财富积累的动力,并推动着制造业向服务业转变,进而实现第三次产业化。同时,在城市产业的空间分布上,制造业向郊外迁移,生产者服务业向大都市中心地区集中。中心地区的制造业区位熵迅速下降,而越往外围走,制造业区位熵越高,反映出制造业向外扩散的轨迹。与之相反,各类知识性服务业则在核心区高度集聚,以信息业和金融保险、房地产及房屋租赁业、专业科技服务业等为代表,在曼哈顿地区呈现出很高的专业化程度。

纽约产业结构变动轨迹对当前研究国内中心城市的产业发展等问题具有非常重要的借鉴意义。首先,从纽约的历史产业构成来看,基本上没有太多的重工业,而是以服装、皮革制品、印刷、食品等轻工业为主。随着城市经济发展和功能属性的转变,制造业从城市中的撤让是个必然趋势,取而代之的是各种生产性服务业和知识服务业的快速发展,在补充制造业退出后的就业等问题的同时,更重要的则是提升了整个城市的集聚和辐射功能。其次,与纽约一样,我国城镇化建设要重视和正确对待中心城区的发展问题。中心城区是城市的核心区,是城市功能的主要承担者。中心城区是一个高度集聚的区域,各种都市型产业,包括印刷出版、服装等都市型工业和金融业、批发业、商业服务、法律服务和专业技术服务等众多服务业在这里高度集聚,产生高量级的经济势能。

二、日本东京以现代服务业与现代制造业协调发展推进城镇化的发展模式

作为二战后首个实现工业化的亚洲国家,日本城镇化建设的经验一直受到国际社会的关注。日本的城镇化进程,主要是依靠工业化的强有力推动。没有大量日本工业企业的发展,就不会有众多农民进城成为城镇居民,国家也没有钱进行城市建设。当然,政府在城镇化建设的过程中也发挥了

关键作用。针对大城市发展过于集中而中小城市和农村地区出现"过疏化"的现象,日本政府在工业化成功后投入大笔资金在全国进行基础设施建设,促进了中小城市和农村地区的发展。从 1962 年开始日本先后制定和实施的五次全国综合开发计划,形成了包括城市规划等在内的较为完善的规划体系,较好地解决了各地区发展不平衡的问题,并大大促进了全国城镇化的进展。

日本首都东京位于本州关东平原南端,总面积 2 155 平方公里,人口 1 254万,是世界上人口最多的城市之一。它是现代服务业与现代制造业并肩发展的一座现代化国际城市。1919 年东京的工业产值第一次超过农业,完成了工业化的初级阶段,此后持续增长,直到 20 世纪 30 年代中期,后来十年的战争中断了其工业化进程。经过二战以后 1946—1955 年的经济恢复时期,东京在 1955 年率先进行重化工业化,大力发展机械、钢铁、化工等重工业部门。1955—1965 年期间,包括食品、纺织、印刷出版、化学、金属和钢铁等多个部门在东京有了很大的发展。1963 年,东京的电气机械、出版印刷、食品、化工等产业在制造业中所占的比重大致相当。1965—1973 年,是以机械、钢铁、化工等重工业为中心的经济高速发展时期。1973 年以后,随着各地开发政策的分散化,经济高速发展中工业过度集中所带来的公害和环保问题也日益突出,石油危机引发的节省资源、降低能耗的发展导向直接导致产业调整的合理化运动,东京工业的发展速度及其比重相应下降,钢铁、化工等部门开始向市外疏散。相比 1960 年鼎盛时期的 140 万从业人员,2000 年东京工业的从业人员只有 55.56 万人,40 年时间减少了近 2/3。在制造业功能减弱的同时,第三产业迅速发展,产业结构逐步向生产者服务性质的中枢管理职能转换,即使在整个经济处于萧条的形势下也不例外。整个服务业的就业比重从 1978 年以后持续上升,从 68.8% 上升到 2001 年的 81.3%。其中主要是除贸易、金融保险和房地产外的各类服务业就业人口的增加。从制造业主导产业的地域分布来看,东京制造业的主导产业在空间分布上呈现出明显的区域差异。从制造业总人数和总产值所反映出的制造业在不同区块的规模看,东京制造业主要集中在近外围和远外围地区,中心五区制造业的就业规模已经大大少于外围地区,但产出效率却是三个区域中最高的,体现出东京中心城市制造业的分布规律:整体上制造业布局在城市的外围地区,但中心城区仍有部分效率较高的制造业保留下来。

三、韩国解决好"三农"问题推进城镇化的发展模式

韩国城镇化一开始与工业化无关,主要是战争破坏和依赖美援进口粮

食,导致韩国大批农民失去土地,涌入城镇谋生。自 20 世纪 60 年代起,韩国走上快速工业化道路,农民大量迁入就业岗位充足的城市,首尔、仁川等城市人口迅猛膨胀。从 1960 年至 1980 年间,首尔人口从 244.5 万迅速增至 836.4 万,外向型经济模式使釜山、仁川、蔚山等港口城市的人口也分别增至 360 万、270 万和 110 万。在 20 世纪 80 年代中期,韩国城镇化率迅速升至 77.3%。为推进城镇化健康发展,韩国政府在核心城市建卫星城,大力发展中小城市,开展具有特别重要意义的"新农村运动"。

鉴于首尔无法应对外来人口大量涌入,韩国在 20 世纪 70 年代初期借鉴欧美经验,提出了"建设卫星城市"方针,兴建了城南、龙仁等 10 座卫星城,通过轨道交通与首尔市内的交通线对接,形成了包括首尔、仁川和京畿道在内的首都圈。这一发展模式大大缓解了首尔的人口压力。朴正熙执政时期还曾力排众议,修建了首尔至釜山的高速公路,这在当时饱受诟病,现在看来颇具超前意识。韩国还先后设立了釜山、大邱、仁川、光州、大田、蔚山 6 个广域市,充分发挥中心城市的辐射作用。2012 年,韩国在中部地区正式成立了具有履行行政首都职能的世宗特别市,总理府、企划财政部等政府部门陆续迁入,目的是缓解首都圈的过度拥挤,拉动中部地区的经济发展。对于中小城市,韩国大力改善道路、水电、供暖等城镇基础设施,配套建设医院、学校、银行、剧场等公共设施,让最具容纳能力的中小城市吸纳了大量农村人口。核心大城市和中小城市发展并举,方略不同,较好地解决了大量农民进城和城市容纳能力之间的矛盾。

农业在韩国国民经济中的比重不断下降,农民弃地入城,但是农村却不会消失。1970 年,韩国发起了"新农村运动",用政府支援、农民自主开发的模式,发动农民建设家乡。1970 年 11 月至 1971 年 7 月,韩国政府为全国每个村平均免费提供 300 袋水泥用于村里公共事业建设。得到援助物资的村民纷纷组织起来,发挥合力完善村里的公共设施。韩政府还将 35 000 个村划分成自立、自助、基础三级,政府援助只分给自立村和自助村。到 1978 年,基础村基本上消失,约有三分之二的村升为自立村。韩国政府还制定了一系列政策,确保对农村土地的征用和合理补偿。持续快速的城镇化和工业化,迫使韩国政府采取一系列措施来增加土地供给。对于土地补偿,韩国遵循了"谁开发,谁补偿"、现金支付、确保一次性到位和公平分配的原则,合理有序地开发农村土地,使韩国的城镇化率得以进一步提升。

四、瑞士以特色产业集群提升经济竞争优势的产业结构升级模式

瑞士地处欧洲内陆,国土大部分属于山地,资源欠缺,但政府通过清晰的定位为国家发展找到了准确的位置,形成了自己的发展模式和优势,逐渐发展成为一个发达的工业化国家。

在欧洲平原地区工业经济发展起来后,瑞士没有简单模仿欧洲平原地区发展经济的做法,而是根据本国自然资源极度贫乏的特点,在19世纪中期开始将发展重点放在钟表制造和金融服务上,而随着经济的发展,又着重发展高端制造业,努力生产高附加值产品。与精密工具制造相关联,瑞士人还在医疗器械、医药分离和提纯、生命科学技术和蛋白质的三维构造制药相结合等方面,找到了自己的发展定位。科技创新是瑞士产业发展的强大动力。重视发明,超前进行科学研究、技术更新、新产品研发,这是瑞士各产业谋求不断发展的指导方针。在世界范围内,瑞士的智力开发、专利申报、研究与发展领域都名列前茅。瑞士是世界上按照人均计算科研费用最高的国家,每年投入的科研费用高达100亿瑞郎,约占国民生产总值的2.7%。而政府投入仅占总额的1/4,其他投资均来自企业界。瑞士企业每年投入国外公司和研究机构的科研经费也高达80亿瑞郎。瑞士的竞争优势来源于特色产业,而特色产业的竞争优势来源于产业集群。基于特色产业而形成的特色产业集群经济成为瑞士经济的重要板块和亮点。瑞士钟表产业集群闻名天下,纺织机械产出能力世界领先,医药、食品、银行、保险、旅游等产业也呈现出高度集群化的发展特点。苏黎世主要发展高科技产业集群,而温特图尔和索洛图恩以机械产业集群而闻名。瑞士钟表产业集群除了日内瓦地区以外,主要集中在汝拉山脉及附近的市镇,主要是比尔、拉绍德封、纳沙泰尔等城市,这些城市就钟表的零件生产进行了精细的分工,最后将零件集中在总部比尔和拉绍德封进行组装,形成最终产品。这一地区生产了世界上最为著名的手表劳力士、欧米茄、雷达等。此外,像梅花、天梭、斯沃琪等名牌手表也是来自于该地区。作为后起之秀的化学医药业,集群现象也非常明显,现已经成为仅次于机械制造业的第二大工业部门。它的特点是在企业和地域两个方面集中程度都很高。化工医药业主要集中于汽巴—嘉基公司、罗氏药厂、诺华公司和山德士公司手中,而这些公司又都以巴塞尔为基地,使巴塞尔成为瑞士的"化工之都"。

第四节　产业支撑推进新型城镇化的对策建议

通过分析我国农业、工业和第三产业发展的现状和存在问题,结合国外城镇化发展的实践经验,可以看出,新型城镇化建设必须以产业发展为支撑,其规模扩张必须以经济发展为前提。我国的一些城镇发展缓慢,其根本原因是产业不发达,产业支撑薄弱,推动力量不足,城镇化与工业化相互脱离,并明显落后于工业化水平。因此,要有效地推进新型城镇化建设,必须以产业发展为支撑,立足当地实际,做好城镇发展规划,选准和培育支柱产业,发展特色优势产业,调整产业结构,促进产业升级,形成城镇发展的经济支撑体系和产业支撑体系。

一、规划实施产业发展带动战略

在新型城镇化建设的规划过程中,要突出城镇化、农业现代化、工业化、信息化的协调同步发展。要立足地方城镇建设的实际,依托本地产业发展优势,做好城市产业发展规划,选准主导产业,培育优势产业,不断延伸产业链条。实施产业带动战略,加强与大企业、名牌企业的合作,通过配套协作方式,带动城镇产业向规模化、集约化、集群化、高新化和国际化方向发展。抓住我国经济总体转型、扩大内需的有利时机,以区位优势和资源优势为依托,加大工作力度,积极争取在新一轮产业分工中,全面提高城镇经济发展的规模效应和聚集效应,努力扩大中心城镇和镇域经济的总量。要加强新型城镇化战略规划研究,培育发展各个新型城镇的主导产业、支柱产业、骨干龙头企业和产业集群,积极调整优化产业结构,用区域发展政策指导城镇空间布局、产业分工和资源配置,避免趋同发展、低水平竞争。科学规划城市群的规模和布局,增强中小城市产业发展、公共服务、吸纳就业和人口集聚功能。

二、大力推进农业现代化进程

我国是一个农业大国,"三农问题"的解决关系着新型城镇化建设的好坏。必须强化农业在推进新型城镇化建设的基础地位,以保证我国的粮食安全和主要农产品的安全。要采取综合措施,加大农业投入,转变农业发展方式,完善农业现代化产业体系,促进农业生产经营规模化和现代化,切实保障城镇化、工业化和农业现代化的协调同步发展,以农业现代化构筑新型城镇化发展的基础动力。加大城镇对农村产业的辐射和带动作用,鼓励城市支持农村发展,以工业化理念引领农业、工业化装备武装农业、工业化成果反哺农业,推动农村人口向城镇有序转移,尽快开展农村土地市场开放试点,加快公共服务向农村延伸的步伐。将基础设施和社会事业发展重点转向农业和农村,推动城乡基础设施共建共享、社会保障逐步衔接、基本公共服务均等化,促进城乡资源均衡配置、生产要素自由流动。积极推动城市新区、产业集聚区、城市近郊区和其他有条件的地方率先实现城乡一体化。鼓励一些地区农村改革发展综合试验区、统筹城乡发展试验区先行先试。

三、促进工业以大项目为龙头的聚集发展

工业化是城镇化的发动机,工业兴则城市兴,工业强则城市强。因此,要通过加快工业产业发展来提高城市的承载功能,打造经济增长极,增强城市的实力、活力和竞争力。一要以工业产业聚集做强城市优势和特色经济。在城市建设中要超前谋划好符合城市发展方向的工业支柱产业和重点区域,在规划城市时,就要为工业发展预留空间,有效避免和降低因产业布局或结构调整对城市发展带来的冲击。二要以工业项目建设拉动城建固定资产投资增长。城市发展的快慢,很大程度上依赖于固定资产投资的多少。工业项目特别是重大工业项目不仅可以弥补城建资金的不足,且对城建固投具有相当大的拉动作用。一个重大工业项目的建设,伴随而来的是土地平整及厂房、道路、供水、供电、通讯、排污、亮化、绿化等设施建设。三要以产业园区发展助推城镇扩容提质。产业园区是工业发展的平台,是城镇发展的"倍增器"。产业园区的发展可以最大限度地发挥土地、资金、人力资本等生产要素的效益。利用产业园区带动商业、解决就业等特点,吸引农民工进城,积极壮大城市人口。

四、重点加快服务业等第三产业的发展

遵循新型城镇化和现代服务业发展的自身规律,立足我国国情与可持续发展需要,因地制宜,推动新型城镇化与现代服务业协调互动发展。

(一)增强服务业跳板功能,让农民工融入新型城镇化

城镇化的核心是"人"的城镇化,重心是让农民工真正融入城镇。通过加快发展面向农民工的城镇服务业,提升城镇公共服务业向农民工延伸服

务能力,为实现农民工市民化提供良好的就业载体和服务环境,引导城镇市场化服务更好地适应农民工的需求特点和支付能力;在促进农民工市民化的政府服务方面,推进农民工子女上学享受与城市孩子同等待遇;探索允许农民有双重户籍的基础上,根据农民工的贡献度,探索推进基本公共服务更快更好地惠及农民工。采取有效措施切实加强政策扶持,加快劳动密集型服务业发展,并优化和提升劳动密集型服务业经济结构,强化服务业标准化建设、服务业品牌培育,提高服务经济整体素质和市场竞争力。

(二)推进中心城市加快转型,打造现代服务业高地

从国内外经济发展的趋势看,服务资源向大中城市集中、空间布局向中心城区聚集的趋势十分明显。在城市发展的服务业应该着重于生产者服务、金融服务、企业服务、信息服务等,市场服务应成为服务主体,使城市具有较大的生产服务功能,中心城市的服务业应占国民经济总量的80%～90%或以上。要把重化工业外迁,明确以流通服务业、生产和生活服务业、科教文卫为支柱产业,强化金融、贸易、科技、信息中心的作用,形成对周边地区具有强大的经济带动力和辐射力的城市格局。利用中心城市人力资源、科技教育资源的优势,聚集高层次的为生产和生活服务的产业,如现代物流配送系统、金融服务体系、信息咨询等。

(三)推进中小城镇特色建设,补齐现代服务业短板

目前,我国除657个建制市外,还有1.9万多个小城镇。县城规模一般在10万人左右,建制镇多数不足万人。而专家认为,小城镇的最小经济规模是常住人口1万人以上,较合理的经济规模是常住人口5万人以上。小城镇既是城乡之间的纽带和桥梁,又是大中城市发展的基地,是推进我国城镇化的重要载体。应深入贯彻落实十八大提出的"科学规划城市群规模和布局,增强中小城市和小城镇产业发展、公共服务、吸纳就业和人口集聚功能",开展相应的为生产、生活服务的服务业,以服务当地企业、居民为主,特色服务辐射外地为辅。通过小城镇建设,带动农村服务业的发展,缩小城乡服务业的差距,加速推进城乡一体化,提升整个城市的服务业发展水平。控制小城镇数量、扩大其平均规模,按小城市的规模和标准来建设,实施扩权强镇和产业集聚,打造一批经济强镇和县域副中心,鼓励和吸引农民进镇务工经商从事第三产业;鼓励城市工商企业在小城镇开办商业连锁、物资配送、农副产品批发、大众化餐饮、旧货调剂等行业。

(四)完善配套服务功能,推进中小城镇产城融合

以先进制造业和现代服务业"双轮"为驱动,推动经济从"单一的生产型园区经济"向"生产、服务、消费"多点支撑的城镇型经济转变。在布局开发区的同时,配套完善相应的服务功能,同步规划建设学校、医院、家庭服务等配套设施,完善相应的配套服务功能,以打造优良的产业发展环境,防止公共服务体系脆弱制约产业园区发展。搭建产业园区信用融资、资源流转、人才交流等服务平台,通过强化服务要素保障的园区平台,提升园区产业发展的集聚竞争力。

第三章　新型城镇化建设的体制机制保障

　　新型城镇化建设是一项复杂的、长期的系统工程,面临很多问题和挑战,尤其是我国城乡发展长期受计划经济的桎梏,现存的城乡二元户籍制度、土地制度、社会保障制度和新型城镇化建设的投融资制度制约着新型城镇化的发展。体制机制建设是新型城镇化建设规范运行的制度保障,如何创新新型城镇化建设的体制机制,推进新型城镇化建设科学化、制度化发展,已成为我国社会经济发展的迫切要求。

第一节　新型城镇化建设面临的体制机制障碍

　　促使新型城镇化建设健康发展,必须搬掉前进道路上的"拦路石",破除阻碍其发展的体制机制壁垒。我国目前的城乡二元户籍制度、土地利用管理制度、财税投融资体制、行政管理体制和社会保障制度等各项体制机制还存在较多问题,制约着新型城镇化建设的快速发展,亟待通过深化改革解决这些问题。

一、城乡二元户籍制度阻碍了新型城镇化进程

　　在现行城乡二元户籍制度下,农民工市民化存在较高的制度门槛,大量进城务工的农业转移人口难以在城镇落户,无法顺利实现身份转变。根据公安部户籍管理统计,2010 年至 2012 年我国农转非人口总量为 2 505 万人,年均 835 万人。而根据国家统计局发布的数据,2014 年我国农民工总量达到 27 395 万人,比上年增加 501 万人,增长 1.9%,其中外出农民工 16 821万人,比上年增长 1.3%。大量不能在城镇落户的农民工不能平等享受城镇教育、医疗、文化、住房、就业、社会保障等基本公共服务。与城乡二元户籍制度相关的是财政体制安排,特别是农民工市民化的成本分摊机制,缺乏中央政府与地方政府、输入地政府与输出地政府对农民工市民化成本分摊总体设计,其中比较突出的是农民工宅基地指标转化为城镇建设用

地指标如何跨省流转分配,农民工各种社会保险如何在输出地与输入地之间衔接等制度安排。

农民进城就业、大规模的跨区流动,起于群众自发的市场行为,是农村人口向城镇转移的特殊形式,是我国进入以加快城镇化进程为特点的发展时期的重要标志。农村和城镇经济与社会的发展,也越来越取决于农民向城镇的转移。形势的发展,使得推进户籍制度及其相关政策制度改革刻不容缓。

(一)城乡二元户籍制度是阻碍农村劳动力转移的主要因素

从目前看,在所有阻碍农村劳动力转移的因素中,尚未在根本上改革的户籍制度仍然是主要的制度障碍,是妨碍我国城镇化进程推进、劳动力市场正常运转的制度根源。现行的户籍管理制度是长期特定历史条件下的产物,由于它减轻了工业优先发展前提下城镇的就业压力,减少了国家负责保障的劳动力数量,从而保证了农村剩余劳动力以剪刀差的待遇源源不断地流入城镇,对我国在较短时间建立起完整的工业和国民经济体系起到了至关重要的作用。但随着经济社会的持续发展,户籍制度的弊端与矛盾日益显现。其最大的缺陷是限制了我国生产要素的自由流动与合理配置,制约了经济社会的进步。同时,实行二元户籍登记管理,人为分割城镇人口与农村人口,以此为起点,使得城镇居民和农村居民在教育制度、就业制度、养老保险、医疗制度、劳动保护制度等方面都存在明显差异。城镇户口和农村户口含金量相差悬殊,即使进入城镇务工的农村劳动力也无法获得城镇居民在教育、就业、养老、医疗、失业等方面的待遇,从而使农村剩余劳动力由于缺乏必要的生活保障而不愿放弃在农村的土地,只能以兼业的形式游走于农村与城镇之间。可见现行户籍制度既违背了经济学的基本运行规律,也违背了社会公平性。此外,由于转移的农村劳动力未被纳入城镇管理体系,城镇相关部门无法对其行使正常的管理职能,结果造成转移农村劳动力群体容易滋生社会不安定因素,带来许多混乱。

(二)城乡二元户籍制度延缓了城镇化建设进程

从现代化国家已走过的历史看,工业化与城镇化是同步的。改革开放30多年来,我国城镇规模迅速扩张,需要越来越多的农村劳动力向城镇转移。然而,传统户籍制度对户口迁移的严格限制,在很大程度上阻碍了农村剩余劳动力的合理流动,使城镇化建设大大落后于工业化进程,严重影响了我国城镇经济社会发展战略目标的顺利实现,阻碍着我国市场经济与和谐社会的全面发展。同时,按照钱纳里的结构转换模型,要改变发展中国家的二元经济结构,其中一条可行的措施就是在工业化的同时,也要注意农业的发展。而农业的发展,根本途径在于传统农业向现代农业转变,在此过程中,把农村剩余劳动力转移出去是关键。但由于二元户籍制度的存在,限制了公民的迁徙自由,制约了劳动力资源的优化配置,不仅使农村人口负担过重的状况无法改变,妨碍着传统农业向现代农业的快速健康转化,加剧了城乡的不平等,而且不能实现城镇建设的顺利推进,制约了城镇大规模扩张与可持续发展。

(三)城乡二元户籍制度阻碍了城镇劳动力市场的健康发展

人口的自由流动是市场经济发展的必然趋势,而传统户籍制度对农村居民在城镇劳动力市场的种种限制,使农村劳动力不能真正进入城镇现有的经济组织内。一些行政机关、事业单位和国有、集体企业受到"制度惯性"的影响,在劳动人事管理方面的变革幅度较小,外来农村劳动力很难有机会进入这些职业比较稳定的单位就业。即使在普通企业中,农村劳动力也难以进入其内部正式员工范畴,无法给城镇职工施加就业替代压力,导致城镇劳动力市场缺乏良性有序的竞争,不利于促进城镇形成健全有效的劳动力配给机制,阻碍了城镇经济社会的健康稳步发展。

(四)城乡二元户籍制度加大了城镇人口管理的难度

随着大批没有城镇户口的农民涌入城镇,城镇中出现了大量的"空挂户""口袋户口""双重户口",他们中大多数长期居住在城镇,但由于没有城镇户口,造成了居留地和户口所在地不一致的人户分离现象。"人户分离"作为现阶段人口迁移的一种重要表现,不仅给城镇人口管理带来了难度,导致人口统计信息失真,给国家政策制定和政府城镇规划、管理、发展决策造成一定误导,而且增大了城镇社会的不安定系数,甚至出现治安漏管失控,导致犯罪率直线上升,并给案件侦破工作带来了很大难度。

(五)城乡二元户籍制度对城镇社会文化产生不良影响

在传统户籍制度下,农民工即使长期生活在城镇,也难以真正融入城镇。由于户籍不同,农民工很少有机会参与所在城镇的决策与管理事务。城镇最多是他们工作赚钱和临时居住的地方,无论取得何等成就,心理上的被剥夺感和挫折感都难以消除。同时,许多城镇居民认为农民工进入城镇,不仅争夺了大量就业机会,挤占了诸多公共资源,还给城镇社会管理和治安状况带来极大压力,甚至认为农民工素质低,缺乏良好生活习惯,有碍市容市貌和城镇文明,由此产生了强烈的排斥农民工心理。而这种针对农民工以偏概全的看法和缺乏包容性、进步性的文化氛围究其根本来源于根深蒂固的二元户籍分离制度。一些城镇居民甚至认为,拥有城镇户籍的人口是优秀人口,而农村户籍人口是"下等公民",这也是造成农民工受到不公平待遇的直接原因。

二、现行投融资体制制约了新型城镇化建设进程

"十二五"规划纲要明确指出,要积极稳妥地推进城镇化建设,而投融资体制机制是保障新型城镇化建设的必要条件。调查表明,当前我国在城镇化建设过程中投融资主体和方式缺乏多样化,存在巨额的资金缺口,缺乏畅通的投融资渠道和完备的制度保障,这些问题都制约着我国新型城镇化建设的发展进程。

(一)城镇化建设的投融资渠道不够多样

围绕着新型城镇化的进程,包括农民进城、市政基础设施建设、医疗、社会保障等都将产生巨大的资金需求。与世界发达国家相比,我国城镇化建设中融资渠道比较狭窄,金融工具创新不足,融资模式较为单一。中国快速推进的城镇化,迄今为止,要么依靠土地财政,要么依靠银行资金,还没有一个稳定、持续提供融资的制度保障。所谓"土地财政",就是政府围绕城市土地这种资产进行的一系列融资举措,归纳起来,不外乎"卖地收入""附地收入"和"押地收入"三种。其中,"卖地收入"是土地出让金;"附地收入"是在土地开发和工程建设过程中的各项税费;"押地收入"是通过融资平台以土地为抵押进行的信贷融资。2012年上述三种政府土地收入分别达到2.69万亿、1.79万亿和1.27万亿。这种融资方式,一方面因拆迁补偿纠纷和地方设法推高土地价格而广受非议,另一方面因拆迁补偿成本越来越高,宏观调控下信贷限制越来越严厉,地方仍入不敷出,感到支出压力太大。另一方面,从银行角度看,根据国家审计署公布的截至2010年年底的数据,地方融资平台融资来源中,商业银行贷款占到79.01%。大量的银行资金"错配"到城建开发这种长期项目中,造成整个银行体系巨大的风险和隐患。有些地方政府也尝试如地方性债券的发放、政府与民营资本合伙经营等其他一些融资模式,但由于规模小、领域窄、风险高等原因,现阶段都难以满足不断攀升的城镇化融资需求。在城镇化进程中,进城人口生产和生活方式的转变、城镇产业体系的形成、就业机会的创造以及经济社会各个方面的变化,不仅需要大量的资金支持,而且衍生出不同种类的融资需求,需要不断创新金融工具与之相匹配。长期以来,土地作为最基础的要素,在城镇化过程中

扮演着重要的角色。在过去 10 多年的时间里,我国城镇化和工业化的发展,促使农业用地以较快的速度转换为城市用地,为各地的城市基础设施和房地产市场的发展奠定了基础。土地财政在一定程度上缓解了地方的财政压力,促进了城市的建设,但其缺陷也是显而易见的。

到目前为止,我国城市化投资主要依靠两大资金来源:一个是财政投资,一个是银行贷款。目前看来,这种格局既不合理,也不可持续。开辟新的融资渠道刻不容缓。研究发现,深化资本市场改革,培育和建立市政债券市场体系,为我国新型城镇化提供稳定、可持续资金来源,潜力巨大,而且可行,应该尽早着手。

(二)城镇化投融资平台运转存在风险

目前,为解决城镇化建设的融资难题,地方政府纷纷通过建立城建公司、地方商业银行和城投公司等来调动社会资金和银行贷款,形成了地方政府投融资平台。地方政府投融资平台通过在政府支持下进行市场化运作,对土地资源、城市无形资产和国企资源等进行盘活,通过土地招拍挂、商业银行贷款、国企改革和出让城建开发权等方式,一方面筹集了大量城镇化建设资金,另一方面又领导、组织了城镇化发展进程。融资平台存在的隐忧主要表现在:一是快速增长的融资规模,容易造成巨量隐性的政府债务。融资平台在应对金融危机的过程中,迅速举债数万亿,融资平台的贷款名义上是公司贷款,实际是地方政府的隐性负债。二是融资主体的设立和运作不规范,平台公司的治理结构不尽合理。公司的设立条件并不严格,运行缺乏有效的约束,与此同时,地方政府也在逐步下移建立融资平台的层级,省、市、县各级政府都设立了属于资金的专门化融资平台。管理人员缺乏必要的市场经营、企业管理经验和风险防范常识,容易在融资过程中发生决策失误。三是融资平台缺乏外在约束机制。由于对地方政府融资平台可融资金额不存在明确约束,一些地方政府极力扩大融资量,甚至没有考虑自身还款能力,融资规模巨大,远超政府财政的实际承受能力。

(三)支撑城镇化投融资有序运转的财税管理体制不畅

城镇基础设施建设并没能从根本上打破"建设靠财政、经营靠政府"的状况,财政投入和银行贷款在投资中所占比重偏高,而市政债券和股票融资所占比重过低,城镇化发展市场化融资渠道不畅,特许经营模式还有待完善。财力与事权的不相匹配,导致地方政府特别是处于基层的县乡政府财政运转困难,有限的收入难以满足城镇化在基础设施建设和公共服务提供等方面的资金需要。在财税政策作用方向上,一些地区盲目快速推进城镇化,财政直接投入实施项目建设,城镇超规模、超水平和超财力发展,造成了资源环境的消耗与破坏,为地方经济的长期发展带来包袱和隐患。城乡分割的财税政策,拉大了城乡经济社会发展的差距。尽管近几年加快了农业财政资金的制度建设,加强了农业财政资金的管理和监督检查,但是由于资金来源分散,管理制度和要求不统一,支付方式、渠道和对象分散,加上追踪问效和问责机制缺失,造成了专款没有完全专用,甚至存在着明显的资金流失现象,因此迫切需要建立健全进一步推进城乡一体的财税政策体系。

(四)城镇化建设投融资法律保障不够完善

当前中国城市投融资一是面临着法律的限制,预算法第二十八条中禁止地方政府发行债券是影响到城市投融资机制完善的重要因素。现在地方融资平台的利息大都在8%以上,如果直接发行债券,并以4%~5%的利息向社会发债,那老百姓会收益,政府也可以降低债务成本。二是制度上对国家信用的限制。国开金融总裁张旭光认为,由于国家信用没有得到释放,对于低收益、投资期长的民生项目的投资很难吸引到民间资本,因此应该充分释放政府和市场两种优势。三是干部考核机制不健全。新加坡国立大学教授邓永恒研究发现,中国地方政府官员的升迁主要依赖 GDP 增长,而在环保等方面的机率是负值,亟需转变 GDP 导向的考核机制。

三、新型城镇化建设土地制度存在的问题

回顾过去,尽管城市土地使用制度改革取得了明显成效,但由于我国社会主义市场经济体制尚不完善,城市土地市场发育仍不健全,其管理体制和运营机制都与市场经济所要求的目标之间存在系统性的差距,并随着经济的发展日益凸显出来,主要表现在以下几个方面。

(一)市场配置土地资源的作用不够充分

市场经济条件下,城市土地资源配置的基础应该是市场机制,市场机制在城市土地资源配置中起基础性作用。但是,我国由于结构转换和体制转轨,城市土地资源配置中的行政色彩仍十分浓厚,许多城市政府仍单方面确定土地使用权出让价格,不少城市政府为了自身利益甚至进行新一轮的城市土地"低偿使用"或"无偿使用"。城市土地资源行政配置的直接后果就是增量土地中出让比例过小,在土地有偿出让用地中,协议出让的比例则过大,经由拍卖和协议等方式出让的土地所占比重较小,城市土地价格的确定绕过市场机制、缺乏竞争机制。这种土地供应的随意性和非竞争性,给城市

管理部门、官员以及开发商徇私舞弊提供了极大的便利,造成国有公众收益的大量流失。

(二)土地价格市场形成机制缺乏有效控制

根据土地市场的经营方式,土地价格的表现形式有出让地价、征用地价、出租地价、协议地价、拍卖地价等。在国有城市土地出让中,以招标、拍卖、挂牌等市场方式供地的比例虽在不断上升,但所占比例还相对较小,而大多数协议价格,或因地区利益驱动,或因估价工作滞后,普遍存在明显偏低现象,无法客观地反映土地的真实价格和市场供求关系。同时,在城市土地管理中,土地租、税、费的出现虽然提高了土地的使用效率,但也存在着不少突出问题。一方面,土地本身地租、税费混乱,征收标准不统一,缺乏明确界限,往往导致不公平现象出现。另一方面,房地产经营过程中的税费通常混淆和繁杂,使众多房地产商和居民无所适从。土地收费种类繁多,直接推动地价盲目上涨,如此一来,入市土地定价行为的不规范造成二级土地市场转让主观随意性增大,土地投机现象增多,哄抬地价现象时有发生,土地价格信息严重失真,导致土地收益分配关系紊乱和分配机制扭曲。

(三)土地出让收益分配中地方主义严重

由于中央和地方产权关系不明确,导致地方政府在土地出让及其收益分配过程的地方主义现象严重,着重表现在两个方面:一是越权批地。尽管《土地管理法》中对出让土地面积和批地权限都作了严格、明确的规定,但在实际操作中,该法律的执行显得苍白无力。许多小城镇地方政府中越权批地现象严重,时常出现出让中不报审批或批让不实,某些乡镇政府甚至存在变相"卖地"行为,这种越权批地的行为造成了城市用地系统的低效率扩张,不利于耕地的有效保护。二是中央与地方收益分配不清。虽然中央和地方财政制度规定了土地出让金收益的分配比例,确保了土地出让金收益的大部分留给地方。但地方政府为了自身收益,仍设法压低"出让金",如以"实物地租"的形式暗补出让金,加大配套费等所占的比例等,这些做法都减少了国家和公众的财政收益。

(四)土地市场相关法律法规不完善

实行社会主义市场经济后,我国的城市土地市场才正式开始发育。虽然近年来我国在城市土地的立法和修正方面取得巨大进展,但由于起步晚,相关的法律法规还不够规范,亟需完善:首先,法律覆盖面窄,有些土地管理的法规甚至相互矛盾。我国宪法规定政府有权征用土地,但《土地管理法》

中却没有对政府征用土地的具体范围和要求进行明确阐述和严格限定,没有对土地一级市场上城市土地使用权转让的规模、数量、时期、使用方向及转让方式做出明确的法律规定,这种模糊不清的法律规定导致政府强制性征地范围过宽,并加强了政府对城市土地一级市场的垄断。其次,二、三级市场上城市土地交易过程中的转让、租赁、抵押以及交易的监督、公证、登记也没有足够的法律依据,这就不可避免地造成市场行为的无规则化和土地隐形市场的存在。总之,在许多重要的活动领域中,我国城市土地市场方面的法律法规仍然缺乏明确、恰当的规定,这是我国城市现行土地制度面临的重要问题之一。

(五)土地流转机制不畅

如果说户籍制度及劳动力保障缺陷反映的是城镇对农村剩余劳动力转移的推力,那么现行的农村土地制度则表现的是对农村剩余劳动力转移的拉力。户籍制度的制约增加了农村劳动力转移的就业成本与风险成本,土地制度的障碍则提高了农村劳动力转移的机会成本。当前我国农村土地制度将农民身份权与土地权捆绑,在社会保障体系不健全的前提下,保留土地是农村居民家庭自我保障的手段,同时随着市场经济的全面发展,土地价格不断攀升,在缺乏合理土地流转机制的基础上,更难割断农民对土地的依赖,也阻碍着农民向城镇迁移。然而,伴随农村劳动力大规模外出务工,农村土地粗放式经营或被废弃现象已变得十分严重,在很大程度上造成了土地资源的低效利用,由此给农村劳动力收入稳定性以及国家粮食安全都造成了较大威胁。即使那些已转向从事非农活动的农村劳动力,家庭收入的主要来源已是非农收入,也不会轻易放弃所承包的土地,仍将土地视为家庭的基本保障,结果造成了农村土地资源的大量浪费,这对耕地资源相对稀缺的人口大国来讲是一个非常严重的问题。因此,在改革现有户籍制度的基础上,进一步创新土地制度,建立合理的土地流转机制,已是我国需要完成的紧迫任务。

四、新型城镇化建设中农民工民生保障制度存在的问题

城镇化进程的加速对三农问题的解决和城乡矛盾的缓解起到了积极的作用,农民在增收的同时,也得到了一些经济补偿,受到了一定的社会保障。但由于农村社会的复杂性以及长期以来农村社会发展的滞后,使得新形势下农民工民生保障工作没有取得相应的成效,民生保障制度建设面临一些突出问题。

(一)就业制度方面存在的障碍

近年来,农民进城就业问题越来越得到党和政府的高度重视,政府先后出台了诸多就业政策,并不断做出调整,成效显著。但是由于长期的劳动力市场分割,很多地区的城市和农村之间仍然存在着严重的体制分割、政策分割,很多促进农民就业的政策流于形式,并未取得应有的效果。许多地区对农民工就业的管理服务体系非常不完善,很多地方甚至依旧存在着法律法规不健全的问题,致使农民工的许多权益得不到有效保障。调查研究表明,进城农民从事的行业范围较窄,主要集中于建筑业、制造业、批发零售餐饮业;绝大多数进城农民工在职业阶梯中处于低层,主要表现在社会地位低、收入低、劳动时间长、工作不稳定、雇佣关系不规范和劳动关系紧张等方面。与此同时,各地方财政针对农民进城务工的培训资金投入普遍不足,缺乏统一规划和协调管理,致使农民难以获得针对自身职业发展的知识和技能培训。另外,农民工讨薪难的问题存在已久,进城农民一直都缺乏一个强有力的后盾做支撑,因此当前急需强有力的政策措施来维护进城农民的合法权益。这些问题的存在都需要中央和地方政府不断地去完善相关的就业政策,使相关政策制度化、法律化,并做到严格执行、有法必依。

(二)社会保障制度方面存在的障碍

改革开放以来,进城务工农民为我国社会主义现代化建设做出了巨大贡献,但是他们却长期未被纳入城市社会保障体系之内,无法享受和市民一样的社会保障权利。部分农民虽然成功地领取了城市户口,形式上已经成为市民,但是涉及具体社保权利时,当地的制度和政策却往往会出现捉襟见肘、难以兑现的情况。住房方面,进城务工农民绝大部分无固定居所,就业环境较好的可以居住在单位住房,有些居住在临时搭建的简易宿舍,生活环境较差,基本上没有住房保障;医疗保险方面,由于未被纳入医疗保障体系,进城农民只能选择自费医疗,而用工单位给他们提供的医疗帮助又普遍很小,有些单位甚至逃避、拒付医疗费用,因而当前农民工普遍面临治病难的困境;养老保险方面,我国虽已制定并发布了相关文件,但落实起来却困难重重,当前享受到政策的农民少之又少,至于失业保险等就更无从提及了;子女教育方面,由于户籍限制,农民工子女入学时往往会受到诸多限制,存在着严重的受教育机会不平等等问题。

第二节 健全新型城镇化建设的体制机制保障

一、健全土地制度，着力加快农村土地流转

（一）健全与新型城镇化建设相适应的土地产权制度

首要的是明晰农村土地产权，依法确定集体土地所有权主体。集体土地所有权登记要根据法律规定，进一步明确农民是集体土地的主体，并以此为前提，推进集体土地的登记发证。没有经过土地确权登记发证、所有权主体不清或使用者不明的集体土地使用权不允许有偿使用和流转，不得进入市场交易。

（二）修订和完善《土地管理法》等有关法律法规

在坚持用途管制的前提下，从法律角度确认集体土地具有使用、转让、租赁、抵押等各项权能，赋予农民更加完整的土地财产权利，实现集体土地与国有土地"同地同权"以及"建立城乡统一的建设用地市场"的目标。

（三）制定和完善经营性集体建设用地的有偿出让、交易方式、收益分配方式等方面的法律规定

在交易方式上，可以绕过集体土地须经征收转国有用地的传统流程，实现原农村集体经济组织或原村民和土地继受单位亦即土地的实际使用方签订补偿协议完成土地的转让。进一步明确农民对于土地使用、转用和处理的权利，允许在土地用途不发生从农地向非农地转换的前提下，土地可以进行转租、转让，土地使用权也可以抵押。促进农村土地非农过程中的市场化，建立农地转工业、商业等非农用地的农民与开发商的直接协商机制。改革目前农地征用制度，允许农村集体土地直接进入一级市场。只要符合城市规划和土地利用规划的要求，土地开发商可以直接与村集体或农民进行土地交易，使得土地用途转换中村集体及其村民能够得到土地出让的主要收益。一旦土地出让后，农民转为市民，并同时自动获得最低生活保障、子女就业和廉租房的福利保障制度。

(四)建立农村集体建设用地使用权整治置换和指标交易制度

加大综合整治资金投入力度,深化综合整治激励措施,开展综合整治专项工作。明确征地指标易地置换条件,规范易地置换行为,允许易地置换使用,建立指标交易平台,健全交易配套制度,规范指标交易行为,实行指标有偿使用,实现集约整合闲散资源易地有效利用。

(五)建立农村集体建设用地流转基准地价和指标交易价格评估制度

积极开展流转基准地价和指标交易价格的评估工作,健全流转基准地价和指标交易价格的管理体系,规范市场的监管秩序。同时,建立农村集体建设用地使用权基础信息管理平台和数据信息管理系统,对其现状调查,摸清底数,分门别类,统一建档,以便整合利用。

(六)建立农村土地流转制度

关于农村承包土地使用权合法流转的问题,这是实现农业现代化和规模化经营的基础,亦是解决农业、农村长期发展的关键手段。西方国家都是大型的农庄式农业化,而在中国,一个家庭可能只有一块地,规模效益比较低,如果土地能够形成规模,对土地使用权利加以市场化,将有力推动我国农业的劳动生产力不断提高。可以考虑建立健全农村承包土地使用权流转制度,解决农业规模化问题。例如,把农户的土地承包权作为股份联合组建农业公司,然后聘请职业经理人经营管理,以此作为实现土地集约化、农业生产规模化标准化的一个创新方式。加强农村承包土地使用权流转,一方面是农地的资源和经营价值的体现;另一方面,土地集约化必将带动农业的产业化和现代化,规模化经营也将带来生产效率提升,促进农业产业盈利改善。

二、改革户籍制度,加快农业人口转移为城镇居民进程

户籍制度改革的关键是户籍内含各种权利和福利制度的综合配套改革,户籍制度只是"标",而其内含的各种权利和福利制度的改革则是"本"。必须积极稳妥地推进户籍制度改革,为我国新型城镇化建设的健康发展提供制度保障。在新型城镇化建设过程中,按照因地制宜、分步推进,存量优先、带动增量的原则,以农业转移人口为重点,兼顾异地就业城镇人口,统筹推进户籍制度改革和基本公共服务均等化。全面放开小城镇和小城市落户

限制,有序放开中等城市落户限制,逐步放宽大城市落户条件,合理设定特大城市落户条件,逐步把符合条件的农业转移人口转为城镇居民。

(一)实现户籍制度改革渐进化

首先,在城镇地区,应根据外来务工人员在城镇工作和生活的实际,通过渐进式的改革,逐步放开封闭的城镇户籍限制,降低城镇户籍门槛,让更多的社会成员拥有与其生活状态相适应的户籍制度。要按照公开、公平、有序的原则,通过积分制的办法、阶梯式的通道进行落户,来合理调控落户规模和节奏。在此方面,不少城镇实行的"居住证"制度可以看作是化解原有户籍制度藩篱的一个有益尝试。如广州、上海等地在实施"居住证"制度时,已开始考虑外来人员的实际状况,对满足条件的居民直接纳入城镇户籍制度。根据《广东省流动人口服务条例》规定:"居住证持证人在同一居住地连续居住并依法缴纳社会保险费满7年、有固定住所、稳定职业、符合计划生育政策、依法纳税并无犯罪记录的,可以申请常住户口"。虽然许多城镇对外来人员入户的限制仍较多,但一些新政策显示的户籍制度改革"梯度赋权"思路,体现出城镇施政者对待非城镇人口的一种新态度,随着制度运行和经验总结的不断深化,将对缓解由二元户籍制度引发的一系列矛盾起到重要作用。

(二)实现城乡公共服务均等化

造成社会民众对现行二元户籍体制不满的核心是城乡群体在权益享受上的不对称,但若直接取消二元户籍制度,必然有大量农村人口涌入城镇,势必会给城镇的教育、就业、住房、社会保障、公共环境以及市政管理等带来巨大冲击。考虑到我国有8亿农民和城镇容量相对偏小的现实,在现阶段还不适宜全面实行统一的人口管理制度,而新型城镇化建设无疑为解决当前户籍矛盾提供了一条新途径。事实上,城镇居民和农村居民之所以不能平等地享受国民待遇,其根本原因在于城镇和农村地区经济社会发展的不平衡性。正是这种不平衡性,使广大农村地区没有足够的人力、财力和物力去实现等同于城镇居民的各项政策。这就要求政府部门从统筹城乡国民经济体系和布局的角度出发,通过政策引导和财政支持,加快新型城镇化建设的步伐,促进农村社会生活条件大幅度改善,使农民能够享受良好的养老、住房、医疗、教育等待遇,有效减少因户籍分割制度而带来的不平等现象,减弱农民流向城镇的"推力作用",从而为城乡和谐发展和户籍制度一体化推进创造条件。

（三）实现户籍管理制度的一体化

一方面，政府应该创造条件，加强城乡之间的交流与合作，有效消除二者隔阂，促进城乡融合与协调发展；另一方面，要通过相关措施逐步剥离有关部门附加在户口制度背后的利益关系，弱化甚至取消城乡户口所负载的诸如养老、住房、医疗、教育等方面的差别化待遇，使户籍制度回归到协助执政者统计决策和社会管理的基本职能，在户籍管理理念上实现由传统意义的"户的管理"向现代意义的"口的管理"的转变，从而真正完成户籍管理制度的统一。

（四）推动全国统一的居住证制度

我国目前不少地方已经开始在探索居住证制度，这是积极稳妥推进户籍制度改革的必要阶段。问题的关键在于：要积极地研究和推动全国统一的居住证制度，逐步赋予居住证办理人员和户籍人员同等的享受各项待遇和各项权利，逐步缩小城镇户籍人口和外来人口的福利水平差距，逐步消除各种由于户籍制度所带来的负面影响和制约因素。通过建立健全户籍和居住证并行、补充衔接的人口管理体系，逐步建立城乡一体、以居住地为依据的人口登记制度，最终消除城乡分割的二元户籍制度。此外，要积极地规定居住证转为户籍人口的具体年限，使得居住证和户籍证逐步实现并轨，从而最终实现户籍制度本来的功能。

城乡户籍改革相关部门应在户籍改革思路的引导下，根据改革地区的实际，以实事求是的态度，多方考虑，全面统筹。同时，还要务必把握改革的节奏和步伐，灵活地采取各种措施，以确保户籍制度能在我国新型城镇化建设进程中发挥积极的促进作用。

三、加快投融资体制创新，推进新型城镇化建设

深化新型城镇化建设投融资体制改革，就是要以科学发展观为指导，进一步解放思想，创新思路，围绕加快推进新型城镇化建设工作目标，按照"政府主导、社会参与、市场运作"的原则，放开城市基础设施市场，打破行业垄断，转变政府职能，切实改善新型城镇化建设投融资发展环境，加强投融资平台建设，充分发挥财政资金的杠杆作用，广泛吸引和集聚银行金融资本和社会资本，加快形成投资主体多元化、融资渠道多样化的新型城镇化建设投融资新格局。

(一)加大新型城镇化建设财政投入力度

建设资金不足是制约城镇化发展的主要矛盾,应综合运用市场经济的运行方式,发挥财政资金和财政政策的导向作用,吸附社会资本、民间资本参与城镇基础设施建设,建立多元化投入机制,拓宽城镇发展融资渠道。一是综合安排一般预算、基金预算、财政专户、转移支付等各类财政资金,加大对新型城镇化基础设施和公共服务设施建设的投入。二是提高财政城镇化建设资金预算。各级财政城镇维护建设税、公用事业附加费、市政公用设施配套费等收入全部用于城镇基础设施和公共服务设施建设,土地出让金扣除政策规定必须安排的支出后主要用于城镇基础设施建设。三是强化财政投入引导。整合城市基础设施建设资金,加大对城镇化建设的投入,对政府主导的医疗卫生、教育、文化等公共服务项目,市、县两级优先考虑向重点城镇安排。各级财政可设立奖励资金,逐步加大对城镇规划建设提升奖励力度,提升城镇建设和管理水平。积极探索以股权基金方式来解决城镇化建设资金的问题,鼓励各级设立城镇发展基金,撬动民间资金投入,放大政府投入效应。四是调动社会资本投入。通过存量资产置换、出让公共设施经营权等方式,引导社会资本发展供水、供气、供电等公共事业。逐步扩大政府购买服务的范围,鼓励民间组织、国内企业、个人及外商以多种方式参与城镇建设及公共服务的提供。将城镇政府机关固定资产、可用土地和矿产资源、林业和水利产权等有效资源统筹利用起来,健全完善城镇融资平台,吸引民间资本进入,开辟投资新渠道。五是鼓励金融资本投入。进一步完善金融产业扶持政策,对新设立的村镇银行、贷款公司、农村资金互助社等新型金融组织,给予开办经费补助。鼓励小额贷款公司向村镇银行,农村信用社向农村商业银行过渡,对改制成功的给予补助。

(二)落实城镇化建设税费优惠政策

统筹运用全额拨付、贴息奖补、收益返还、优惠政策等财政手段,在加大新型城镇化建设投入的同时引导社会资金投入。多渠道筹措建设资金,以交通道路建设、生态廊道建设、四类社区建设、组团起步区建设、中心区功能提升和产业集聚区建设六个切入点为重点,推进新型城镇化建设向纵深发展。改革财政资金管理办法,改变现行城镇基础设施建设项目资金管理办法,采取以奖代补、先建后补等方式,调动各级政府和社会各方面参与城镇化建设的积极性,努力放大财政资金使用效应。积极落实企业投资城镇公共基础设施建设项目企业所得税减免政策及保障性住房税收优惠、收费基金减免政策。加强监管,确保国家和省政府关于取消、停止征收和降低行政事业性收费政策落到实处。

(三)建立和完善多元化投融资体系

一是加大力度积极拓宽政府融资渠道。针对政府融资渠道单一的问题,各级政府应加大力度积极拓宽政府融资渠道。地方政府作为城市建设的主导,地方财政收入一直制约着城市建设融资的规模,从而限制了城市建设的发展速度。国家为了应对由次贷危机引发的经济衰退,放松了地方政府发行债券的一些限制。按照公共财政的要求,地方政府通过举债融资,逐步建立多元化、多渠道、多层次的资金筹措机制,并将举债收入投向与区域经济发展密切相关的基础设施和公共服务领域,提供地方性公共物品,这显然有利于各地因地制宜发展本地区的新型城镇化建设。二是探索设立产业投资基金。政府应积极鼓励发展企业投资基金,利用建立投资基金的方式为本地区经济发展吸引更多的投资。三是引导国有优质资产通过上市实现直接融资。在股改即将完成的背景下,各级政府应抓住国家大力发展资本市场的机遇,将优质资产通过上市实现直接融资,推动那些资产规模大、盈利条件好的企业或企业集团在境内外上市。四是积极借鉴国内外先进融资模式和经验。近年来,美国等发达国家在基础设施融资中,运用了大量新型融资方式、融资产品,包括:基础设施收费证券化、次级债券、BOT、TOT、投资基金、金融租赁、收入债券、特许公司债券等,使基础设施融资债券方式的选择范围大为拓宽。比如,基础设施收费证券化,就是以基础设施的未来收费所产生的现金流为支持发行债券融资,债券的还本付息来源于基础设施的未来收费所得现金流。基础设施收费证券化可以规避目前地方政府发债的法律限制,同时具备信息透明和便于监督等特点,可以在一定程度上替代信贷工具,降低银行风险。

(四)积极探索适合新型城镇化的金融创新

就城镇化发展看,城市基础设施往往带有超前性、社会性、公益性,具有资金投入量大、建设周期长、沉没成本高、需求弹性较小等特点,一般银行不愿介入。新型城镇化建设,需要大量的资金投入,离不开金融的支持。因此,金融业有责任帮助地方政府和企业建立起相应的投融资体制和偿债机制,形成支持新型城镇化建设的互动运作模式和风险防范机制,主要可以采取以下几项措施:一是进一步发挥地方金融机构的作用。要发展好地方性商业银行,鼓励并推动其引入民间资本,增资扩股,优化股权结构,完善公司治理;鼓励设立更多的村镇银行和其他新型金融机构。二是大力发展适合城镇化建设的金融产品和服务。创新和丰富金融产品,鼓励金融服务创新,积极支持具有地区资源优势和发展前景的行业以及处于产业结构快速调整、升级中的企业。三是大力优化金融生态环境。首先,完善农村信贷担保机制,大力培育和发展县域农业担保、评估、公证等中介机构,规范、降低抵押、担保等中介收费。其次,进一步完善中小企业担保、农业小额贷款担保、政策性农业保险等机制,提高抵御风险能力。最后,在发展政策性农业保险、农村互助合作保险的同时,鼓励商业性保险机构开拓农村保险市场。

(五)做大做强现有政府投融资平台

从目前的情况来看,政府现有的投融资平台并不强大,甚至一些投融资公司本身也面临着巨大的资金缺口。融资方式仅局限于向银行融入资金,融资效果不够理想。解决这些问题的关键不能仅靠政府财政资金注入,在目前的资金形势下,仅靠政府财政资金注入来改善资金紧缺情况的想法肯定不现实,也不可能实现,以市场化运作方式来融通更多的资金才是真正可行的渠道。一是建立投资补偿机制。逐步实行开放式投资准入政策,将有一定回报的项目推向市场,吸引社会各类投资主体进入。对委托代建商按合同要求完成的建设项目,经竣工验收合格后,由城投公司回购,并由财政部门通过适当补贴和相关政策进行投资补偿,以保障投资者的合理收益,提高其项目参与热情度。二是制定综合平衡的土地收益调节政策体系。为确保建设基础设施所连带产生的土地未来收益能够还原于城市建设,从而避免土地的级差收益和增值收益被转化成地产开发企业的超额利润,国土部门应制定相关土地收益调节政策体系,以便能全面实施开发建设。三是积极引入社会资本来注入投融资公司的资本结构。政府经常会有这种观念,即政府成立的投融资公司就一定要以政府占据大股东地位,其实在资金紧缺的时期,政府应以做大做强投融资平台为主,谁是第一大股东并不重要。如果实在是在乎第一大股东的地位,政府完全可以运用这样的方式,即给引入的社会资本设定一个特别宽限期,在这个期限内,引入的社会资本可以占据投融资公司的主导地位,在特别宽限期结束后,社会资本可以逐渐退出。四是在政府引导下,拓宽融资渠道,破解资金难题。市、县级投融资平台坚持走通过政府引导、市场化运作、公司化经营之路,拓宽融资渠道,破解资金难题,如积极争取政策性银行贷款等。尽管目前商业银行借款可能受阻,但可通过项目打捆的形式,积极争取国家开发银行的政策性中长期贷款,为基础设施建设和社会事业项目筹集资金。

(六)打造公共项目民间融资平台

一般而言,基础设施、社会事业、民生工程等属于社会的薄弱环节,同时也属于行政垄断行业。这些行业虽没有明文规定不准民间资金投资经营，但与国有企业相比，在项目审批、土地征用等一系列环节上，民营企业面临的困难和问题要多得多，无形间形成了对民间资本的进入壁垒。基础设施和公共服务项目具有投资需求大、投资期长、回报率低等特征，如果是国有大企业融资，商业银行通常会大力支持，如果是民企介入，融资则相对困难。此外，民营企业的固定资产往往难以满足银行的要求，加上抵押贷款手续繁杂、费用较高、时间过长，限制了民营企业从商业银行获得贷款。就证券市场而言，对民营企业的门槛更高，使得民间资本无法介入此类项目。然而，基础设施建设、社会事业、民生工程和"三农"等经济社会薄弱环节的投资需求巨大，而政府投融资能力有限，难以满足资金需求，同时政府的投资效率长期以来也备受质疑。为此，推动政府投资项目的民营化，使民营企业参与经济社会的薄弱环节投资，可有效缓解政府投资压力，防范政府投资债务风险，也可提高项目融资的效率。

努力搭建公共项目民间融资平台。一是拓宽民间投资的领域和范围。允许民间资本进入国家法律法规政策未明确禁止的所有产业和领域，打破行业垄断，放宽股比限制，规范设置投资准入门槛。二是为民间投资创造良好的金融生态环境。首先，要鼓励引进法律会计、资产评估、信用评级、投资和管理咨询、金融信息等金融专业服务配套机构，延伸和完善金融产业链。其次，加快建设社会征信体系，争取多部门信息共享，积极要求建立和完善覆盖全面的企业和个人信用体系，最大程度消除由于信息不对称而产生的交易成本提高，降低金融机构运营风险。此外，要改善金融服务，鼓励各类金融机构创新和灵活运用多种金融工具，提高对民间投资的金融服务。三是创新项目运作模式。合理利用政府投资补助、贷款贴息等利益补偿机制，积极推广BOT、TOT、PPP等项目融资方式，鼓励和引导民间投资以独资、合资、联营和特许经营等方式参与基础设施和公共设施服务领域投资。

选择合理的项目融资方式。正如前文对美国政府吸引民间资本参与公共项目投资、建设、运营方式的介绍，不同的项目融资模式具有不同的适用性，政府相关部门在进行招标之前应该对各种融资模式进行详细的研究，不能一窝蜂的采用BOT模式融资，而应选择适合的模式。BOT模式和PFL模式主要适用于经营性基础设施领域，像道路与桥梁、供水与水处理、固体废物处理等项目适合采用这些模式。根据项目背景的不同又有多种BOT衍生模式，未建成的基础设施项目可以采用BOT和BT模式，已建成的项目可以采用TOT等衍生模式。可见不同的融资模式适用性不同，需要根据项目性质和特点来选择合适的项目融资。

四、加快社会保障制度创新,推进新型城镇化建设

农民目前仍然是农村人口中占绝大多数的庞大群体,要实现真正意义上的城乡一体化,实现社会的和谐,必须解决好在城镇化加快进程中农民的长期生计和社会保障问题。在党中央统筹城乡发展,缩小城乡差距,全面建成小康社会的新形势下,农村社会保障制度的构建及完善对解决三农问题及其城镇化战略本身具有重要的战略意义。农村社会保障体系的建设应着眼于我国目前农村的发展实际,始终坚持城乡统筹的政策导向,逐步降低城乡社会保障水平的差距,最终过渡到建立城乡一体化的社会保障体系。

(一)完善社会保障法律制度

党中央提出到 2020 年基本建立覆盖城乡的社保体系,全党、全国和社会对农村社会保障制度的建设都格外关注。农民作为社会成员的一大部分,有权利获得公平的社会保障,但农民社会保障的法律制度的缺位使得农民的社会保障长期以来得不到法律的保护。鉴于我国长期城乡分离的二元社会结构,农民的社会保障水平极低,一直处于社会保障建设的边缘地带。城市实行的是高补贴、高就业、高水平的社会保障制度,而农村实行的是以民众互助和国家救济为主的低水平的社会保障,其保障水平明显低于城市。这种保障形式阻碍了农民的生产积极性,限制了农村的发展,严重制约着农村工业化和城镇化建设。我国应充分考虑农转非人口、失地农民和从事农业生产人口不同人群的需要,加紧制定有关农村社会保障的法律法规。

(二)多渠道筹集社会保障资金,增强资金筹集能力

国家应加大财政投入力度,中央政府和各级地方政府要遵循公共财政的理念,建立对农民社会保障的资金投入机制,解决保障资金不足的问题。加大转移支付力度,发挥财政投入的作用,调整财政支出结构,大力构建社会保障体系的安全网。在增加保障国家财政转移的同时,加强农村自身社会保障。仅依靠国家财政转移支付来建立农村社会保障制度是不够的,我们必需要加强农村自身的筹集能力,从而实现可持续的保障体系的发展。另外,在加强农村自身筹资能力的过程中,要努力提高农民个人的参保意识,使得更多的人愿意参与进来,愿意为其社会保障缴纳相应的费用。

(三)建立因地因人制宜的社会保障制度

在我国建立完善的农村社会保障制度,必须结合我国农村的实际情况,

必须充分估计到各类人群尤其是弱势人群的需要,在不同的地区,针对不同的人群采取不同的社会保障项目。单一层次的社会保障体系往往难以照顾到各方面的利益,应建立一个以农村养老和医疗保障制度为主体,包括社会救助、社会福利事业和农民工社会保障在内的多层次、多功能保障体系。

(四)加快就业制度创新

一要建立对进城农民的职业技能培训制度。培训要紧密结合城镇就业岗位的需要,以提高农民城镇就业的竞争力。二要加快劳动用工制度创新。消除各种用工歧视,维护农民在城镇就业的合法权益。要健全劳务纠纷协调仲裁机构,解决好拖欠工资、劳动环境差、职业病和工伤事故频发等突出问题。三要加快公共就业服务制度创新。政府劳动部门的职能应由城镇延伸到农村,及时提供准确的劳动力供求信息,对进城务工农民进行科学有效的指导和服务。

第四章 生态城市建设——新型城镇化建设的价值取向

　　城市是人类的主要聚集地,是政治、经济、文化发展的中心。随着城市的不断发展,它给我们带来了巨大的物质财富与精神文明的享受。但是,同时也造成了城市人口膨胀、交通拥挤、土地资源紧张、环境污染严重、能源紧缺等一系列问题。为了寻求城市的可持续发展,人们一直在探索一条经济高效、社会进步、生态文明的和谐发展道路。党的十八大提出"大力推进生态文明建设",十八届三中全会提出"紧紧围绕美丽中国建设,加快生态文明制度建设"。中央新型城镇化工作会议提出"要坚持生态文明,着力推进绿色发展、循环发展、低碳发展,尽可能减少对自然的干扰和损害"。要求树立尊重自然、顺应自然、保护自然的生态文明理念,把生态文明建设放在突出地位,融入经济建设、政治建设、文化建设、社会建设各方面和全过程,着力推进绿色发展、循环发展、低碳发展。这就要求我们在城镇化的过程中,加强城乡生态环境和生态系统建设,注重城镇生态环境规划,建设以绿化、低碳、循环为主导的生态环境体系。目前,我国杭州、苏州、威海、扬州等城市在生态城市建设方面已经进行了实践探索,走生态化的城镇化道路。生态城市建设不仅符合当前新型城镇化建设的工作要求,而且为城市居民提供一个良好的生活、工作环境,为城市发展提供了源源不断的动力,使得整个社会健康、和谐、有序的发展。

第一节 生态城市的概念、内涵及其特征

一、生态城市的概念

　　我国几千年来以农业为主的社会结构正在被打破,城镇化成为继工业化、市场化之后推动经济社会发展的巨大引擎。有数据表明,我国城镇化率已超过50%,标志着已经进入城市化加速发展阶段。而生态城市正是中国

城镇化发展的必然之路。生态城市概念的产生是城市生态理论发展的必然结果。生态城市,也称生态城(英文:Eco—City),是一种趋向尽可能降低对于能源、水或是食物等必需品的需求量,也尽可能降低废热、二氧化碳、甲烷与废水的排放的城市。这一概念是在20世纪70年代联合国教科文组织发起的"人与生物圈(MAB)"计划研究过程中提出的,一经出现,立刻就受到全球的广泛关注。关于生态城市的概念众说纷纭,至今还没有公认的确切的定义。河南大学教授王发曾认为,生态城市是以现代生态学的科学理论为指导,以生态系统的科学调控为手段,建立起来的一种能够促使城市人口、资源、环境和谐共处,社会、经济、自然协调发展,物质、能量、信息高效利用的城镇型人类聚落地[1]。中国工程院院士王如松认为,生态城市是在生态系统承载能力范围内,通过改变城市的生产和消费方式、决策和管理方法,挖掘市域内外可以利用的资源潜力,建立起来的一类经济发达、生态高效的产业,生态健康、景观适宜的环境,体制合理、社会和谐的文化,以及人与自然和谐共生的充实、健康、文明的生态社区[2]。原建设部副部长仇保兴认为,生态城市是指有效运用具有生态特征的技术手段和文化模式,实现人工—自然生态复合系统良性运转、人与自然、人与社会可持续和谐发展的城市[3]。

总的来说,从生态哲学角度来看,生态城市实质是实现人与自然的和谐,这是生态城市价值取向所在,只有人的社会关系和文化意识达到一定水平才能实现;从生态经济学角度看,生态城市的经济增长方式是"集约内涵式"的,采用有利保护自然价值,又利于创造社会文化价值的"生态技术",从生态社会学角度来看,生态城市的教育、科技、文化、道德、法律、制度等都将"生态化";从城市生态学角度来看,生态城市的社会、经济与自然复合生态系统结构合理、功能稳定,达到动态平衡状态;从系统学角度来看,生态城市是一个与周围市郊及有关区域紧密联系的开放系统,不仅涉及城市的自然生态系统,如空气、水体、土地、绿化、森林、动植物、能源和其他矿产资源等,也涉及城市的人工环境系统、经济系统、社会系统,是一个以人的行为为主导、自然环境为依托、资源流动为命脉、社会体制为经络的社会、经济与自然的复合系统。

生态城市应是资源高效利用、环境和谐、经济高效、社会兴旺、发展持续的社会、自然与经济以及人与自然和谐统一的人类居住区。生态城市既要

---

① 王发曾.洛阳市双重空间尺度的生态城市建设[J].人文地理,2008(3).
② 王如松.建设生态城市急需系统转型[N].中国环境报,2009—6—11.
③ 仇保兴.加快生态城市建设战略[N].经济日报,2009—9—8.

能保证城市持续增长,更要保证城市发展的质量,既要满足城市发展对资源环境的需求,更要满足居民的基本需求,应做到环境清洁优美,生活健康舒适。

二、生态城市的内涵

由于定义不统一,它的内涵也各有不同的表述,有的从语义内涵,有的从经济内涵,有的从文化内涵,有的从哲学内涵等不同角度来概括生态层次的内涵。中山大学教授彭晓春等认为,生态城市有三个层次的内涵,第一层次为自然地理层次,这是城市人类活动的自发层次,是城市生态位的趋势、开拓、竞争和平衡过程,最后达到地尽其能,物尽其用;第二层次是社会功能,重在调整城市的组织结构及功能,改善子系统之间的冲突关系,增加城市有机体的共生能力;第三层次是文化—意识层次,旨在增强人的生态意识,变外在控制为内在调节[①]。一个城市要成为一个生态城市,强调的是在以人的行为为主导、自然环境系统为依托、资源流动为命脉、社会体制为经络的"社会—经济—自然"的复合系统中,各种关系之间的协调和可持续的发展。

生态城市是一个包括自然环境和人文环境的综合性概念。它不单纯是狭义的环境保护,而是以人为主导、以自然环境系统为依托、以资源流动为命脉的经济、社会、环境协调统一的复合生态系统。其内涵主要有以下几个方面。

(1)从地域范围来看——生态城市不是一个封闭的系统,而是一个与周围相关区域紧密相连的相对开放系统。它不仅包括城市地区,还应包括周围的农村地区。

(2)从涉及领域来看——生态城市不仅涉及城市的生态环境系统(包括自然环境和人工环境),也涉及城市的经济和社会,是一个以人的行为为主导、以自然环境系统为依托、资源和能源流动为命脉、以社会体制为经络的"社会—经济—自然"的复合系统,是社会、经济和环境的统一体。

(3)从城市生态环境方面来看——生态城市的自然资源得到合理利用;自然环境及其演进过程得到最大限度的保护;具有良好的环境质量和充足的环境容量,能够消纳人类活动所产生的各种污染物和废弃物。

(4)从城市经济方面来看——生态城市既要保证经济的持续增长,更要保证增长的质量。因此,一个生态城市要求有合理的产业结构、能源结构和

---

① 彭晓春,李明光,黄鹄.生态城市的内涵[J].现代城市研究,2001(6).

生产力布局。通过开展清洁生产,开发、采用节能、降耗、再生、污染防止、信息等新技术,调整生产、流通和消费诸环节,使资源和能源得以有效利用,使城市的经济系统和生态系统能协调发展,形成良性循环,实现城市经济发展与生态环境效益的统一,促进经济的高效运行。

(5)从社会方面来看——生态城市要求人们有自觉的生态意识和环境价值观。生活质量、人口素质及健康水平与社会进步、经济发展相适应,有方便舒适的生活环境、安定的社会秩序、开放民主的社会政治、健全的社会保障体系、全面的文化发展、绿色的生活社区和生态化的城市空间环境。

三、生态城市的特征

生态城市是城市生态化发展的结果,与传统城市相比,生态城市主要有如下特征。

一是和谐性。生态城市的和谐性,不仅仅反映在人与自然的关系上,人与自然共生共荣,人回归自然,贴近自然,自然融于城市,更重要的是在人与人的关系上。人类活动促进了经济增长,却没能实现人类自身的同步发展。生态城市是营造满足人类自身进化需求的环境,充满人情味,文化气息浓郁,拥有强有力的互帮互助的群体,富有生机与活力。生态城市不是一个用自然绿色点缀而僵死的人居环境,而是关心人、陶冶人的"爱的器官"。文化是生态城市重要的功能,文化个性和文化魅力是生态城市的灵魂。这种和谐乃是生态城市的核心内容。

二是高效性。生态城市一改现代工业城市"高能耗""非循环"的运行机制,提高一切资源的利用率,物尽其用,地尽其利,人尽其才,各施其能,各得其所,优化配置,物质、能量得到多层次分级利用,物流畅通有序,废弃物循环再生,各行业各部门之间通过共生关系进行协调。提高资源的利用效率,实现自然资源"外在化"生产向"内在化"生产的转变。

三是持续性。生态城市是以可持续发展思想为指导,兼顾不同时期、空间、合理配置资源,公平地满足现代人及后代人在发展和环境方面的需要,不因眼前的利益而"掠夺"的方式促进城市暂时"繁荣",保证城市社会经济健康、持续、协调发展。

四是整体性。生态城市不是单单追求环境优美或自身繁荣,而是兼顾社会、经济和环境三者的效益,不仅仅重视经济发展与生态环境协调,更重视对人类质量的提高,是在整体协调的新秩序下寻求发展。它强调的是人类与自然系统在一定时空整体协调的新秩序下共同发展。

五是区域性。生态城市作为城乡的统一体,其本身即为一个区域概念,是建立在区域平衡上的,而且城市之间是互相联系、相互制约的,只有平衡协调的区域,才有平衡协调的生态城市。生态城市是以人—自然和谐为价值取向的,就广义而言,要实现这一目标,全球必须加强合作,共享技术与资源,形成互惠的网络系统,建立全球生态平衡。广义的要领就是全球概念。

六是开放性。生态城市必须与外界的物质、能量、人口、信息和文化等进行交流,孤立的城市是无法实现生态化的。全人类也要加强合作,共享技术与资源,保护人类生活环境,实现可持续发展的人类目标。

第二节　生态城市建设在新型城镇化过程中的必要性

新型城镇化是生态文明贯穿全过程,人口、经济、资源和环境相协调的城镇化。在优化产业结构、转变城镇发展方式的同时,从城镇建设、能源结构、消费模式等多角度将生态文明理念植入城镇化发展的思维,按照城市标准,对垃圾、污水、噪声等污染物进行达标处理和控制,增加绿地、林地面积,加大城镇生态环境建设的力度,提高城镇生态环境的承载力,推动城镇由"外延式扩张"转为"内聚式发展"。大力提倡建设生态城市,这既是顺应城市演变规律的必然要求,也是推进城市的持续快速健康发展的需要。

一、新型城镇化的特性决定了生态城市建设的必要性

新型城镇化是体现以人为本、全面协调可持续发展的科学理念,以发展集约型经济与构建和谐社会为目标,以市场机制为主导,倡导以城促乡、以工促农,与新型工业化、信息化和农业现代化互动,大中小城市规模适度、布局合理、结构协调、网络体系完善、产业支撑力强、就业机会充分、生态环境优美、城乡一体的城镇化发展道路。从上述新型城镇化的概念中,可以看到新型城镇化包含生态文明的内容。当然,生态文明包含的概念更为广泛、全面。它是包含人与自然、人与人和谐共生、全面发展、持续繁荣的综合文化伦理形态。新型城镇化的目标是通过发展新型工业化,转变经济增长方式,发展节约型清洁生产,促进区域一体化,构筑一个有机的区域发展共同体,从而改善城镇人居环境,提高城镇经济发展效益,增强城镇综合实力,实现城镇可持续发展,达到生态环境优美,人和自然和谐相处的目的。生态城市建设既有益于最大限度地发挥新型城镇化建设的积极效应,又能使新型城镇化建设的全过程处在健康有序的状态下。因此,生态城市是目前中国城市发展的价值取向。

二、生态城市建设是破解城镇化建设问题的必然选择

一个城市如果没有好的发展模式,城市问题会愈演愈烈。当前我国城镇化发展面临两条道路的选择:一条是走传统工业化发展道路,依然保持高消耗、高投入、低产出的生产和生活方式,不发生根本改变,最多只是进行一些适当的调整;另一条是对传统工业化发展模式进行根本性变革,探索出一条符合当前我国国情的新型城镇化发展道路,也就是生态发展道路。第一条道路的选择是不可取的。边发展、边治理或者先发展、后治理的路子使城市生态危机无法及时解决甚至根本就得不到解决,只会造成付出的成本越来越高、代价越来越大,最终可以选择的空间也越来越小。我国新型城镇化建设应该也必须选择第二条道路。只有走生态化发展道路,诸多城市问题才能得到根本解决,人居环境和生活质量才能提高,才能适应全球生存与可持续发展的迫切要求。作为一个发展中国家,我国的综合国力、科技水平、人口素质、意识观念与发达国家相比有明显差距,这些因素都将影响到我国城市的新型城镇化建设。人口多、底子薄的国情决定了必须开辟一条具有中国特色的新型城镇化建设道路。我国正处于新型城镇化建设和改变人类与自然环境关系的关键时期,我们要摒弃城市发展的传统模式,以生态理念推进新型城镇化建设,兼顾经济建设、政治建设、文化建设、社会建设、生态建设五个方面,因而生态城市是破解城市问题的必然选择。

三、生态城市建设是实现城市可持续发展的有效途径

生态城市是城市生态化发展的结果,是社会和谐、经济高效、生态良性循环的人类居住形式,是人类住区发展的高级阶段。新型城镇化建设走生态化发展之路,标志着城市由传统的唯经济开发模式向复合生态开发模式转变,这是人类又一次对自己发展模式的深刻反思。它不仅涉及城市环境的生态建设、生态修复、污染治理等方面,而且还涉及人们生产方式、生活方式、价值观念、法规政策等方面的根本变革。随着科技进步和社会快速发展,人类创造了丰富的物质财富,进一步推进了人类文明的进程,同时也带给城市很多问题,诸如城市环境污染严重,能源紧缺,交通拥堵,土地紧张等。因此,加强生态城市建设已成为摆在我们面前亟待解决的问题。十八大明确提出了"建设生态文明,是关系人民福祉、关乎民族未来的长远大计。面对资源约束趋紧、环境污染严重、生态系统退化的严峻形势,必须树立尊重自然、顺应自然、保护自然的生态文明理念,把生态文明建设放在突出地

位,融入经济建设、政治建设、文化建设、社会建设各方面和全过程,努力建设美丽中国,实现中华民族永续发展。"生态城市的建设能使技术与自然充分融合,使各种资源的配置和利用达到高效,不仅可以为城市人类提供一个良好的生活工作环境,还可以使城市的经济、社会系统在环境承载力允许的范围内得到持久发展,实现城市整体的持续发展。

四、生态城市建设是提升新型城镇化建设质量的需要

中央经济工作会议确定 2013 年经济工作的主要任务之一是积极稳妥推进城镇化,着力提高城镇化质量,走集约、智能、绿色、低碳的新型城镇化道路。中国要实现下一个阶段的经济现代化需要做出变革,应该通过一个更为可持续的发展模式达到经济、社会和环境之间的平衡。21 世纪是生态世纪,即人类社会将从工业化社会逐步迈向生态化社会,从某种意义上讲,下一轮的国际竞争实际上是生态环境的竞争。从一个城市来说,哪个城市生态环境好,就能更好地吸引人才、资金和物资,处于竞争的有利地位。因此,生态城市建设已成为下一轮城市竞争的焦点,许多城市把生态城市建设作为奋斗目标和发展模式,这是明智之举,更是现实选择。生态城市建设有利于高起点涉入世界绿色科技先进领域,提高城市在国内外的市场竞争力和形象。

五、生态城市建设是提高人民群众生活质量的需要

随着经济的日益增长,城市居民生活水平也逐步提高,城市居民对生活的追求将从数量型转为质量型、从物质型转为精神型、从户内型转为户外型。城市生态环境是人类生态环境的一部分,城市正处在大规模建设、改变自然与人类环境的关键时期,是发展的高潮时期,随着人民生活的追求层次发生变化,自然、生态成为人们的一种向往,健康型生态居住环境是人们的最迫切需求。城市居民对生活的追求将从数量型转为质量型、从物质型转为精神型,生态休闲正在成为市民日益增长的生活需求。生态城市建设恰恰可以满足人们对户外休闲的需求,通过生态城市建设,引领人们生活方式、生存方式的潮流,引导人们按规律去生产生活生存,提高人民生活质量。

第三节　我国城镇化发展中的生态环境问题

中国的城镇化和工业化从 1949 年开始进入快速发展的阶段。尤其是改革开放 30 多年来,中国经济建设取得了举世瞩目的成就,1978—2002 年国内生产总值以年均 9.4 的高速度增长,而世界同期的年均增长速度仅为2.8％;城镇化率由 1978 年的 17.9％提高到 2011 年的 51.3％,年均提高 1个百分点,与发达国家城镇化水平的差距迅速缩小。我国城市数量由 193个增加到 657 个,初步形成了以都市圈、城市群为主体,大中小城市协调发展的城镇发展格局。然而,由于中国人口增长过快,工业化程度又相对较低,在全力发展工业化的过程中,片面追求经济增长速度,忽视了经济增长的效率与质量,忽视了经济增长对资源、环境等的影响,从而导致一系列生态问题的产生,严重影响了国民经济和社会的可持续发展。

一、城市大气污染严重

大气污染是现代工业化城市中城市生态系统的一个主要问题,城市生产和生活活动排放的废气超过城市环境自身的净化能力,则使城市大气环境受到严重破坏和污染。2000 年,全国的废气排放量中含烟尘 1 165 万吨,二氧化硫 1 995 万吨;在统计的 338 个城市中,63.5％的城市超过国家空气质量二级标准,其中超过三级标准的有 112 个城市[①]。我国许多大城市,如重庆、沈阳、抚顺、上海等,曾被世界卫生组织划入污染最严重的城市之列,其中辽宁本溪更是为全球之首,由于烟尘污染严重,曾使这个 100 多万人口的工业重镇在地球卫星图片上消失了[②]。大气污染造成了巨大的经济损失,制约了经济的发展。仅酸雨造成的经济损失就达到 1 165 亿元(1995年),约占当年国民生产总值的 2％。大气污染严重的状况成为人们对社会不满的因素之一,甚至影响了一些地区的社会安定。与此同时,我国的大气污染程度也在国际上造成了不良的影响,首都北京已被世界卫生组织列为大气污染最严重的城市之一,这将对我国的社会主义现代化建设以及国际交往带来不利影响。

---

① 段小梅.我国城市可持续发展中的环境问题[J].城市问题,2002(2).

② 国土资源部.全国地下水资源战略问题研究报告[R].国务院办公厅参阅文件.

二、城市供水日趋紧张

由于城市人口数量、工业规模增长很快,经济高速发展,导致用水集中、量大、增长快,造成城市的供水紧张。2003 年,全国有 400 多座城市供水不足,110 座城市严重缺水,全国城市缺水达 60 亿立方米。水资源的严重短缺,迫使一些城市大量超采地下水,地下水超采的直接后果是导致地下水位下降、海水入浸和城市地面沉降,到目前为止,全国共计有 46 个城市因不合理开采地下水而发生地面沉降,每年直接经济损失达几十亿元。同时,水源、水质的污染现象也非常严重。2003 年,全国主要水污染物化学需氧量(COD)排放总量超出水环境容量 60% 以上,全国七大水系均受到严重污染,130 多条流经城市的主要河流中,符合地面水二类标准以上的仅有 18 条①。水质污染进一步加剧了水资源短缺的危机,给人们的生产生活带来了严重影响。

三、城市废弃物污染严重

城市垃圾是城市居民生活垃圾、建筑垃圾、医疗垃圾、城市污水处理厂固体沉淀物、工业生产废渣等固体废弃物的总称。它是城市化进程中的副产品,其增长趋势与城市化率成正比。随着城市数目和城市人口的不断增多,作为城市公害的垃圾带来的污染问题也日渐严重。目前我国的 668 座城市中,2/3 已经被垃圾包围。据有关专家介绍,由于我国现有的垃圾处理场数量和规模远不能适应城市垃圾增长的要求,我国历年堆放未及时处理的垃圾已经占用了大量的农田,而且还在逐年递增。垃圾已经成为城市新"肿瘤"。近年来,我国为解决垃圾围城的困窘,不断加快新技术的推广应用,但由于种种原因,我国的垃圾处理现状仍不容乐观。虽然国家采取了许多措施来解决城市垃圾问题,但垃圾的增长速度仍然过快。近年来,我国垃圾综合利用率一直与上年持平。也就是说,过快的垃圾增长抵消了国家在垃圾处理上的投入。2004 年的《中国环境状况公报》显示,2004 年全国工业固体废物综合利用量为 6.8 亿吨,综合利用率为 55.7%,与上年持平。2005 年的《中国环境状况公报》显示,2005 年全国工业固体废物综合利用量为 7.7 亿吨,综合利用率为 56.1%,与上年基本持平。我国 2/3 的城市处在垃圾的包围圈之中。

---

① 梁琦.构建生态消费经济观—兼评我国适度消费理论[J].经济学家,1997(3).

四、城市噪声污染严重

城市噪声污染主要包括交通运输噪声、工业机械噪声、城市建筑噪声、社会生活和公共场所噪声和家用电器直接造成室内噪声污染。城市交通业日趋发达,给人们的工作和生活带来了便捷和舒适,同时也促进了经济的发展。但不能不看到,随着城乡车辆的增加,公路和铁路交通干线的增多,机车和机动车辆的噪声已成了交通噪声的元凶,占城市噪声的75%。据统计表明,北京是世界有名的噪声污染城市。虽然城市车辆不及日本的十分之一,噪声程度却比日本高出1倍。工业机械噪声也是室内噪声污染的主要来源。由于各种动力机、工作机做功时产生的撞击、摩擦、喷射以及振动,可产生七八十分贝以上的声响。这些声响,像纺织车间、锻压车间、粉碎车间和钢厂、水泥厂、气泵房、水泵房都比较严重,虽然都做了一定程度的降噪处理,但仍然不能从根本上消除机器本体上所产生的噪声。近年来城市建设迅速发展,道路建设、基础设施建设、城市建筑开发、旧城区改造,还有百姓家庭的室内装修,都造成了城市建筑噪声,建筑施工现场噪声一般在90分贝以上,最高达到130分贝。据统计,社会生活和公共场所噪声占城市噪声的14.4%。噪声污染不仅严重危害人民群众的身体健康,而且也制约了城市经济的快速发展。

第四节 国内外生态城市建设模式及其经验

21世纪是城市发展的世纪,全球居住在城市的人口已经超过50%。城市的膨胀,城市人口的急速增长,使得环境问题日益严重。城市将以什么样的模式去发展,一直是世界各国和各地区都在努力探索的热点问题。目前,越来越多的城市正在按照生态城市的标准建设自己的家园,世界上涌现了一批有代表性的生态城市建设的典范,例如,丹麦的哥本哈根市、巴西的库里蒂巴和桑托斯市、澳大利亚的怀阿拉市、新西兰的Waitakere市、印度的班加罗尔市、美国的加州伯克利市、克利夫兰和波特兰大都市区等,它们以不同的模式发展生态城市,都取得了显著的效果。

一、国际生态城市建设模式及经验

从"生态城市"概念的提出迄今,世界上已有不少国家的生态城市建设在不同程度上取得了成功。

(一)巴西的生态城市建设

库里蒂巴市位于巴西东南部,是帕拉南州的首府,该市是巴西城市化进程最快的城市之一,是巴西的生态之都,被认为是世界上最接近生态城市的城市。在城市化过程中,它成功的解决了一系列的城市问题,做到了污染少、犯罪率低和受教育水平高。如今和温哥华、巴黎、罗马、悉尼同时被联合国首批命名为"最适宜人居的城市",有"世界生态之都"的美誉。库里蒂巴市为什么能有效避免在城市化过程中许多城市都存在的失业、人口拥挤、环境恶化等城市病呢? 主要在于采取了以下措施[1]:

一是公共交通发展为主要导向。它是国际公认的公共交通模范城市。优先发展公共交通,建立了方便而快速的公交系统,包括专有路权、车站设置、现代化的公共汽车、类似地铁的票款支付系统以及成功的运营管理机制等,并把自行车道和步行区作为城市整体道路网络和公共交通系统的有机组成部分,使居民在商业区、工作区和居住区之间的来往非常经济、快捷、方便,也使库里蒂巴市成为巴西空气质量最好的城市之一。库里蒂巴市 75% 的通勤者在工作期间使用公交系统,燃油消耗量是同等规模城市的 25%,使该市居民的平均出行开支在巴西处于较低的水平。公交系统的建设还推动了住宅开发计划,使低收入家庭也能够承担住房的消费。二是城市的规划和设计与自然结合。该市通过法律把自然排水系统保护起来,进行合理的利用。在河道两旁建设了有蓄洪作用的公园和人工湖。公园里大规模种植植被,河岸的废弃厂房和其他建筑则改造成休闲和体育场所。这种设计,使得城市人均绿地面积从 20 世纪 70 年代的 0.46 平方米增加到目前的 50 平方米,大大改善了城市环境。三是鼓励公民的公益行为和积极参与。市政府激励企业、组织和个人参与公益活动,并建立起相应的机制和激励措施。如通过开展"垃圾不是废物"活动,发动市民参与垃圾回收工作,节约了建设垃圾分拣工厂的昂贵资金投入。为了帮助低收入的人,市政府在低收入地区实行"垃圾换物"计划。根据这一计划,贫困家庭可用袋装垃圾换取食品、公交汽车票或孩子上学用的笔记本。市政府同时还实施"彻底清除"创意,即临时雇佣退休和失业人员把城区堆积已久的废物清理干净。四是城市绿地可以放牧。库里蒂巴是世界上绿化最好的城市之一,人均绿地面积 581 平方米,是联合国推荐数的 4 倍。其绿化的独到之处是自然与人工复合,即使是在闹市的街边也耸立着不少参天大树。它们是在这里土生土

---

① 黄肇义,杨东援.巴西生态之都库里蒂巴[J].生态经济.2003(4):54-55.

长的,树龄有的已经 100 多年,有的树比城市还古老。库里蒂巴市的人工绿化注重树种的多样化配置,既考虑到城市美化的视觉效果,也考虑到野生动物的栖息与取食。全市大小公园有 200 多个,全部免费开放。五是"免费的环境大学"项目,提高公民环境意识。一个城市成为生态城市的前提是对其公民进行环境教育,培养其环境责任感。库里蒂巴市对此非常重视,除了儿童在学校接受正规的环境教育以外,其他人则在"免费环境大学"接受环境知识。这些创意和计划的实施,既节约了大量的资金投入,又提高了城市固体垃圾处理系统的效率,同时保护了各种资源,美化了城市形象,并提供了很多就业机会。经过多年的实践,库里蒂巴模式被证明具有良好的可操作性和可持续性,其成功的生态城市建设举措给许多国家很大启发。

(二)丹麦的生态城市建设

丹麦生态城市项目是一个内容十分丰富的综合性项目,该项目主要在丹麦首都哥本哈根市人口密集的 Indre Norrebro 城区进行,项目采取基层组织和区议会之间的合作形式,增加了市民的参与性。该项目是丹麦第一个生态城市的建设项目。在其实施过程中,极具特色的生态城市建设项目包括[①]以下几方面。

一是建立绿色账户。绿色账户记录了一个城市、一个学校或者一个家庭日常活动的资源消费,提供了有关环境保护的背景知识,有利于培养人们高水准的环保理念。使用绿色账户,能够比较不同地区的能源和资源消耗量,分析出不同地区的消耗结构,为有效降低资源和能源消耗,提高资源利用率提供可靠的依据。二是设立生态市场交易日。这是改善地方环境的又一创意活动。从 1997 年 8 月开始,每周六,商贩们携带生态产品(包括生态食品)在城区的中心广场进行交易。这一创意既鼓励了生态产品的生产和销售,又为人们培育良好的绿色消费理念创造了条件。三是吸引学生参与。丹麦生态城市项目非常重视培养学生的参与热情。在学生学习过程中加入生态方面的相关课程,对学生及其家长进行与生态城市建设相关的基础知识和有关技能培训。目前,这些项目进展情况良好,尤其在垃圾分拣和堆肥制作上,取得了相当大的环境效益。

国际的成功案例很多,除了以上介绍的两种,还有美国的波特兰市、瑞典的斯德哥尔摩市、西班牙的马德里市等。对这些成功模式的研究,学习其可借鉴之处,有助于我们在生态城市的建设上少走弯路,拓展视野,找到符合自身的发展模式。经验总结如下。

---

① 黄肇义,杨东援.国外生态城市建设实例[J].国外城市规划.2001(3):36.

一是生态城市的建设与经济发展水平并不存在直接的关系。很多人认为只有把经济搞上去才有资金去搞环境建设,这种思想为许多提倡发展高耗能工业,只注重眼前的短期利益的人们找到了借口。巴西的成功则给出了一个很好的反例,经济发展与环境建设并不是正相关的。巴西是发展中国家,但是库里蒂巴市的生态城市建设是世界上最引人注目的壮举。这为我国和其他的发展中国家改变现有的高耗能、高污染的生产方式,发展节能、高效、保护资源的产业提供了理论支持。

二是思想和观念的转变是基础。生态城市的建设本来就是一场深刻的社会变革,是一场破旧立新的革命,需要观念的改变和更性。总结国际上生态城市建设的成功经验,可以看出,解决城市问题是完全有可能的,而且这些措施并不需要多高深的理论和高新的技术,最根本在于思想观念的更新和管理方式的转变,且效果也很明显。因此,我们应大力推广环保知识,让环保意识深入人们生活的方方面面。

三是完善的法律法规体系是保障。对于任何事业,只有法治才能从根本上保证其健康顺利的发展,生态城市的建设尤其如此。库里蒂巴市和丹麦都制定了综合性的环境保护基本法,并对城市的生态环境保护和建设问题给予了专门的规定,或进行了专门的立法,城市生态环境保护的立法对城市建设起到了很好的指导和限制作用。生态城市建设的系统性要求相应的法律法规也要体系化、系统化。

四是群众参与程度的高低影响到建设的成败。城市建设涉及多种因素,它是一个复杂的关联性极强的系统工程。政府在整个过程中起到制定政策、引导群众行为的作用。但如果制定的政策可操作性、可实施性不强的话,民众不能积极响应,必将会形同虚设,达不到预期的效果。库里蒂巴市和丹麦都特别重视人民的参与,将全民动员起来,鼓励个人企业参与生态城市建设是成功建设生态城市的重要因素。

五是具体方案可操作性的强弱是关键。对城市进行生态重建要涉及很多领域,但是鉴于资金问题,不可能面面俱到,所以就要实施一些效果好、关联性大的项目。如库里蒂巴市实施的公交系统、垃圾回收、绿地重建等方案就成效显著。库里蒂巴城市草地中一部分是天然的,可以放牧,不怕踩踏;人工草地使用的也是生命力与适应力极强的乡土草种,都直接与公路和步行道相接,与城市建筑有机地融合在一起。

二、国内生态城市建设实践模式及其经验

在我国,随着《中国 21 世纪议程——中国 21 世纪人口、环境与发展白

皮书》的制定及《全国生态示范区建设规划纲要（1996—2050）》等一系列旨在保护和改善环境的措施的实施，越来越多的城市把"生态城市"作为城市规划与建设所追求的目标。在国外生态城市建设的影响下，大连、珠海、宜春、贵阳、马鞍山等城市都相应开始进行生态城市探索。我国第一个生态市的试点是江西省宜春市的规划与建设。它应用环境科学的知识、生态工程的方法、系统工程的手段、可持续发展的思想，在一个市的行政范围内，来调控一个社会—经济—自然的复合生态系统，使其功能、结构向最优化发展，保证能源物质顺流畅通和高效利用。宜春市填补了我国在生态城市建设方面的空白。进入 20 世纪 90 年代，我国建设生态城市的呼声越来越高，也具备了一定的理论和实践基础。目前，我国一些条件较好的城市如大连、珠海、贵阳等都提出各自的生态城市建设规划并取得了很大成绩。

（一）大连的生态城市建设

大连位于中国辽宁省辽东半岛的最南端，东濒黄海，西临渤海，处于环渤海地区的圈首，是东北地区的门户，与日本、韩国、朝鲜和俄罗斯远东地区相邻，是一个美丽的滨海城市。改革开放以来，大连市历届市委、市政府就很重视环境保护工作，并通过全市人民的共同努力，大连市取得很多殊荣。如"国家环境保护模范城市""全球环境 500 佳"城市等。在这些成绩面前，大连市并没有止步，2008 年启动了生态市建设工作，预计到 2020 年，基本建成生态宜居城市，工业布局和结构得到优化，中心城区基本解决工业污染问题，工业园区的环境管理得到加强，城市环境基础设施完备，空气、水环境质量得到根本性改善。为了早日实现这个目标，大连市制定了相关的整体规划，并采取有效措施进行生态城市建设。主要内容包括以下几点。

1. 加大控制污染减排力度

排放总量得到较好控制。对重污染企业进行搬迁、改造，淘汰落后产品，调整工业布局，鼓励企业采用清洁工艺，推广节能技术应用，有效控制了污染物排放量，环境质量得到改善。制定了新的预期目标，预计到 2020 年，全市二氧化硫排放总量控制在 10 万吨以下，化学耗氧量排放总量控制在 5 万吨以下，烟粉尘排放总量控制在 7 万吨以下，中心城区生活污水处理率达到 100%，中水回用率达到 70%，工业固体废弃物综合利用率达到 90%，城市生活垃圾无害化处理率达到 100%。

2. 绿地建设坚持因地制宜，充分利用自然条件

最大限度地利用原有地形地貌、树木、建筑，尤其对高低起伏的复杂地

形要有效合理利用。园林绿化设计要随时升级,尽量少动土方,设法使花草树木配置与自然地形融为一体。突出渤海风景线,带动旅游迎宾线绿化,全面提高城市绿化水平。

3.提高市民生态意识

提倡人们出门坐公交、使用再生纸、使用无铅汽油、少用一次性制品等等。除进行广泛的宣传教育外,还建立实施环境保护公众参与制度和新闻发言人制度,加快社会生态教育系统建设等措施,激发市民的参与热情。市民的积极参与为大连市的生态建设注入很大活力。大连市将在未来 5 年启动 99 个重点项目,进行生态保障、生态修复、环境治理和生态工业园建设,努力形成适合生态经济发展的产业结构,从而使大连呈现出一条南北绿色通脊、多个山海廊道的生态格局。

(二)珠海的生态城市建设

珠海是国家经济特区,珠三角中心城市之一,该城市成立近 30 年来,城市建设与社会经济发展已经取得了长足进步。为迅速提升城市规划建设水平,增强城市竞争力,市委、市政府决定进一步贯彻可持续发展理念,积极实施特色化发展,走"聚集高素质人才、发展高质量经济、建设高品质城市"的道路,将珠海建设成为"最适宜居住、最适宜创业、最富有魅力"的海滨山水城市。珠海目标,全市总人口控制在 185 万人左右,城市化水平 93%,城市建设用地总面积控制在 198 平方公里,城市绿化覆盖率 60%以上,每年城市空气质量二级以上天数 95%,城市集中式饮用水源水质达标率为 96%,城镇污水集中处理率达到 80%,城镇生活垃圾无害化处理率 100%。为实现这一总体目标,珠海市决定在《珠海城市空间发展战略(珠海 2030)》提出的"东延、西拓、强海、优山、美江、活岛"城市空间发展策略指导下,开展近期城市规划建设管理"135"行动计划,即"一年见美、三年变优、五年显特"。"一年见美"就是用一年时间,通过提升人居环境的外在质量,实现城市环境的净化、绿化与美化。所谓"三年变优"则是通过三年建设,完善城市空间结构,提升城市服务功能,明显优化城市品质。"五年显特"即到 2011 年底,通过全面提高城市规划、建设、管理水平,凸显海滨山水城市魅力,形成鲜明的珠海城市特色。蓝天、碧水、绿色家园,空气清新,风景宜人,一个立体的自然生态保护格局即将在珠海形成。

(三)贵阳的循环型生态城市建设

贵阳地处中国西南边陲,位于云贵高原东部,为贵州省省会,也是全省政治、经济和文化中心。它还是我国西南地区重要的交通通讯枢纽,是一座新兴的具有一定现代化水平的综合型工业城市。1992 年 7 月,国务院决定贵阳市实行沿海开放政策,是全省目前唯一的内陆开放城市。因为它地处山地丘陵之间,所以还享有"山国之都"的美誉。贵阳地处贵州腹地,生物、矿产、能源和旅游资源都比较丰富,开发潜力很大。在实践上看,我国的生态城市建设大多数侧重于自然生态系统方面的内容,从循环经济的角度来研究城市,无疑是一种新的尝试,而在贵阳,这种实践正在变为现实。具体措施如下。

一是工业体系的生态化。以循环理论和生态工业的理论为指导,建立生态工业体系,改变传统的高投入、高污染、低效率的粗放型发展模式,使工业系统仿照自然界生态过程物质循环的方式运行。这不仅体现在企业层面推行清洁生产,提高资源利用效率,而且体现在促进相关企业的产业整合,提高总体经济效益。另外,还建立了生态工业园区。值得一提的是在磷铝煤等重点产业进行的生态化很成功。除了以上的重点行业,贵阳还要以循环理念重点发展电子信息、环保企业,这有其客观性,可实施性也很强,所以我们应该遵循客观经济规律选择发展模式,而不能照搬照抄。

二是生态城市的建设不能片面化。生态城市在我国只能说刚刚起步,人们对于这一概念的理解也难免会肤浅、片面。很多城市为了强调自己在城市环境保护和生态建设方面取得的成就,宣称污水处理率和环境污染无害化处理率达到 100%,但实际情况却相差甚远。而且这其实只是生态城市建设的环境因子中的一个指标,所以并不能真正的说明问题。有些地区只注重环境保护方面,花大力气在绿地建设方面,混淆了生态城市与园林城市、绿色城市的区别,而威海和贵阳在这方面做得很好。威海提出以高科技发展生态城市,在城市管理、基础设施建设、资源的回收利用等方面都做了有益的尝试,并且效果显著。贵阳则注重工业、农业的循环系统建设,而且也在生态消费转型方面下足了功夫。可见,生态城市的建设是一个经济—社会—环境协调发展的过程,不能片面的发展某一方面,否则就会使所谓的"生态城市"走了样。

三是生态城市建设以提高生态能力建设为重点。生态城市建设是生态能力建设持续提高的过程。生态能力建设远比治理环境污染、保护自然环境等单一问题要复杂得多。贵阳农业生态化和工业生态化的调整就是以提高生态城市能力为目的,是一种治标又治本的长期行为。这种能力的建设可以解决生态意识薄弱、生态观念淡漠、生态道德水准下降等深层次的生态冲突,实现从消极的生态环境保护到积极的生态建设,是生态城市建设行为质的飞跃。这种被动变主动的行为方式,改变了人类与自然,人类与城市的关系。

四是注重生态城市建设规划和城市设计。贵阳在生态城市建设前,制定了自己的生态城市建设规划,在城市原有规划基础上,按照城市生态学的原理和生态城市的基本原则重新进行了编制,并且合理确定城市功能、规模和布局,城市生态环境的自净能力等。另外,还要充分认识到城市设计的重要性。城市管理者需要坚持可持续发展的原则,像设计自己的小家一样来精心设计城市这个"大家"。他们认为城市的发展要有合理的规模,城市发展要考虑环境的承载力,不能一味地追求扩张。城市的现代化不在于规模大,而在于环境优美、功能完善、经济发展、社会进步。

在近几十年的实践历程中,我国对生态城市建设进行不同层面的探索,目前将近200座城市提出构建生态城市的目标。这些城市情况各不相同,发展速度和进程也不一样。有的仍然只是口号,有的已经制订规划,有的按照规划正在实施,但是取得显著成效的不是很多。因此,归纳生态城市建设的成功经验,可以更清楚地对比出我国在某些方面的欠缺,找准今后努力的方向,对处于初步探索阶段的我国生态城市建设和发展有很大的启示和帮助作用。首先,用科学发展观指导我国生态城市建设。国外的城市建设都注重城市的可持续发展,注重可持续适用技术的研发与运用。因此,我国也应该在以人为本、全面、协调、可持续的科学发展观的指导下进行生态城市的建设,正确理解生态城市的概念和内涵,避免走西方国家的高消耗、高污染、低效率的老路,应该根据我国国情,探索具有中国特色的环境污染少、经济效益好、科技含量高的发展道路,应该使经济发展、环境保护、社会进步协调统一。其次,各个城市根据实际情况,制定切实可行的阶段性目标和实施方案。生态城市不是一蹴而就的事情,需要充足的信心和持久的毅力才能实现。在这方面我国生态城市建设可以充分借鉴国外生态城市研究和实践的成果。我国生态城市建设目标不能过于模糊或过于超前,要与经济发展水平相适应,要大力发展循环经济,培育适合本城市发展的特色产业,要抓住重点,确定优先发展的重点领域。利用先进科学技术建设能够在短时间内实现的示范性项目,使人们享受到阶段性目标的预期成果,感觉到生态城市的目标不是那么遥不可及,以增加人们的信心,进一步推动长远目标的实现。再次,建立完善的政策、法律、管理、资金等保障体系。要及时了解和掌握国外生态城市建设的最新动态,充分引进国外资金、人才、技术、设备等,提倡太阳能利用技术、干旱地区的节灌技术、无公害实用技术、可持续水资源利用技术、建筑技术等生态技术的运用,完善生态政策与立法,从多层次上进行保障体系建设。最后,加强市民的生态文明教育,培养生态意识,引导市民广泛参与。通过多种途径向人们传授生态知识,普及生态文化,将生态文明意识贯穿于人们日常生活当中,提倡绿色的生产、生活和消费模式,调动市民参与生态城市建设的积极性。

总而言之,我们不能照抄照搬国外城市的做法,要辩证地吸收和借鉴,要结合当地城市的规模、经济水平、发展阶段等情况,加强城市重点领域项目、专业人才、保障体系等方面的建设,缩小与国外的差距。

第五节 新型城镇化建设过程中生态城市建设的对策建议

生态城市是新型城镇化建设的方向。建设生态城市是一项复杂而庞大的系统工程,要想实现这一目标,不仅要科学规划生态城市,还要完善政策法规、调整产业结构、大力发展循环经济、加强宣传教育,增强人们的生态意识,引导民众广泛参与等。目前我国综合发展水平比较低,区域性差异非常大,地区发展不平衡。对不同的城市来说,城市发展的水平不一,生态城市建设的内容与进展也有所不同。因此,建设生态城市不是一蹴而就的事情,需要人们长期坚持不懈的努力才能实现。为了更好地推动我国生态城市建设,建议采取以下对策。

一、科学规划生态城市建设,为生态城市建设提供实践指导

以科学发展观为指导,科学合理地制定和完善生态城市规划,是新型城镇化建设、推进生态城市建设的前提和条件。生态城市规划是城市建设、管理、布局的基本依据,它应该具备综合性、科学性、可预见性和较强的可操作性。只有按照科学合理的生态城市规划去推进新型城镇化建设才能取得成效。因此,我们要重视生态城市合理规划的制定,把它当作一项重要任务来抓。每个城市应该根据自己的实际情况,从生态城市的性质、规模、发展水平、产业结构、人口数量、自然环境、资源利用等方面进行全面综合性研究,制定上游水源涵养林和水土资源保护规划。综合研究城市用地状况与环境条件的关系,制定土地利用规划。制定能源战略的长远规划。结合城市交通现状,制定城市交通规划。根据城市系统功能需要,制定绿地系统规划等。对交通系统、信息传递系统、污水废物的处理系统、绿地系统等加以合理设计与完善,使各项环境质量指标逐步达到国家先进城市的最高标准,城市的发展与生态容量相适应。对产业发展布局、产业结构调整进行整体布置和规划,合理确定城市工业布局和产业结构,利用价格、税收、信贷等形

式,调节城市的生产和消费。在人口控制、资源利用、社会服务、医疗保险、劳动就业、治安秩序、环境整治等方面都应有高效的管理规划。要有专门的组织和实施机构,负责组织、协调、管理、监督,各部门要职能明确,分工合作,保证城市和谐发展。建立健全社会保障体系,提高人口素质,培养良好的社会风气和自觉的生态文明意识,丰富人们的精神生活,降低社会风险,创建稳定的社会秩序,这些都应该列为社会规划的内容。同时,不能仅仅局限在本城市的狭隘范围内,应该放眼于区域城市。只有这样,才能使生态城市建设更具有活力与生命力。

二、注重城市的产业结构调整,大力发展循环经济,为生态城市建设提供支撑

合理的产业结构和工业布局与城市的发展是密切相关的。没有合理的产业结构和工业布局,城市发展也会受到制约。目前,我国大多数城市的产业结构是第一产业比重大,二、三产业比重小,导致城市环境污染严重,能源与资源短缺。应该把这种产业结构转变为第三产业大于第二产业大于第一产业的倒金字塔构造,并且形成合理的比例关系。第三产业除进一步发展贸易、金融保险等,还需大力发展信息业,提高信息化程度,并通过信息的有序传递来指导第一、二产业的发展。第二产业要向高度化和生态化发展,以充分利用各种资源,降低环境污染。提高高新技术产业在第二产业的比重。第一产业应该向工厂化、安全化和观光化发展,以绿色产品和绿色产业为开发重点,使其比重达到80%以上。工业布局上,我国应该开展生态工业园区建设,实施污染的集中处理和废物的循环利用,改变目前居民区、商业区、工业区混杂在一起的布局。我国的贵港国家生态工业示范园区、天津泰达生态工业园、苏州高新区都取得很好的成效,通过产业链、产品链、废物链的构建与完善,实现企业间的互利共生,区域间的物质循环,为生态城市建设提供很好的借鉴。循环经济是一种良性的经济发展模式,以资源的高效和循环利用为目标,以"减量化、再利用、资源化"为原则,实现物质和能量的闭路循环。大力发展循环经济能提高资源的利用效率,优化能源结构。它推行太阳能、风能、水能、生物能等清洁能源的使用,最大限度实现污染的低排放。在这样的循环经济中,这家企业的废水、废气、废热成为那家企业的原料、能源,或者家庭的废物被企业回收利用,服务业的废物被企业利用,使企业间、企业与居住区之间、企业与服务业之间形成有机的循环网络,非常利于城市的良性循环与发展。

三、完善城市基础设施建设，为生态城市建设提供物质保障

城市基础设施建设是城市赖以生存和发展的基础，是为保障城市各种社会活动顺利进行而建设的各类设施。基础设施的现代化水平直接影响城市生态建设的质量和进度。所以，我们要重视城市基础设施的建设和完善，为人们的生产生活提供便利条件。具体来说，首先，完善城市交通系统。改变传统平面低水平的单一交通系统布局，代之以环形网状立体快速交通网络。其层次结构布局依次为：轨道交通路线网、快速常规公交路线网、一般常规公交路线网、短途与自行车、步行交通路线网。通过制定相关优惠政策，鼓励市民公交出行，减少私家车出行量，缓解城市的交通拥堵现象。各级政府积极鼓励并支持生产使用液化石油气、无铅汽油等低污染能源，加强混合动力车辆的研发与推广，对小排量汽车购置税减半征收或给予更多优惠，尽可能的减少污染气体排放量，以实现中国在哥本哈根联合国气候变化大会上自愿承诺的减排标准，即到 2020 年在 2005 年水平上消减碳密度 40%－45%，合理、积极地追求人们所期望的低碳生活。其次，加强城市污水处理系统建设，增加城市污水日处理能力。充分保障设施的正常运转，避免污水处理设施闲置情况的出现。把净化处理后的废水回用于工业和农业，变单纯的废水处理为废水资源化，防治水体污染，缓解水资源紧张。再次，完善城市生活垃圾处理设施。建设高标准、高水平的垃圾分炼厂，增加垃圾的无害化处理率，改变传统的焚烧、露天堆放和直接填埋的处理方式，以降低对环境的污染。最后，加强绿地系统设施建设。按照城市自身的特点，合理规划城市绿化带，不能盲目追求城市的高绿化覆盖率。因地制宜，选择适合本地生长的绿色植被，全面提升城市的绿化质量。另外，城市的供水、供热、供气、供电和通讯等基础设施，也要注重先进技术的应用，使用高质量、高标准、高水平的配套设备。通过以上基础设施的建设和完善，使人们生活在一个便捷、高效、干净、舒适、功能完备的现代化城市。

四、加大城市环境污染治理力度，为生态城市建设提供良好的生态环境

在环境污染治理的过程中，要求所有的工业企业按照污染物控制标准要求，限期内实现达标排放。国家应该用相关法律来制定最低全面达标排放标准，把国家排放标准上升到国家法律，各城市必须依据国家制定的这个最低标准，根据各城市自身的发展情况，再具体制定更严格的排放标准。这

里所谓的全面达标排放是指所有企业的主要污染物达到国家污染排放标准,不论经济发达地区还是经济落后地区都是一个标准、一个要求。在污染严重的地区,要积极创造条件逐步实现总量控制,坚持浓度控制与总量控制相结合,以有效改善区域环境质量。在重点行业逐步推行重点排污企业公告制度,建立健全企业环境污染源档案,完成重点污染源摸底调查工作。建立城市环境应急响应体系,鼓励企业编制突发环境污染应急预案,提高企业应对突发环境事件的能力,保护环境,促进社会全面、协调、可持续发展。要严格按照法律规定查处违法违规的工厂、企业和有关部门,并对违法违规行为给予严厉的法律制裁,充分发挥法律的威慑作用。对于新建项目要进行严格把关,从立项审批、环境影响报告审批、环保设施竣工验收审批等环节认真审查,只要其中一个环节不符合规定该项目就坚决不予通过,以便从源头上控制新污染的产生。

五、制定法律规范,为生态城市建设提供法制保障

法律是生态城市建设中的有效保障手段,运用法律规范推动、保障生态城市的建设,而我国在这方面上还存在着空白。因此,我们应借鉴发达国家先进的环境经济立法手段,尽快制定出体现、保障和促进循环经济实施的法律法规。一是制定一系列促进循环经济推广的基本法。我国目前环保方面相关的法律,还主要是以环境污染防治为核心,而污染的源头控制和资源的循环利用方面法律很少。因此,要制定诸如污染物总量控制、清洁生产、淘汰落后设备和工艺、超标排污违法等法律制度,如《清洁生产促进法》《资源综合利用法》《废弃物处理法》等,为循环经济的推广实施提供比较完备的法律依据,尽可能减少因短期经济行为引起的资源耗费、污染损害和生态破坏。二是针对行业的不同特点,制定相关的专门法,如《废旧家电及电子产品回收处理管理条例》《废旧轮胎回收利用管理条例》《包装物回收利用管理办法》等。确立一系列切实有效的循环经济法律制度,包括保证废物安全循环的循环模式和程序制度,强制和自愿循环相结合的循环名录制度,重要技术、工艺、设备和区域的示范制度,循环技术和工艺标准制度,行政和技术指导制度,生产者责任制度,污染者付费、利用者补偿、开发者保护、破坏者恢复制度等。三是完善支持生态城市建设的各项经济政策。通过政府宏观调控、管制规范,发挥市场机制对资源配置的基础作用,利用各种经济手段,如排污权交易制度、环境标志制度、绿色信贷制度等,使外部不经济性转入内部化。同时,在一些相关的法律法规中可以补充完善一些鼓励资源循环利用、限制污染和资源浪费的条款,如利用《税收征管法》和《商业银行法》对循

环经济的产业项目给予一定鼓励和扶持,对实施清洁生产的企业给予低息贷款、市场准入等方面的优惠政策等。通过法律对不顾生态后果的短期行为进行硬性约束。只有这样,才能保证城市建设的顺利进行,生态环境才能得到最大限度的保护。

六、加强宣传教育,增强人们的生态意识,引导民众广泛参与

强化人们的生态文明意识是进行生态城市建设的思想保障。只有人们的思想转变了,才能更好地体现在行为中。一是开展多种形式、多个方面的宣传和教育活动。要利用各种新闻媒介、学校等多种手段,广泛开展多形式、多层面的舆论宣传和生态文化教育,把生态知识、绿色文明理念等贯穿到人们的日常生活当中。在整个学校教育过程当中,要增加生态知识方面的教育,开设环境保护知识、环境法律法规等课程,开展环保知识竞赛,组织学生参加环保公益等活动,从小培养爱护环境、节约资源的意识,使生态意识的观念深入人心。各种新闻媒介要大力宣传建设生态城市的重要性,提高居民生态文明意识的自觉性与主动性,提倡文明的生活和消费方式,对典型先进单位和个人、文明社区大力表扬,对破坏城市生态的人与事猛烈抨击,为生态城市建设形成良好的舆论环境。二是健全与完善公众参与机制。公众参与是生态城市建设当中不可或缺的重要组成部分。对集体公益的关注是以个人权利意识的觉醒为起点的。既然生态城市建设是事关全社会发展前途的公众事业,就要通过立法、宣传、政务公开等让人们认知、理解、支持和最大限度地参与生态城市建设。目前大多数人们的思想观念仍然停留在私人利益的范围内,要想确立强烈的参与意识与参与热情,就必须转变观念,开展务实有效的培训、教育等活动,并通过法律赋予公众参与的权利,明确规定不同类型、不同形式公众参与的程序与方法,使参与制度化、规范化。公众要充分行使自己的权利,树立自己的主人翁责任感,才不会使公众参与只是徒具形式。同时,还要加大信息的开放程度,推行电子政务,健全政务公开制度,使民众了解决策、决定的事实根据、形成过程、基本目标、预期的成本和效益等情况,以便更好地提出自己的意见和建议。另外,还需扩大参与渠道,保证公众参与流畅。要建立决策项目的预告制度和重大事项的社会公示制度;建立和实施广泛基础上的公开听政制度;建立社会民意反映制度;完善信访制度、公众建议征集制度等有效参与渠道。

总之,生态城市建设是一项具有极强的社会公益性的长远事业,由于各地在新型城镇化建设的发展速度和经济水平不一样,所以每个城市都应该抓住各自城市当前的重点发展领域以及各自城市的特色,在国家总方针的

指导下,高度重视生态城市的规划设计,并以法律、行政、经济等手段促进城市产业的生态化转换。同时,加大有关生态城市建设法律法规的执法力度,并逐步完善相关立法,加大宣传教育的力度,增强市民社会的环境意识、生态意识。此外,还要在大力调整产业结构、发展循环经济、加强城市基础设施建设、宣传生态文明理念、完善公众参与机制等方面采取有效措施,以从多层次、多方面保障生态城市建设顺利进行。

第五章　新型城镇化与城市可持续交通建设

新型城镇化关乎中国伟大复兴梦想的实现,是我国经济持久增长的内生动力,在内需拉动方面极具潜力,已成为我国经济保持长期平稳较快增长的关键之所在。近期,多省市区地方政府出台了城镇化建设的设想。加快推进我省新型城镇化进程,渗透着交通对城市发展的影响,城市交通拥堵,空气、噪声污染,能源紧缺,温室气体排放加剧,城市交通用地紧张,交通事故频发等问题日益严峻,城市交通可持续发展问题已成为新型城镇化建设的重点、难点问题。

第一节　我国城镇化发展的总体趋势

作为经济发展的必然结果和社会形态向高层次发展的客观表现,城市的发展飞速前进,人口由农村型向城镇型转移也日益明显,地方城镇人口增长、城镇区域的不断扩张,从而表现为生产要素向城镇集聚以及城镇提高自身功能来完善社会经济生活由乡村型向城镇型过渡等。

一、城镇人口数量不断增长

虽然我国曾在很长一段时间里奉行"控制城市人口规模"的政策,但随着农村人口不断向非农产业和城镇转移,农村地域向城镇地域的转化以及非农产业的发展和城镇数量的增长,累积到城镇自身人口的不断增长,城镇人口数量呈不断上升趋势。数据显示,2002—2010 年,我国城镇化发展迅速,平均每年较上年增长达 1.35 个百分点,城镇人口以每年近 2 100 万人的速度增长。城镇人口所占比重于 2011 年已达 51.27%,较 2002 年上涨12.18%,城镇人口增加 18 867 万人,相反,乡村人口同比减少 12 585 万人。

建国以来我国城镇人口的快速增长主要源于东南部沿海地区的快速发展,尤其是 20 世纪 80 年代以后,东部地区城镇人口增速明显快于中部和西部地区,个中原因不外乎改革开放后东部地区经济发展水平较高,使城镇化进程得到提速且明显快于其他地区。具体来看,中西部地区近几年来城镇化发展速度逐渐加快,但与东部地区的差距仍然较大。至 2011 年底,城镇人口比重超过 50% 的省份已达 15 个,山东、湖北、海南三省首次超过 50%;继京沪之后,天津市城镇人口比重 2011 年首次超过 80%。

二、城镇人口比重不断提高

若以城镇人口占总人口比重计算,我国城镇化水平自建国至今虽有起伏波动,但总体上仍呈不断提高态势,而这也正是我国城镇化进程不断推进的客观反映。1949 年我国城镇化水平仅 10.64%,在经过 50 多年发展后,到 2012 年时已达到 52.57%,相当于年均提高 0.58 个百分点,而改革开放以来更是年均提高 0.91 个百分点。在城镇人口比重不断提高的大趋势中,由于我国对不同规模城市采取了不同的人口政策,不同规模城市人口(市区非农业人口)占全国城市人口比重变化差异较大。例如,在大城市和特大城市该比重有所下降,尤其是大城市在 20 世纪 80 年代下降趋势十分明显,但至 90 年代以来又有所回升;中等城市该比重一直在稳步提高;而对小城市而言,该比重在改革开放前一直下跌,但到了 80 年代后快速上升,进入 90 年代以后则基本处于平稳状态。而从地区分布来看,建国初期城镇人口主要集中在东部地区,后来随着国民经济逐步恢复以及工业生产向"三线"地区转移,中、西部地区在全国城镇人口中所占比重开始快速上升。直到改革开放前期,中、西部地区城镇人口增长速度都要快于东部地区,致使东部地区城镇人口比重逐年下降。改革开放以后,这种局面开始得到逐步改变。特别是进入 20 世纪 90 年代以后,东部地区城镇化进程明显加快,因而在全国城镇人口中所占比重也随之逐步提高。在今后的 10 年里,我国城镇化率将以每年平均 1 个百分点的速度递增,到 2020 年,城镇化水平将达到 60.57%,达到中等发达国家水平。这意味着,今后相当长的一段时间是我国城镇化发展的关键时期。

三、城市和镇数目不断增加

随着城镇化进程的不断推进,我国城镇数量也在不断增长中。1949 年,我国共有城市 136 座,到 1978 年变成 193 座,在这 29 年仅增加 57 座城市。改革开放后城市数量逐年增加,到 1997 年时达到 668 座。在 1978—2005 年的 26 年间,城市数量总计增加了 464 座,相当于改革开放前增加量的 8.9 倍。特别是改革开放以来的 26 年间,建制镇数量增加了 17 349 座,仅增加量就是 1978 年总数的 8 倍。不同规模城市数量变化不同,其中,小城市增加最快,中等城市次之,大城市及特大城市增加相对较慢,这既是改革开放政策极大激发了广大农村的经济活力特别是东部沿海地区农村经济成倍增长进而推动了地区性生产、贸易、服务集聚地"镇"的逐渐城市化,也是行政体制改革特别是在实行市管县管理体制后城市得到了长足发展的结果,而中小城市的超常规发展则是深受 20 多年来"严格控制大城市规模,合理发展中等城市和小城市"城市发展政策影响。而从东、中、西部地区分布看,东、中、西部地区城镇数量增长速度也差异较大。东部地区由于较早实行改革开放,由于原有的经济基础和人文条件较好,经济发展速度与中部、西部地区相比,明显较快,而经济快速发展既促进了所在地区城镇化进程,又增大了大城市的影响和辐射力,推进城镇基础设施的逐渐完善和发展,因此在东部地区,城镇化表现出快速增长的趋势和明显的地区优势。相对而言,西部地区的城镇化发展则较缓。

四、城镇用地规模不断扩张

建国以来,我国城镇用地扩张快速增长。纵观全国,从 1949 年到今天,地区经济规模的发展不断扩大,城市和建制镇数量逐渐增长,许多小城镇发展成中小城市,有的中小城市则发展成大城市。无论是小城镇、中小城市,还是大城市,用地规模都一直呈现出快速扩大趋势。根据全国土地大调查数据,1996 年全国城镇土地共计 264.89 万公顷(其中,城市用地 138.62 万公顷,建制镇用地 126.27 万公顷),占全国土地总面积的 0.28%,而到 2005 年底,全国城镇土地面积就已达到 361.28 万公顷,占全国土地总面积比重也提高到 0.38%。而如果以城市市域为例,1984 年全国城市市域土地面积占全国总面积的 7.6%,到 1996 年,由于城市数量和区域扩张的共同作用,这一比重变成 19.38%,而到 2005 年则变为 20.59%。改革开放以来,北京、上海、天津、哈尔滨、南京、广州等特大城市周围的部分县区,都已建设成为城市新区。与此同时,以大城市为中心的城市群(带)也在不断形成和扩大中,尤其是在我国东部沿海地区,以特大城市为中心、多层次、功能互补的城市群已经形成。例如,以北京、天津、青岛、沈阳、大连为中心的环渤海城市群,以上海、南京、杭州、宁波为中心的长江三角洲城市群和以广州、深圳为中心的珠江三角洲城市群。

五、城镇不断向高层次发展

作为城镇化最本质的内涵,城镇自身向更高层次发展贯穿了城镇化的全过程。随着人口向城镇区域集中以及城镇区域的不断扩大,国民经济中各种生产要素组合而成的生产函数也在不断向更高层次变革,而这种变革突出表现在产值结构和就业结构向第二产业和第三产业迅速发展,以及城镇人均国内生产总值的不断增长等方面。改革开放极大地促进了城镇综合实力的增强,城镇国内生产总值持续保持高幅度增长。据统计,城市国内生产总值 1988—1996 年间年均增幅为 18%,2000—2004 年间年均增幅也达到了 18.02%。早在 2000 年,我国所有城市中,市区国内生产总值超过 200亿元的城市就有 59 个,市区人均国内生产总值在 20 000 元以上的城市也有 59 个。改革开放以来,随着市场经济体制的建设,以服务业为主体的第三产业得到蓬勃发展。第三产业目前已成为城市产业结构的最重要组成部分,占 GDP 比重从 1988 年的 28.6% 上升到 2004 年的 42.54%。在城市人均 GDP 方面,据统计,从 1988—1996 年,我国城市市区人均 GDP 一直保持持续增长,年均增幅为 18.5%,2000—2004 年年均增幅为 3.62%。最后,大城市尤其是中心城市的社会经济发展水平均呈超前发展态势,如根据1996 年城市统计数据,综合实力最强的 50 个城市所辖地区城镇化水平已达到 41.1%,而根据世界城市化发展的经验和呈现的规律性,说明这部分地区的城镇化进程在那时就已经走上了快速发展阶段。

第二节　可持续交通理论

可持续交通理论是可持续发展思想在交通系统领域的应用和延伸,所以在介绍可持续交通理论之前,我们来回顾一下可持续发展思想的进程。

有关于"可持续发展"的概念取自生态学,最早在林业和渔业中得以运用。它主要是管理资源的一种方式。如何利用全部资源中合理的那一部分,而又保护资源不受破坏,所利用的数量不会对新成长的数量构成威胁。譬如,一个指定区域内的鱼类自然繁殖量要高于该区域内的鱼类捕捞量,就是所谓的一定区域内的渔业可持续发展。

联合国世界环境与发展委员会在 1987 年《我们共同的未来》的报告中提出了一个有关于可持续发展的完整思想体系。"既满足当代人的需要,又不对后代人满足其需要的能力构成危害的发展。"这份报告中界定了可持续发展的定义。报告还指出,我们由过去主要关心经济发展转变为对生态环境的重要影响,认识到经济的发展受到生态压力的制约。人类思想的重要提升是由普遍考虑环境保护到重视环境问题与发展问题结合起来的可持续发展所完成的。

在 1992 年世界首脑会议上所提出的《里约环境与发展宣言》,对什么是可持续发展、可持续发展中的社会、经济与环境发展要求及国家、团体、个人、自然之间的相互关系进行了综述。我们从《里约环境与发展宣言》中的27 点原则中概括了以下四项原则。

一、质量原则

可持续性发展所强调的不单单只是经济的增长量,更重要的是发展的实质。可持续发展应以尽可能低的资源消耗来实现生活质量的提高,而不是凭借大量的资源消耗来提高经济的总量。从长远来看,为了使全世界人口的健康水平和物质条件达到发达国家的那种丰富程度,就必须减少废弃物的排放量和能源资源的消耗和浪费,努力提高利用率,从而实现最佳生态效益和经济效益。

二、发展原则

发展的原则包括两个方面。一方面是要求在追求经济发展的同时,不仅要把当前发展的需要考虑在内,还要考虑未来发展的需要。当前的发展是未来发展的基础,发展是硬道理,人类的发展是历史不断前进、不断积累的过程。但重要的是发展必须是可持续的,如果发展状况破坏了人们的生活物质条件,就会阻碍发展的进度,背离发展的根本宗旨。另一方面肯定了发展的重要性,认为可持续发展观的核心要点就是发展,人们的生活水平必须通过发展提高。

三、协调性原则

社会和经济水平的发展状况要以资源环境的承受能力为限度,采用适当的方式对自然资源的保护问题以及自然资本进行投资,从而可以扩大资源环境的支撑能力。我国是一个人口大国,水资源、矿产资源及森林资源等与其他国家相比较来说远处于匮乏状态,使得社会的经济发展状况受制于资源和环境。所以,随着社会的发展,我们必须合理配置经济社会发展和资源环境的承载力,力求使两者达到平衡。

四、公平性原则

公平性原则中的"公平"所指的不仅仅是同代人间的公平,还包括代际公平、资源利用公平以及发展机会等方面的公平。对国内来说,发展的目的是能够在广大人民普遍受益的基础上使社会低收入阶层的物质文化生活状况得到改善,这同时也是保证社会足够动力和有效拓宽发展空间的客观要求。到目前为止,贫富悬殊、两极分化的状况已逐渐成为一种不可持续的全球性问题。

综上所述,要将可持续发展战略落实到位,就必须要正确认识并切实贯彻可持续发展的中心思想,理清三个关系,一是要处理好当前和未来间的关系,在满足当前需要的同时保证未来的正常发展;二是要解决好人与人之间的关系,坚持在财富分配和资源利用方面做到公平合理;三是要协调好人与自然间的关系,在不破坏环境的前提下发挥人类的主观能动性,保持生态系统平衡。21世纪以来,我国城市化进程的快速发展给城市交通带来巨大压力,城市交通问题作为城市可持续发展的关键问题,切忌陷入以牺牲环境与资源来换取城市交通问题解决的误区,城市交通建设必须要做到可持续发展。

所谓可持续城市交通,就是在生态环境保护及资源科学利用的指导思想之下,通过运用先进的科学技术,来提高交通系统的利用效率与整体的服务水平,不仅使城市交通合理满足当前社会发展的需要,同时也为整个社会的可持续发展提供了保证。具体来讲,在促进交通系统的建设与发展的同时,可持续交通对城市的生态环境及资源较为重视,尤其是对于不可再生的土地资源与能源的优化利用,不仅重视交通系统建设,同时也重视交通设施利用效率的提高;交通系统不仅满足近期需求,也要符合城市社会的可持续发展要求。

可持续交通的内在含义是对资源环境、交通效率和价值观念的有机统一,其前提是转换传统交通观念,核心是提高交通系统效率,基础是资源合理利用与环境有效保护。要想实现城市交通的可持续发展,首要改变交通发展的观念,即对交通建设追求数量的扩大向关注综合效益的转变,由满足个体的交通向兼顾到大众利益转变。城市交通的可持续发展的核心内容是实现一种转变,即由具有粗放特征的交通系统能力增长转向为以提高效率为目的的集约型交通系统能力增长,以此提高现在的交通基础设施的效率,从而减少无效交通比例。实现城市交通可持续发展的基础和标志主要体现在城市交通需求得到满足、交通环境的不断改善和城市交通资源的合理利用。

第三节　新型城镇化过程中城市
可持续交通面临的挑战

如今我国已经处于城市化发展的快速阶段,城市人口比以往有着明显的增加,并且不断扩大。由于城市人口的扩大,给城市带来的各种问题也日益突显,尤其是在交通问题上尤为明显,出行已成为了人们所困扰的问题之一。城镇化进程的快速发展,给城市交通带来了许多负面的影响,使我国一些城市面临很多问题,如在交通上,交通拥挤、事故频发;环境上,环境污染严重和能源供求加大。这些问题主要表现在如下几个方面。

一、城市人口基数不断增大

由于社会经济发展到一定程度必然会出现城市,社会经济的发展离不开城市的人口数量,它们有着直接的内在联系,一定的人口数量总是依附于一定规模的社会经济环境才能存在。2007年我国城镇化水平已经达到44.9%,而我国的城市人口已达到了5.84亿。在加大城镇化的过程中,显著的反映出沿海大城市已成为我国人口都市固定积聚为核心的特点,沿海城市使我国农村剩余的劳动力向大城市圈聚集,而这些大城市自然而然成为了我国农村大量的农民工涌进的地方。

二、城市机动车保有量持续攀升

随着社会经济的快速发展,城市的交通需求也急剧上升,尤其是汽车产业发展十分迅猛。据统计,截至2012年底,全国机动车数量已达2.4亿辆,机动车驾驶人达2.6亿人。其中汽车驾驶人年增长2 647万人,首次突破2亿人。由于汽车产业发展迅猛,使得道路交通拥挤十分严重。在今后的10年中,我国在机动车和驾驶人的数量上仍将持续、大幅增长,城市道路交通拥挤这一问题不仅不会得到解决,反而将更加严重。虽然各城市建设部门为了解决交通拥挤这一问题投入大量物力、财力进行城市交通系统的规划、建设,使其形成一定规模的道路交通网以及相应的交通配套设施,可是大多数城市所呈现的问题有着共同的相似之处,道路交通拥挤不仅没有缓解，而且道路交通拥挤问题越来越严重。造成这种情况的原因主要来源于城市化和城市人口基数的增大、城市居民人均出行次数增多、城市交通结构不合理以及日益频繁的出行机动化。

三、城市交通系统资源严重消耗

如今,城市交通系统所消耗的不可再生资源主要有两大类:城市用地及能源。随着我国汽车工业的迅猛发展,在城市中,机动车的数量在快速增长,现在我国已经成为能源消费大国,在全世界排名第二,能源形势相当的严峻。土地、石油等不可再生资源为了交通系统已经消耗了很多,严重影响到了城市经济的可持续发展。主要原因离不开机动车的数量增加,其次就是无序的蔓延占用土地资源,由此,交通系统所消耗的资源也会增加。

四、交通污染严重

现代便捷的交通运输的发展在给人们带来便利的同时,也带来了很多负面的影响:伴随着汽车的增加,汽车尾气的排放也越来越严重,污染了空气;如空气污染、温室气体排放、噪声污染、对城市空间的破坏等问题不断显现。根据亚洲开发银行和清华大学近期发布的《迈向环境可持续的未来——中华人民共和国国家环境分析》中文版报告所显示,世界上污染最严重的 10 个城市,其中有 7 个都在中国,PM2.5 的"元凶"就是汽车排放的尾气。道路交通产生的噪声污染在城市噪声污染中所占的比例也是非常高的,在我国,由于大多数城市处于大规模开发建设阶段,施工噪声及工业噪声占有一定的比重,但交通噪声仍占主导地位,一般占总噪声强度的 50%,多数城市的主要道路噪声都超过了 65 分贝,有些城市的道路噪声超标达到 90% 以上,交通噪声影响范围广,干扰时间长,而且越来越加剧,大部分的城市居民生活在噪声超标环境中。我们道路交通对环境的影响已经接近了发达国家道路交通对环境影响的相对程度,尽管我国的人均车辆拥有量远比发达国家小。

五、土地资源日趋紧张

城市分布形态是由土地的资源利用形态来决定的,城市的土地资源利用形态也决定了城市交通供求形式。城市的土地资源利用状况必须符合当地的交通发展模式,过度的土地利用或者利用不合理等,都无法解决交通运输系统发展与需求问题。我国城市的人均用地为 88.63 平方米,是世界上城市人口密度最高的国家。人均道路面积也只有 10.6 平方米,且大城市普遍存在着中心城功能的过度聚集和土地的超强度开发。所以,中国城市发展的模式必然要有别于西方欧美发达国家。而且我国绝大多数快速增长的大城市都坐落在沿海,沿海的三大城市圈接纳了超过 50% 的城市化人口,在这些地区,耕地保护与城镇化的矛盾尤为突出。在环境越来越受到人类关注的今天,城市发展面临的挑战是寻求合理的城市交通发展模式,以满足城市生态环境良性循环的可持续发展要求。

第四节　香港城市可持续交通发展的经验

香港是世界上人口最多的城市之一。香港的道路网络是世界上道路交通密度最高的地区之一。覆盖了全港大部分地区,使驾驶者能轻易到达目的地。根据 2012 年 6 月的统计数据显示,香港有机动车 63.97 万辆,其中私家车有 44.34 万辆。而北京有 510 万辆机动车,人均保有量是香港的近 3 倍。全港道路的长度有 2 009 公里。香港拥有多条快速公路及连接路,组成 9 条主要的干线。连接新界至九龙香港岛及大屿山。此外,香港共有 1 088 条行车天桥及桥梁,以及 15 条行车隧道。公共汽车(香港称为“巴士”)是香港最主要的公共交通工具。在香港,公共汽车主要分为 3 个类别:专营巴士、非专营巴士及公共小型巴士。香港在交通规划、建设和管理方面的发展经验主要有以下几方面。

一、可持续发展理念下的宜居城市建设

香港采用紧凑型城市发展模式,高密度发展是香港的典型特征。自 1970 年起,集约型城市、集约化住房,尤其是香港公屋的发展一直探索着高密度住房与城市生活环境的协调关系。随着人口急剧增长、工业迅速发展,这种密集型的发展模式带来一些弊端,包括居住环境过于拥挤、工业区与住宅区为邻等,所以香港开始推进可持续宜居的城市规划。具体做法有保育自然生态、应对气候变化、提供康乐设施等,并着手编制了《香港 2030 年规划远景与策略》。

二、权责明晰的交通管理体制

香港涉及道路和交通管理的部门包括运输及房屋局、警务处、交通咨询委员会和交通审裁处。运输及房屋局负责制定、管理和统筹香港陆上运输及渡轮服务的整体政策。警务处负责执行交通法例和检控违例者的工作，交通咨询委员会就重要的运输政策和问题，向行政长官和行政会议提供意见。交通审裁处是根据《道路交通条例》设立的，主席和成员全部由公众人士出任。市民如不满运输署署长就车辆登记与发牌、签发出租汽车许可证和客运营业证以及指定车辆测试中心等方面所作的决定，可向交通审裁处提出上诉。

三、科学及严苛的管理处罚方案

香港的交通非常通顺，除了它具有畅通的立体交通系统外，合理有效的以及严苛的处罚条例也是解决交通这个问题的重要途径之一。交通管理方案的科学性主要表现在：一是通过这些经济的杠杆来削弱居民渴望拥有私家车的心愿；二是通过提供更加方便快捷的公共交通工具，以此来满足居民出行乘车的需求；三是通过合理完善的交通辅助，体现更好的为人民服务的理念。香港对于违反交通规则的处罚非常之严厉，尤其是对于酒后驾驶的犯罪，更加严苛。酒后驾驶一旦确认罪行，无论是否造成严重影响，都将进行严厉的处罚，最高将判处 2.5 万港元的罚款，还将面临入狱 3 年的惩罚。而正是因为这些严重的处罚和重刑，居民才养成了好的交通习惯，并自觉的遵守香港的交通条例法规。

四、先进的高科技

香港十分重视高科技，对于高科技手段的利用，它发挥了淋漓尽致的作用。正是这些高科技手段，实现了交通的智能化管理。香港交通运输署具有先进的交通指挥控制中心，该中心在全香港多处路段安装了 600 余个监控摄像头，24 小时不间断地把路面上所有的交通资料影像全部传达到系统的控制中心，然后传输到 Internet 上，居民可以获得及时的更便携的交通信息，而控制中心的内部工作人员，根据所发生的交通路面情况，灵活地调节各个交通信号灯系统，以疏导各个区域的交通。另外，香港还采取了无人管理化的停车自动收费管理系统，用于自动扫描车牌以此收费，实现了无人蹲班的高科技,减少了人力的输出,以及减少拥堵现象。

五、多功能、高效率的城市综合体

　　城市综合体是城市高端商业地产的一种创新模式,它代表着城市发展的灵魂。它是城市形态、城市业态、城市文态、城市形态及四位一体的功能集成,是现代城市建设的标志。香港将城市中多位一体的空间进行了有效的组合,将城市中的商业、办公、交通、住宿等多样化的建筑组织在一起,并在各部分之间建立了不可分割的能动关系。譬如香港的九龙地铁站、太古广场等,都是这样的一种交通高科技先进管理模式,从而实现了高效统一的建筑群体,也实现了"交通室内零换乘"。

第六章　新型城镇化进程中农民市民化问题

城镇化是扩大内需最大的潜力所在,是经济结构调整的重要依托,是推动我国经济增长的一个重要抓手。中国的城镇化目前正处于一个重要的历史关口,过去那种粗放的城镇化道路已不适合中国的国情,我们势必走出一条新型的城镇化道路。党的十八大提出要走新型城镇化道路,有序推进农业转移人口市民化。农业转移人口市民化是我国新型城镇化能够高质量完成的关键。如何正确认识农民市民化的内涵、必要性、制约因素等问题,破解农民市民化制约因素,引导农民市民化健康发展,对推进我国新型城镇化建设有着现实的指导意义。引导农民依照市民化方向进行健康发展,多项措施并举,对推进我国新型城镇化建设有着至关重要的建设性意义。

第一节　农民市民化的内涵、现状及其必要性

一、农民市民化的内涵

我国正在进行人类历史上最大规模的城镇化,城镇化从一定意义上讲就是人口城镇化。我国作为一个以农村人口为主的发展中国家,对于加快城镇化建设,提高城市化水平,使农民变成市民是一个重要的转变。所谓农民市民化,从广义来讲,是指农民逐渐向市民转化的一个发展过程。它不仅是指普通农民的居住地位、户口、从事的劳动方式等多个方面从农村转移到城市,更重要的是指从根本上实现思想观念、生活方式、行为方式、社会组织形态由农村转入到城市居民的提高阶段,这也是农民转变为真正意义上的城市居民的素质要求。实现农民市民化是现代社会发展趋势所在,进一步来讲,对我国经济发展产生意义非凡的影响。

为了更好地挖掘农民市民化的意义,首先要了解新型城镇化的重大意义。新型城镇化是实现现代化的必由之路,在推动经济持续健康的快速增长、城乡公共服务均等化、提高人民生活水平、协调城乡发展、调整产业结

构、保护环境等方面具有不可估量的作用。我们要持续发展新型化城镇,使之转变为人民的城镇化,重要的特征之一就是农村人口向城镇迁移和聚集,简单地说就是农民市民化。因此,从更深刻含义上说,农民市民化意味着让更多的人进入到更高水平、更具现代文明的生产方式、生活方式中来。农民市民化的真正目的是要提高农民的生活水平,提高农民的社会福利水平。

相比较而言,城镇化更加侧重国家、区域、社会结构、物质层面的变化,而市民化更侧重于社会角色的转型发展。从现在城市、郊区、农民三方面来看,可以分为三个类别群体。一是户籍身份依旧是农民,但从事的是非农化职业,二是完全从事农业生产并且户籍身份为农民的全职农民,三是农业生产与非农业生产同时进行的农民。

依据农业的生产资料土地作为划分标准来看,第一类农民是居住在郊区土地却被完全征用的农民,第二类农民是远离市中心、土地部分未被征用但依旧以从事传统的农业生产为主,第三类农民是部分土地被征用,但是无法以传统农业为主,只能在传统农业与城市生活中进行双方发展。农民市民化不仅是针对第一部分即将或正在进行户籍转变的农民,也要考虑到第二甚至第三部分农民的发展。

由此来看,农民市民化是一个很复杂的过程,外部或者内部的不同群体,农民市民化的发展阶段也很难同一脚步往前发展。例如,已经选择非农业化的农民在市民化的进程中,比传统的全职农民和夹在两者之间的农民容易发展改变,他们适应了市民的生活节奏,更重要的是物质基础已经与市民同步。所以,农民市民化是指职业为农民的群体,在向城市市民发展靠拢的同时,社会身份也在向市民转变,适应城市的发展节奏,通过自己的学习,获得在城市生活的能力,获得作为一个市民应具备的基本素质的过程。

在这个过程中,农民不仅在户籍身份上实现和城市居民一致,而且更要的是在工作方式、生活方式、社会交往、价值观念等与城市居民融合划一,使得农民不仅在形式上看着像市民,而且在自我的内心中也感觉自己确实是市民。农民市民化,通俗地讲就是让农村人像城市人一样地工作、学习和生活。

从我国农村农民的发展现状以及未来的发展考虑,我们可以从广义和狭义两个方面对农民市民化进行双方的概念解释。从狭义的方面来看,农民市民化是从国家、政府相关的技术层面来讲,城市民工等群体获得与城市居民同等的受法律保护的身份和享有市民应有的权利的过程,享有的权利有选举权、受教育权、社会保障权等多个方面。享有市民具有的权利是农民市民化的显著标志。从广义上来看,农民市民化从国家、政府的社会文化层面来讲,在现代化的建设过程中,通过工业化与城市化的快速发展,使得农民在身份、社会地位、价值观、社会权利以及生活方式等方面与市民同步转变，以实现城市文明的发展过程。

二、农民市民化的现状

目前，我国农民市民化发展速度缓慢，还存在很多问题。总体来看，我国农民市民化现在存在的问题是发展水平低，速度缓慢。在改革开放初期，农民表面上看是实现了从种植业向农林牧副渔等多重经营的发展转移，但是这种转移只是在当地的人员流动与转移，并未实现从当地到其他地方的来回转移，还是具有一定的局限性。

依据《中国统计年鉴》资料显示，从 1978 年到 1982 年，我国农村劳动力流量平均每年总量超过 3 500 万人，但是转移到城镇中的只有 300 万人；到了 20 世纪 80 年代中期，乡镇企业如雨后春笋般发展异常迅速，农村劳动力大量往乡镇企业发展，促进了我国农民市民化的迅速发展，城乡发展差距缩小，城乡关系逐渐融洽。

20 世纪 80 年代末期至 21 世纪初期，我国出现了民工潮，大量中西部劳动力向东部与沿海城市转移，在此期间，农民市民化实现了全面发展，主要体现在三个方面，一是农业化向全职非农业化转变，二是空间地域的转移，农民工逐渐定居城市，三是农民工进城的目的由赚钱往更高层发展，与城市现代化发展接轨，对个人在城市的地位、价值观等多方面希望得到与城市市民的同等认可。

随着我国 2001 年 12 月正式加入了 WTO，对外开放的新格局逐渐打开，但传统的城乡发展结构严重束缚了农民的富余劳动力，并未完全发挥农村劳动力市场对整个国民经济发展的作用，同时也引发了一系列的社会问题，影响了社会多方面的均衡发展。为此，2003 年十六届三中全会通过的《中共中央关于完善社会主义市场经济体制若干问题的决定》提出的统筹城乡发展，标志着我国农民市民化进入了一个崭新的阶段。2005 年，党的十六届五中全会通过的《中共中央关于制定国民经济和社会发展第十一个五年规划的建议》特别强调统筹城乡发展，给建设社会主义新农村的发展带来了新的活力，大力推进了城乡一体化的发展。人们的时代观念意识逐渐提高，国家政府实施的政策措施也在发展中得到了完善和调整，在公共服务、社会保障、就业发展、住房等多个方面的城乡一体化进程加快，更好更有利地稳定推动农民城镇化发展，实现城镇的和谐发展、严格执行党的政策与措施，积极稳定地实现农村人口向城镇居民的转变。

党的十八大强调，要具体情况具体分析，走出一条具有中国特色，顺应时代发展潮流,有利民生的道路来,进而推动工业化与城镇化的和谐发展,实现二者的发展步伐协调。农民市民化已经提高到国家发展战略的同时,顺应民心,得到了越来越多人的认同,形成了多方共识,促进了一个新的现代化时代的到来。但是,眼下的问题是,前途很光明,道路很坎坷,实现农民市民化的道路并不是一帆风顺的,城乡一体化之间的问题未得到根本性的改变,然而,我们始终坚信,农民市民化前景一片大好,道路越艰难,越能在长期的发展中锻炼我们的毅力,实现我们的多方携手前进的目标。

自 21 世纪以来,城乡居民一体化过程中,对农村大量富足劳动力的需求进入到一个新的阶段,劳动力供求关系也相应地进入一个新的转折时期,农民工在数量上呈现出了稳中趋缓的局势。自 2002 年到 2008 年,全国农民工外出就业人数年均增长 595 万人,平均增长率达到 5% 左右,这个数据相对于 20 世纪 90 年代 15% 的增长率来讲,意味着农民工人数已经进入了稳步增长阶段。虽然眼下的农民工数量增加到 2 亿多,但是其中大部分人员仍然以流动人口的形式存在着。目前,我国已实现 52.27% 的常住人口城镇化率,但是户籍人口城镇化率只有 35%,当中的差距使大量的农村转移人口难以享受到城镇基本公共服务,他们的收入、就业、住房、社保、子女就学等都存在难题。而新型城镇化强调以人为本、尊重农民意愿、需求,就是要努力提高农民工融入城镇的素质和能力,促进城镇公共服务的均等化。

三、农民市民化的必要性

农民市民化是当前我国新型城镇化建设进程中的必然趋势。加快推动农民市民化,不仅是改变城乡二元结构的要求,同时也是提高城镇化比例的需要。当前我国正处于改革开放的攻坚时期,也是推进城镇化的关键时期。城镇化问题也就是农民工市民化的问题。十二五规划提出要稳步推进农业现有转移人口转为城镇居民,现阶段的主要目标是一步步地把符合转移户口要求的农民转为城镇人口。实现农民工向城镇化人口转移,既满足了我国农业人口的要求,又适应了我国由农业国转向工业国的趋势。以下是我国实行农民市民化的原因。

(一)从源头处理好"农业、农村、农民"的基本问题

农民工背井离乡去城市打工,由农业人口转为工业人口,然而他们在城市却生活条件艰苦,挣扎在生活的底层。这种转变治标不治本,无法真正的减少农民数量,也无法使农村的土地资源实现真正的流转,由剩余的务农人口所掌控。其次,农民工多数都是农村地区的青壮年劳动力,他们常年生活

在城市中,消费在城市,为城市化建设付出血汗,与此同时,农村进一步缺乏建设发展和消费的刺激,这会造成城乡二元化结构的进一步深化。我国的"三农"问题之所以严重,根本上就是因为我国农民仍占据多数,农村人口向城镇人口转移不彻底,农村缺少机械化大生产,生产力仍停留在小农水平。所以,只有从根本上实现农村人口的城镇化过渡,改变城市农村资源分配不平衡的现状,才能提高农村生产力,扩大农产品的规模,不断提高农民的收入水平,逐渐建设繁荣富强的农村。

(二)推进新型城镇化的健康发展

第六次全国人口普查后,我国规定,那些已经在城市工作的农民,如果在城市居住满半年,那么他们就是"城镇常住人口"。如此算来,我国城镇常住人口中有四分之一都是外来的流动人口。这些年来,农民工进城务工这一举动不仅加速了沿海各省份的城镇化速度,同时也帮助了内地各省市城镇化率的提高。对于沿海而言,农民工进城提供了充足的劳动力,加速了城市各方面的建设。如浙江、北京、上海、天津和广东,农民工对城镇化的贡献率分别为30.7%、27.9%、24.7%、24.4%、18.6%。对于内地而言,农民工进城减少了该地的农村人口,农民工流出对于四川、河南、安徽和湖南等地的贡献率分别为9.5%、10.6%、13.3%和16.6%。然而,由于城乡二元结构的体制,农民工在为城市付出血汗的同时却不能受到城市的认可,得不到城市户口,无法享受和市民平起平坐的待遇。所以,我国现阶段的城镇化是片面的、不健康的,在吸收农民的同时,城市并没有真正地向农民敞开怀抱。农民工在建设城市的同时却不能扎根于城市,他们推进了国家的工业化城镇化发展,却不被认可,这种现状严重制约了我国新型城镇化的健康发展,是阻碍我国现代化进程进一步发展的主要症结所在。时至今日,我国的城镇化已经达到51.27%,然而拥有城镇户籍的人口却只有35%~38%。据统计,约2亿奋战在城镇的农民工得不到城镇户口和认可,"半程镇化"现象显著:工作在城镇,户口在农村;青壮在城镇,老幼在农村;赚钱在城镇,消费在农村。农民工如候鸟一般摇摆于城镇和农村之间,花费了巨大的社会成本。为了使新型城镇化健康发展,我们必须推进农民工根本上向城镇人口的转移。

(三)扩大内需,促进国民经济平稳健康,并有一个较快的发展速度

据统计,在人均消费上,农村人口不敌城镇人口的三分之一,主要消费品占有率严重落后于城镇居民。在居住质量和住房环境以及基础设施方

面,农村人口和城市居民存在着天壤之别。农民工中蕴藏着巨大的潜在消费力,随着他们在城镇生根发芽,收入的增加,消费能力会逐步增长,消费观念也会逐步改善,这必然会带来巨大的消费,扩大内需,进一步促进国民经济的稳健发展。

(四)加快产业结构的优化升级

由于农民工在城镇居无定所,无法生根发芽,这就形成了流动性强的特点,对企业而言,这意味着企业员工流动性大,无法培养出一批长久稳定的、拥有常年工作经验、了解企业文化、充分掌握核心技术的员工,这就大大增加了企业的人力成本,削弱了企业的竞争力,不利于企业技术的更新换代和产业升级。所以,无论是在传统产业还是先进制造业,抑或是战略性新兴产业,农民工在城市生根发芽,是企业健康发展,培养稳定熟练的工人的重要条件,这一点还特别体现在服务业中,因为服务业可以吸收大量的劳动力,增加就业渠道。就目前来看,我国的服务业发展欠缺,农民大量涌入城市不仅可以带动服务业的发展壮大,而且有助于我国经济结构的优化。

(五)建设和谐社会

从世界各个工业化国家来看,现代化进程中最显著的人口流动就是实现农民到市民的转变。农民工是我国特有的现象,这是我国城乡分治的户籍管理制度造成的,农民虽进城务工,参与工业化进程,却仍然顶着农民的帽子,在城市干最苦最累的活,为城镇化进程发展付出自己的血汗,却仍遭受白眼和歧视,无法享受应有的待遇,挣扎在城市生活的最边缘。这些必然会引发矛盾和不满,使农民工缺乏认同感,更不要说责任感,这份不满是建设和谐社会的巨大隐患。从长久来看,农民工现象会在未来得以解决,我们应逐渐改善现有的户籍管理制度,同时在思想上彻底转变观念,用开放包容的态度对待农民工,接受他们,包容他们,服务于他们,让他们感受到平等的待遇,让他们感受到自己同样是城市的主人。只有这样,农民工问题才能妥善处理,进一步推动城市和谐安定,社会健康发展。

总之,农民市民化关系到产业结构的优化升级,涉及农业人口生产方式和生活方式的转变,也涉及我国新型城镇化的健康发展,是我国经济社会发展进程中一个重大战略问题。我们必须总揽全局,高瞻远瞩,全面又充分地了解农民市民化对于我国现阶段深化改革开放,建设和谐社会的重要性,因为它的妥善处理,不仅可以从本质上解决"农村、农业、农民"这三大重点问题,同时可以推进产业结构优化升级,国家经济健康发展以及实现由城乡二元经济结构向现代社会经济结构的转变。

第二节　阻碍农民市民化进程的主要因素

对比我国工业化的长远战略目标和现实情况来看,农民市民化仍然是一个等待妥善处理的重要问题。因为它关系到农村剩余劳动力的输出,加速城镇化和工业化的建设。然而,由于我国现阶段生产力的限制、户籍制度的制约以及人民观念等各种因素和制约,农民市民化的进程仍存在着诸多难题需要我们去解决。目前制约我国农民市民化的主要因素表现在以下几个方面。

一、城市居民固有的观念带来的阻碍

由于我国长期以来实行的都是城乡分治的户籍管理制度,人民观念上必然也受到了严重的影响。城乡居民对于农民工进城的现象在观念上故步自封,落后于实际的发展,无法意识到农民市民化对于国家和社会发展建设的长远意义。于政府层面来看,有些政府官员分别从公共管理以及就业方面表达了对于农民市民化的担忧:首先,农民工进城会导致城市人口增加,这必然抢占了原城市人口的公共资源,如住房资源,公共交通资源,甚至还会埋下治安混乱的隐患。此外,官员们还担心农民的涌入加剧就业市场的供需不平衡现象,这必然会影响到城市居民的就业,抢夺城市居民的饭碗。于城市市民来看,一方面他们欢迎农民工的涌入,因为他们劳动力要价低廉,并且愿意承担城市人避之不及的脏活累活;另一方面,他们抗拒农民工,观念里不接受,因为农民工抢占了城市的公共资源,加剧了就业的困难,扰乱了城市的治安。因此,城市居民以高人一等的姿态看不起农民工,对他们缺乏同情和包容,不能公平对待。

二、城市生产发展现状阻碍了农民市民化进程

城市经济发展的速度和规模与农民市民化进度成正相关。如果城市经济飞速发展,规模扩大,那么就必定需要大量的劳动力参与其中,也就可以消化足够多的进城务工的农民,促进农民市民化进程。近些年来,我国大中小城市都有较大的发展,然而却无法匹配农民工进城的规模,大规模的农民工劳动力的提供远远超出了城市现代化建设中的需求。而目前,由于处在经济体制转变时期,我国的就业与经济增长的联系也出现了一系列改变,就

业的需求远远超出了经济的增长。粗放型经济向集约型经济的转变,使经济发展对劳动力质的需求、管理、资本以及其他要素的要求越来越高,反之对劳动力的需求却越来越少。此外,随着深化改革的发展,市场竞争越发激烈,企业的破产、重组、合并不断,相反企业数量却增长缓慢,这使得下岗人员增多,社会劳动力饱和,严重阻碍了农民在城市中寻求到合适的工作并在城市中生根发芽。

三、受到政策的制约

那么怎样的政策措施才适合对进城农民实施,这将与进城农民的待遇安排有着直接关系,同时也会对农民市民化的发展趋势和程度有一定的影响。因此,从战略高度上来说,近年来,中央政府出台了一揽子政策,从政策方面为农民的市民化提供了保障。然而,由于自身多方面的原因,一些地方政府会采取不同的政策态度,让中央政策在执行过程中受到阻力。因为我国实行的是分级管理、统一决策的体制,所以中央政府和地方政府在社会保障、就业等方面承担了不同的责任。比如,地方政府在制定和出台一项政策的时候,一般会考虑使政治收益和政治成本最大化。而另一方面,为了各自城市的市民集团利益,城市政府的重要目标是使本市劳动力充分就业,且基于此来保证市民收入提高。所以,对于处理农民进城实现市民化的问题,大多实行的是抑制和排斥政策,而很少有支持和鼓励的政府。另外,政策制度的安排往往都是用城市市民的心态来看待进城农民,在实际工作中,缺少引导、缺少热情,在农民市民化中有看轻疏重堵,轻服务而重管理,轻权益而重义务,轻农民工安排而重城市就业的现象。

四、制度因素的制约

(一)户籍制度因素

实现农民市民化中的核心问题,就是城乡分割的户籍制度。大家都知道,在防止农民大规模涌入城市,控制城市人口过度膨胀等方面,户籍管理制度起到了积极作用,然而同时,很大程度上它也阻碍了农民市民化的进程。其实,对于城乡人口,户籍制度人为地把其划为极不平等且彼此分割、不可逆转的两大社会群体,是把农民拒在城市大门之外,禁锢在乡村土地之上。即便是转换职业种类进城多年的农民,依然被城市管理体制排斥在外,也不能享受市民的福利保障待遇,这使得农民和工作在同一单位,生活在同一空间的城市居民有着地位和身份的天差地别,从而不能融入城市。近年来,为了缩减以至消除这种差别,不断加快农民市民化进程,广大农民群众的呼声很高,政府同时也进行了政策改革,减少了户籍管理,但力度不大,依然不能适应农民市民化的要求,虽然基于户籍之上的城乡利益差别显著减少,但是仍然有很多因素限制农民进城,进城的成本仍然偏高,越是城市或特大城市,城市建设费用中公共财政承担的比率越高,户籍中包含的社会福利越多。考虑到政府的财政负担能力,和最近城市规模的城市病和过度膨胀,城市的户籍管理制度异常严格,极大程度的限制了外来人口规模,从而使得普通农民申请大城市落户的制度性成本增加。以上海为例,农民进城需要先获得蓝印户口本 3~5 年后,方可按照相关法律法规向公安部门申请本地的常住户口。经有关部门批准取得本地常住户口的农民,需依据相关规定缴纳城市有关建设费。取得蓝印户口的条件是:在本市投资 100 万元以上,或者购买商品住宅的面积和价格符合标准。因此,由于户籍壁垒的存在,加之城乡劳动力市场的失范行为,导致农村劳动力和城市居民在劳动力市场上仍然存在身份歧视。首先,在择业方面,农村劳动力进入正规部门就业受到限制,农民只能进入收入较低、工作环境较差的部门或者行业;其次,在劳动报酬方面,农村劳动力的工作报酬也处于劣势,得到的工作报酬低于劳动力的边际产量。农民进城后子女教育问题相应出现,进城民工因为没有城市户口,子女入学接受教育会遇到很多困难和障碍,即使最终解决入学问题,赞助费等各种费用成本远远高于有户籍的城市人口;另一方面,城镇教育机构布局还欠完善,不合理,投入相对不足,也很难解除农民市民化的"顾后之忧"。

(二)土地制度因素

改革开放以后,我国实行家庭经营承包制,其自身活力使得它与我国生产力水平高度适应。然而,家庭承包导致了分散化经营和土地细碎化,难以形成相当的规模经营模式,也不能取得规模效益。因此,农民进城必然会有以下两种结果。第一,因为农民进城耽误农耕,农村的大量土地被荒废。第二,"两田制"的影响,虽然"人分口粮田,劳分责任田"在短时间内为农民提供了保障,加快了耕地和劳动力的配置与重组,但进城农民仍然要负担基于保障之上而另加的订购任务、承包费、农业税等责任,大大阻碍了从土地中把农民解放出来的进程;而在农忙时期,农民还必须在城乡之间来回往返,进一步拖慢了市民化的速度与规模。同一时间,由于国内土地流转制度不健全,缺乏合法公开的农业土地市场,由于缺乏流动,造成劳动力资源与土地资源沉积凝固,使得劳动力资源和土地被白白浪费,农民市民化、城镇化和非农业化的"聚集效应"日益突出。

(三)社会保障制度因素

社会保障发展非常缓慢,致使农民市民化进程风险加大。中国的国情导致国内农民和城市居民有显著的差别。在城市中,市民拥有养老保险、最低生活保障、住房补贴、医疗保障等社会保障,这些对于农民来说却是如海市蜃楼般遥不可及,农业劳动力依然处于社会保障的一个低处。例如,上海、广州等开放城市,平均每年外来劳动力约有一百多万,但大部分的劳动力都因为不同因素没有被纳入社会保障体系。因此,当劳资纠纷等社会问题发生时,这些人一般都处于弱势。所以,要实现新时代农民市民化,不但要关注城市户口,还要关注户口迁移带来的好处,其实就是与城市居民一样的社会保障以及稳定的收入。然而现实是,国家慢慢开始重视农民社会保障,但没有规范保障的能力、范围和对象;同时,因为参保意识相对较差,和降低劳动力成本,务工农民大多数在不正规产业或私营企业或行业就业,他们的社会保障权益在实际中也很难被普及。制约农民市民化和农村经济发展的难题有以下几点:社会保障水平低,失业(失地)、养老、医疗等问题没有得到解决,农村社会保障体系不完善,城镇外来劳动力没有被纳入社会保障体系。

(四)用工制度因素

因为城市本身要消化不断增加的下岗职工,很多城市出台了一些对农民工使用的限制措施,就是想要努力减轻承担负荷和就业压力,吸收农民工的大门慢慢越来越小,所以这种不被重视人群一般都就职在脏、险、难的工种中。另外一个就是农村劳动力本来文化素质偏低,而技术技能型和专业型岗位的劳动力市场准入门槛高,对劳动力素质的要求也高,并且,所要求的劳动技能与市场要求还有非常大的差距,使农民工获得工作的机会更是难上加难。而且,农民工的劳动权益屡遭侵害,也是源于劳动力市场用工制度不健全,用人单位侵害农民工权利,农民工不能正当休息休假。还有些单位的农民工工作环境差,没有安全保护,农民工的福利权利和社会保险缺失,这些都极大地打击了实现市民化的积极性。

(五)农民自身素质因素

除了农民地位、权利等方面的转化,农民市民化还必须包括生产、其自身价值观、素质与生活方式全方位的转化。农民和市民之所以有巨大的差异,主要是因为人口素质。如果农民的综合素质没有提升,那么就不会有行为方式与思想观念的改变,同时也不能适应市民化转变的要求。伴随着城市化进程的加快,一夜之间,昔日农民摇身一变成了城市居民,开始享受市民的生活,但是他们面临着自身的精神层面跟不上生活层面转换的麻烦。同时,他们的落后思想和习惯也没有和现代城市相适应,而科学文化素质的差异表现尤为突出。近年来,国内农民的素质水平普遍低于城市水平,而素质水平和受教育程度是他们能否找到一份赖以发展和生存的工作并最终成为城市居民的关键。当经济发展水平不断提升和新兴产业日益兴隆,劳动力素质就变得越来越重要。但与之相对应的是,进城农民因为缺乏技能培训,所以无法扩展就业领域,这直接影响到了农民市民化的进程。

(六)信息障碍因素

由于农村交通不便,信息闭塞,农民不可能及时得到正规合法劳动力市场的供求信息,而这种盲目选择的结果,就会导致恶性循环。现在,本地范围是农民流动的主要区域,一般会有 50% 以上的转移农民,就是因为农民无法获得跨省流动的即时消息。但由于我国一直以来人口跨区域迁移就很少,因此跨越省界后,普通人的社会关系就会大幅削减,信息闭塞就是其中一个弊端。信息障碍会使得农民不能及时了解其他城市劳动力具体状况,不了解怎么更有效的进行城市流动,不了解怎样得到城市中的工作机会,更不了解怎么毛遂自荐。

第三节　国外农民市民化的主要做法与启示

一、国外推进农民市民化的主要做法

(一)英国的强制式

在全球,英国是农村向城镇人口流动规模最大、开始得最早、城市化最快的国家。全球范围内记载的第一次农村人口向城镇流动的浪潮是在11—12世纪,英国出现农村人口向城镇的流动,迁移的主要人群是穷人,主要目的是为了生存。然而到了 15—17 世纪,英国开始了第二次劳动力转移的高潮,但是这一次迁移的对象主要则变成了青年女性、工匠和商人,主要目的是获得丰裕的物质生活资料和更好的前途。但其实,18 世纪下半叶的工业革命时期才是英国劳动力流动规模最大、最稳定的一段时间。

工业革命后,大量的移民因为早期工业的发展涌向城市。在 1520 年,英国的农业人数是全国总人数的 76%,但在 1801 年,这个数据下降到 64%。英国的城市人口比例在 1851 年时就跃居世界之最,占了总人数的 51%,这一比例更是在 20 世纪初时高达 75%。英国采取的是大规模圈地活动及强制性执行的方式将农业人口移入城市,其中非农化行业的大批劳动力更是没有任何商讨余地,大多直接以武力按需从当地农村乡镇带走。

英国农业与非农业人口的身份调整大浪潮特点如下。

其一,农村劳动力涌入城市的关键点在于不断改革的生产方式与社会经济框架的大调整。

自从 18 世纪 60 年代爆发了工业大革命,原本散乱无章的小作坊式生产模式发生了前所未有的变化,渐渐地不再受制于自然因素,进入了蒸汽机时代,颠覆了整个社会的生产模式,集中化工业逐渐代替了手工人力。一轮轮的优胜劣汰中,新生了一批先进行业,机器纺织业发展势头大好,增添了许多劳动力岗位;大型制造公司激增,机械化运行使得生产效率远远超过农村手工业;各类交通物流取得了很大进步,人们生活工作更为便捷,城市与农村距离缩短了。不论是出于生计或个人追求,越来越多的农村劳动力开始进入工厂、煤矿、工地、机械厂等各类非务农行业。

其二,农村人口饱受武力压迫,更是因为大范围圈地收地和手工作坊的没落而生活困苦,不得不选择到城市寻得一线生机。在改革浪潮中,农民不再享有任何公用地,阶级划分严明,国家确立了资本主义的主导地位,使得许许多多的农村人口成为了无产阶级,自然而然地也成了城市劳动力的主要群体。而且,伴随着资本制度的确立,各方面制度也开始朝着有利于资本家谋取最大化利益的方向发展,集中化生产模式及各类机械器材的使用,加上适当的分工劳作模式,大大提高了生产效率,工业化批量生产成本低,售价合理,种类繁多,完胜手工业,使得大量以此为生的农民不得不离开农村。

其三,废除了限制人口流动政策。根据 1846 年的《贫民迁移法(修正案)》,居住在一个教区超过 5 年仍未领取地方救济金的人,不能再被遣返回原籍;但议会在 1865 年通过了《联盟负担法》,扩展了救济范围和贫民的居住地范围,实际上相当于取消了阻碍农村人口入驻城市的政策。

其四,作为当时世界上最大的殖民主义国家,大量的英国农村人口涌入殖民地,造成了英国农村人口比例大幅度下降。内外合力,最终促成了英国非农人口比例的大攀升。

(二)美国的城村自由流动

英国移民把第二次工业革命的影响传到了美国,引发了美国的钢铁工业革命,提升了整个国家的工业建设,带动了城市经济的发展,大大提高了生产效率。以 1870 年为分界线,美国从之前的生产农业的乡村社会为主体,到之后的城市大振兴,工业化生产功不可没,交通运输由此而极速发展,为农村人口向城市进军提供了多方面的便利条件。美国的城市人口比例在 1840 年时仅为 10.6%,1860 年为 19.8%,1880 年为 28.14%,直至 1920 年时城市人口比例高达 51.2%,初步实现了美国的城市化进程。这一进程总体上是美国农村人口自由选择的结果,从 19 世纪 20 年代到 20 世纪 60 年代,历经 150 年左右。同期发展的有工业、城市现代化、农村城市化,巅峰时期集中在 19 世纪 70 年代到 20 世纪 20 年代的 50 年。

美国农业与非农业人口身份调整大浪潮特点如下。

其一,工业发展迅速,造成了劳动力供不应求。以 1870 年为转机,生产工业化日益占主导地位,新兴技术、新兴工艺和新型设备扮演着重要角色,在生产过程中举足轻重,因此各类技术人员拥有了许多自主选择权,且机会较多。这样工业部门就向社会提供了能够吸纳各类专业技术人才的大量就业机会。与此同时,第三产业在工业革命下应运而生,劳动技术与知识集中存在的局面创造了大量的工作岗位,城市劳动力已经满足不了这些产业需求,更加促进了农村劳动力的进城潮。

其二,随着生产效率的不断提高,现代化农业逐渐取代传统农业,因此丢掉饭碗的农村劳动力,首选就是进入城市寻求发展,大大填补了城市劳动力的空缺。特征是:工业代替手工,各类小手工作坊相继关门停业,许多手工业主不得不奔走城市,大大降低了农村劳动力总人口;美国在 20 世纪 20 年代前后进行了一场农业革命,使得大量农村劳动力无地可耕;工业发展迅速,利润巨大,报酬相对农业丰厚许多,吸引了大批农村劳动力转向非农产业。

其三,以铁路为代表的近代交通随着工业化进程大幅发展,给数量庞大的农村劳动力流动创造了便利,大大促进了城市化发展。

(三)韩国的非农之路

作为发展中国家中农村劳动力流动最快的国家,韩国现在的农村劳动力已不到 20%,相比第二次世界大战初期足足缩减了 50% 以上,差不多实现了迁移剩余农村劳动力。

韩国农业与非农业人口的身份调整大浪潮特点如下。

其一,以大城市为据点,集中吸纳剩余农村劳动力。

其二,以经济发展为主要方向,借助外部资金,给这一人口转移大浪潮准备了充足的资金。1962 年到 1981 年间,韩国引入国际资金 486.5 亿美元,大大扩充了就业岗位;1967年到1982年间,平均下来,韩国每年有37.5万人新近就业,而这中间36％的就业岗位都是源自于国际投资。

其三,在韩国,工业发展远比农业发展重要,这是在发展初期就开始实行的策略,直接导致了相对迟缓的农业发展,韩国也只能依靠进口粮食以满足农村劳动力流向城市后农业的缺失。

二、国外推进农民市民化的启示

结合以上各个国家的非农化特点,我们不难看出,虽然各国采取的模式大有不同,但只要农村人口进入城市就会拥有城市人身份并获得相应的权利和义务。纵使居无定所,生活来源不确定,这些人也已经成为这个城市的一部分,与当地居民平起平坐,根本不会出现在我们国家的那种一年几转的城村互流现象。我们应该学习这些国家的非农化形式的精华:经济发展是首要因素,非农化浪潮随经济而启动;政府应该多多调控,采取积极措施推动非农化进程;立法立规,让土地转让等事宜有法可依,给农村劳动力提供便利条件与法律保证。

在国外,农业转移人口的非农化基本伴随着城市与工业发展,三者关系紧密,齐头并进。农村劳动力只要来到城市,他们的身份就相应地成为这个城市的一分子,完成了地域、职业、身份三重转变,跟城市居民享受同等福利、拥有同等权利。不同国家由于国情不同,在市民化过程中采取了不同的模式。英国主要是强制性地剥离附着在农民身上的土地,将农民直接转为市民;美国主要是依靠工业化扩张吸引农村劳动力,完成农业转移人口市民化;日本主要是依靠政策的引导完成农村剩余劳动力的转移;韩国采取"重工业、轻农业"的发展方式,让农民自动转向城市从事非农产业等等。

第四节　国内农民市民化的典型模式与启示

目前,我国进入了农村人口市民化的实践摸索阶段,按地域来说有几种模式卓有成效,值得我们学习与借鉴。在广州,农村人口进入城市后需要根据各项规定积累分数,"居住证＋积分制"双管齐下,但只有积分达到要求方可成为城市居民。在重庆,农村人口进入城市后,获准不超过三年内仍可以继续享有土地及耕地的使用权,相对地享有政府提供的几项农耕补贴,五个城镇保障系统对他们同等开放,包括社会保障、住房贷款、教育学习、医疗救助、就业扶持。在成都,针对当地农民放宽了政策,实行"城乡一体化",然而出于经济及城镇建设的考虑,此政策对外来农民并不可行。在上海,农村人口进入城市后即可拥有"暂住证",随着时间及工作成就的增长而逐渐变换成"居住证",其可以享有的市民福利相对有限。这一政策也是根据上海这座大都市的自身发展空间来考虑,尽可能在促进农民市民化的同时保证城市可持续发展。

一、浙江:分层分批推进农民市民化

从我国改革开放开始,浙江经济发展迅速,工业化进程在国内遥遥领先,促使农村劳动力大批涌入城市,一方面加快城镇化建设,另一方面也实现了自身的市民化。总结起来,其成功的主要原因在于采取了分层分批地推进农民市民化。

当下,整个浙江省的农村人口包括农业劳动力、工人、无地农民、"城中村"居民等,而且很多人已经具备了非农市民化的资质。浙江省采取分层分批推进农民市民化的发展方案,首先给予技术类农民、私人企业主以及优秀农民工市民身份,进而为处于城市边角地带及郊外的那些无地农民非农化放宽政策,提供资金,明确保障范围等,然后帮助"城中村"居民及城市近郊区务农的农民和返乡回流的农民工转变为市民。

浙江省在农民转市民的过程中,主要解决了以下两个问题:一是完善社会保障制度。秉着"抓重点,讲程序"的原则,将解决农民市民化过程中工伤、医疗、养老、失业和最低生活保障制度的相关问题放在首位,建立全方位、多层次的保障模式。对失地农民、"城中村"居民、技能型农民工等,将其统一纳入城镇职工社会保险。对还有相当一部分的一般进城务工人员,因其职业技能较低、流动性极大,综合考虑对其采取较为灵活多样的社会保障措施。而对于那些务农及返乡就业的农民工,则将他们一并纳入农村社保体系。二是促进农民转移就业。对于在就业上遇到困难的失地农民、"城中村"居民和农民工,则根据市场对人力的需求,对其有针对性地进行技术指导,开展职业培训。而对于新时代下的新型农民工,在对他们的就业培训及指导过程中,则加强对其相关法律的认知、职业道德的把握及职业安全的深入学习。对在城市近郊区务农的农民、返乡就业和创业的农民工,培训的重点则放在对职业技能的培训、相关技术的支持,部分予以资金帮扶和创业指导。

二、成都:农民离土不离乡就地市民化

成都市锦江区以文化升华农业,以景观装点农村,以经营保障农民,以市场带动发展,大力发展农业的产业化和推动乡村旅游,著名的花乡农居、幸福梅林、江家菜地、东篱菊园和荷塘月色这五大景区便是其中的成功典范。在这些地方,农民可以就地市民化。在这五大景区的开发过程中,没有占用农民一分一厘的土地,就地市民化,让农民不用进城在家乡直接就业,最大限度地保证了失地农民的权益与工作。

成都市锦江区具体采取了以下几个措施:一是构建农村保障体系。统一城乡社会保障,把农民全部纳入了新型农村合作医疗,失地农民社会养老保险覆盖率达到 92%,农民到了五六十岁后,和城市居民一样享有养老金,生活困难的农民可享有城市最低生活保障金。二是建立城乡教育体系。将乡村学校统一划入由区教育直接管理,对农村九年制义务教育阶段的学生进行全额补贴,减免其学杂书本费。三是建成农民就业体系。把城市就业工作开展到农村去,通过管理、宣传、信息、培训四大渠道,充分发挥就业服务的中心作用,拓展服务型岗位;凭借驻区单位,开发社会型岗位;调动区域资源,鼓励自主型岗位;帮扶家庭创业,调动创业型岗位;政府出资,增加公益性岗位,多种途径促进失地和准失地农民的就业。四是完善了农村发展体系。凭借"五大景区"实现农业产业化,加速农村集体经济的股份化、公司化改革,让农民持股进城,失地不失集体资产的处置权,准失地不失承包经营权。利用采取集资入股的,让偏远的农户占有 20% 的股份和 15% 的保底分红,在解决景观配套的同时,也保障了农村集体经济和农民个人收益。

第五节 促进农民市民化进程的几点建议

想要全面解除上述因素对农民市民化的制约,使进城农民真正地变为市民,还需很长的路要走,也是一个复杂的社会工程。这其中,既涉及政策与体制的调整与改革,也涉及经济发展、政府投入、城市建设等方面,需要我们有全新的战略眼光,站在新时代的背景下,解放思想,开拓视角,统筹安排,积极求索,不断创新。

一、转变思想观念,走出认知误区

解放思想、改变观念是推进农民市民化的前提条件,加强宣传引导,提高对农民市民化的认识是消除认识障碍的有效途径。首先,各级政府部门要改变观念,充分认识并肯定到农民市民化的重要性。通过政府公函、文报期刊以及新闻媒体等各种途径,大力开展宣传教育,向全社会普及加快农民市民化的战略重要性和社会必要性以及时代紧迫性,对缩小城乡差距,促进农业现代化与工业化,加快城市化进程,对整个国民经济的发展都有着极大的意义。端正观念,在观念上采取平等原则,这其中包括两方面,一方面是政策上平等地对待进城农民与城市市民,另一方面是城市居民平等对待进城农民,这也是平等的内在基本要求。让进城农民享有与市民同样的权利与待遇,可以帮助解决失地农民的后顾之忧,从而使他们真正融入城市中来,随之社会不稳定因素相应会减少,加快促进我国市民化进程。同时,农民也不必被陈旧的阶级观念所束缚,须知人人生而平等,应怀着乐观积极的心态,通过自己的合法劳动在城市中开辟全新的生活,主动与时代接轨,尽快适应社会发展的步伐,努力为城市和社会的发展献计献策、添砖加瓦。

二、强化制度创新,优化制度环境

相关政策措施的实施,直接关系到进城农民的待遇安排和农民市民化的进程和发展。创建相关责任机构,专门负责协调处理农村劳动力转移过程中遇到的矛盾和问题。有关政策的基本路线应该是积极疏通,构建的管理政策要结合中国国情和当地市情,既要便于农民自由流动又要在维护公民权益、促进社会稳定的同时,稳步推进农民市民化。想要消除农民市民化障碍,根本出路是要依靠强化制度创新,以有利于促进农民与城市社会的融合及向市民转化为目标导向,加快解决市民化过程中的主要难题,创建新的明文制度,使农民市民化真正地获得制度保障。

(一)促进户籍改革,破除农民市民化的体制障碍

变农民为市民,最根本的一点就是户籍问题。对户籍制度进行全方位、深层次的改革,彻底改变硬性的户籍制度。随着市场经济的发展,城乡二元户籍管理制度已越来越不适应经济社会发展的需要,户籍制度是一种"选择屏蔽"制度,它将社会上一部分人隔离在城市的社会资源外。依据国际惯例,统一的、流动的户籍制度,是指任何人只要在城市有稳定的收入来源,就

应有资格办理暂住或常住证,并依法享有本市市民应有的权利和应尽的义务。因此,要着力深化改革户籍管理制度,全面破除城乡壁垒,最大程度的给进城农民以市民同样的待遇。户籍制度改革的主要内容,是将传统的城乡分割的二元户籍制度,逐步改革为城乡统一的一元户籍制度,彻底改变农业人口和非农业人口的身份认定方式,或依据其固定住所和稳定收入实行申报城市户口的政策,只要是在城市有稳定职业和生活收入、有合法固定住所、能在城市安家立业的农民都可转为市民入籍城市,获得统一的市民身份。这充分体现了公民的居住和迁移的自由权利,摒弃在出现户籍关系上的种种社会经济差别,真正地做到城乡居民在发展机会面前人人平等。

(二)创新土地制度,推进农业规模经营

就土地制度改革而言,必须加快建立适应农村市场经济发展需求的土地流转制度,实现土地使用权能够自由转让,使外出务工的农民和从来没有从事过农业生产的年轻农民能够不受硬性承包的土地的束缚,从而可以加速他们的市民化过程。

城市化的实质就是要把越来越多的农民并入城市。这是一个市场化的过程,更是一个体制的创新过程,其中最重要的原则是必须保证农民的权益不受侵害。《农村土地承包法》确立了农民在土地承包及经营权流转中的主体地位,农民对土地拥有了非常接近于法律意义上的所有权的权利。与继续留在农村务农的农民相比,对于进入城市的农民,如何将他们在农村原有的权利全部转移到城市中来,并实现其保值增值,将是一个意义重大、影响深广的课题。在农民工市民化的过程中一定要依法保护农民的土地权益。土地作为一种特殊的生产要素,虽然其自身不能在地区间自由流动,但其使用权的可流动性对其生产要素的流动具有极大的影响。土地不但是农民生活的重要来源,它还是农民的一项财产权利。农民对土地承包权的长期化和固定化要通过立法的形式确立,充分调动农民对土地投入的积极性,大力鼓励已经从事非农产业的农民出售其长期经营权,使土地规模化经营得以实现,促进经营效益。保障农民的土地承包权是一项长期不变的政策,是受法律保护的。今后的政策将主要着眼于农民进城定居落户、成为市民后,仍要不断强化这项权利,不能强行要求农民放弃这一权利,更不能要求农民以牺牲自身土地权利为代价来获得其本应享有的城市的各种公共服务。当然,这还需要国家的政策能够切实保证提高农民的收入,使他们不至于因继续留在农业部门而产生相对剥夺感和在国家的政策中被边缘化。

（三）为逐步完善社会保障体系，应按国民待遇原则，建立健全适合我国城市化发展特点的社会保障制度

当前，我国城市已经基本建立全面的社会保障体系，而农村社会相对应的保障制度的建设还比较薄弱。作为游离于我国社会保障制度边缘的农民群体，这是缺乏社会公平的。根据目前问题，我们国家采取有选择有重点的"分步走"战略，先解决眼前的困难，再逐渐建立农村社会保障体系。本着"低门槛进入、低标准享受"为原则去开展的农村社会保障制度改革，建立失地农民养老保险制度，费用以个人为主、政府和集体支持为辅。在城市经济发展放缓，难以吸纳众多就业人员的情况下，农村大量剩余劳动力又涌入城镇，政府应当建立失业救济、养老保险、劳动技能培训和医疗服务等一系列的应急社会保障措施，从而降低农村移民过多对城市带来的经济、治安等多方负面效应，将城市化的社会成本降到最低限度。只有建立比较完善的社会保障体系，才能解决失地农民的后顾之忧，才能使农民真正转入城市。

（四）改革社区管理制度

"撤村建居"方案是农民市民化进程中的重要举措，实行由行政村管理向社区管理转变，首先要建立民政、计生等相应的工作网络，并切实按照已有的城市社区的规范和要求进行日常管理，实现社会关系的转型和农村文化由封建陋习向健康向上的转变，从而加快建设现代文明城市。

三、加强立法，保证农民市民化有法可依

至今为止，农民市民化还仅仅是受地方性的政府政策指导，没有国家的普遍性的法律来规范。地方性的政府政策只能管"流进"的一头，即农民进入城市，或在一定前提下保障农民享受市民待遇。但"流出"的一头，即农村人口流失的那一头，城市政府没有相应的管辖权，而那一头有许多的政策会约束他，使转移出来的人仍然受其流出地农村政策的管辖，同时也使之仍然存在着后顾之忧。因此，在农民市民化的过程中，要加强立法。

四、加大对农村公共设施建设投入的力度，改善外部条件

农民市民化进程中的外部条件改善需要国家的大力扶持，需要政府财政资金支持和多方协调组织来解决。十七届三中全会《中央关于推进农村改革发展若干重大问题的决定》中提到的破解城乡二元结构的根本措施，就

是要公共政策全面覆盖农村。一方面,对如节水灌溉、乡村道路、人畜饮水、农村沼气、通讯通电、医疗卫生、中小学校舍及教学设备、农民种植技能培训等相关的农村基础设施和生态环境建设的投资力度要相应加大。改革国家城乡二元公共产品供给政策,要把农村公共基础设施建设资金投入主体由农民为主转变为以国家财政为主,让农民同市民一样平等地享用公共产品,即获得所谓的"市民待遇"。另一方面,政府在促进农村社会公共事业发展问题上,除了增加对农村社会公共产品的多方投入,还需加大农村公共事业改革的力度,要牢记以改革促发展,建立公平正义的公共物品供给制度,均等并有侧重的增加对农村教育、卫生、文化和基础设施等的投入,建立城乡统一的公共服务体系。

五、加强全民教育和技能培训,着力提高农民的综合素质

农民身份转化为市民身份的关键在于农民自身所具备的文化知识和实践技能状况。无论是进城务工,还是就地发展,文化素质都是一条"硬杠杠"。换句话说,没有农民素质的提高,就没有农民的市民化。大量事实证明,进城农民的整体素质是取得市民资格的重要条件,决定着由农民向市民转化的成功率。相对来说,整体素质较高的农民进城后,一方面由于自身具备的良好素质,容易获得较多的就业机会,取得职业和收入也就相对稳定;另一方面由于跟市民群体的素质差距小,容易融入市民社会,并得到市民认同。因此,政府、社会等有关方面必须将农民市民化的重点放在农村劳动力素质的提高上,努力打造农村劳动力转移培训的地方品牌,使以往的个体盲目流动向集体化"市场劳务"分配上转变。众所周知,教育是提高农民就业能力和文化素质的直接途径。所以,国家政府对农村基础教育的大力度投入绝不能松懈。首先,普及九年制义务教育,提高农村人口的整体素质,扫除文盲;其次,要以多种形式、多种途径开展农村职业技术教育,根据我国市场经济的发展和农村社会实际情况,设置对口的专业和课程;再次,要建立和完善农村成人教育体系,鼓励农村的广大青壮年参与举办的多种形式的培训班,进一步掌握专业技术、技能知识和文化,提高农村人口的综合素质。最后,农民也要以正确的态度对待自身的不足和缺陷,要善于抓住机遇,积极参加各类免费的职业技能培训,提高自己的职业能力和劳动技能,适应我国现阶段产业结构升级和新兴产业蓬勃发展的大形势下对劳动力的要求。在加强自我学习之余,还要培养各种兴趣和爱好,增强市民意识,提高社会参与意识和社会责任感。总之,全面提高农民素质,是一项伟大的事业,是一项系统化工程。需要政府各级部门和社会各阶层积极配合,需要广大农

民同胞、市民同胞积极参与。

六、建立城乡统一的劳动力市场,清除信息障碍

获得就业,特别是对于那些处于准市民阶段非农户口的就业,是农民市民化进程的关键点。这一阶段,农民失去为之生计的土地,又没有职业。如若花光了有限的土地补偿金,那就失去了市民化的经济基础。因此,农民市民化的重要前提是农民就业的市场化、非农化和充分化。保障失地农民的生活来源,解决失地农民的经济压力就是要在身份转型阶段顺利实现就业,这也是加快其生产生活方式转变和市民化进程的重要保证。以往改革进程中信息障碍都是其最大的绊脚石,在农民市民化问题上,破除信息障碍的关键在于建立城乡统一的劳动力市场。建立城乡统一的劳动力市场的总体思路是:改革城乡分割的就业制度,应遵循市场化原则,发挥市场在调节就业中的基础作用,根据劳动力市场提供的各地城市劳动力供求信息,引导农村富余劳动力在城乡、地区间有序流动,建立城乡劳动者自主择业、平等就业、合作创业的新型就业制度,逐步实现城乡劳动力市场一体化。政府和社会多方要构筑为农村劳动力提供就业信息、技术培训、咨询、中介和合法权益保护的服务网络,信息发布机构也应采用多种宣传手段,努力让流动农民都能得到及时有效的信息。此外,加快建立城乡沟通的劳动力市场信息系统,努力建立和健全劳动力市场的中介服务体系,逐步形成包括就业信息、咨询、职业介绍培训在内的城乡社会化就业服务体系。以上措施的配合利用,才能从根本上避免农村劳动力转移的盲目性。

归根到底,城市化并不简单地等同于城市地界的扩张,也不简单地等于城市常住人口的增长。城市化作为社会结构变迁的组成部分,往往还有更深的内涵。它意味着一种新的公共生活、经济形态、人际关系以及新的精神生态。城市化只是市民化的前奏,而进城农民的市民化才是城市化的目标。农民市民化任务,是一项长期系统的工程。对于农民来说,它绝非仅仅是社会身份和职业的转变,也非居住空间的地域转移,而是一系列角色意识、思想观念、社会权利、行为模式和生产生活方式的巨大变迁。因此,农民市民化,不是简单地统计农村人口转化为城市人口的多少,要让农民转型后的方方面面适应城市的要求,需要各方面长期共同努力,统筹城乡,抓住关键环节,即"当农民的生存方式发生了质的变化,农民市民化才是有意义的",稳步有序推进,协调发展。

第七章　新型城镇化过程中的历史文化保护与特色传承

　　新型城镇化的"新"就是要由过去片面注重追求城市规模扩大、空间扩张,改变为以提升城市的文化、公共服务等内涵为中心,真正使我们的城镇成为具有较高品质的适宜人居之所。在新型城镇化进程中,为避免"千城一面、万楼一式"的雷同景象,达到"以文化城,以城载文,城文并进,人城共生"的理想态势,就必须高度重视文化建设,尤其是注重历史文化保护和优秀文化传承。这在客观上就需要我们在大力推进新型城镇化过程中,应以继承保护优秀文化传统为支点,以体现地域文化特色为核心,注重提升文化特色建设,促进新型城镇化发展。

第一节　当前历史文化特色保护与文化传承工作存在的问题

一、新型城镇化进程中要高度重视文化建设

(一)鲜明的文化特色能够彰显一个城市的独特魅力

　　城市形象是一个复合的系统,而文化是城市最好的"名片"。如果要人们举出一件最可以代表他所在城市形象的事物,回答可能是见仁见智,但仔细分析即可发现其一定是和文化相关的,一定是最能够代表该城市历史的沉淀和凝结的事物。文化的品位和特质决定着城市特有的风采和风度,在加快城市发展的过程中,应特别注意城市的独特性,展示城市的个性和特色。环顾世界,不论是古典的或是现代的,发达的或是发展中的,内陆的或是海滨的,巨型的或是袖珍的,凡是能够给人留下深刻印象的城市,一定是有着独特的文化符号的城市。城镇文化既是一个城镇独一无二的印记,更是其精髓。独具特色的文化,承载着城镇的历史,展示着城镇的风貌,体现

着城镇的品格,是一个城镇魅力的集中展示。一座城市的绿化、亮化、美化如何,只是体现出该城市的外在美,而文化特色、文化魅力和文化氛围,才能真正体现出一座城市的内在美。只有"有文化"的城镇,才能避免"千城一面、万楼一式"的建设悲哀,才能在激烈的竞争中独树一帜、独占鳌头。

(二)深厚的文化积淀是一个城市的记忆、精神和灵魂

文化是城市的记忆。城市记忆是在历史长河中逐渐地积累起来的。从自然环境到文化景观,从历史街区、文物古迹到地方民居,从传统的技能到社会的习俗,物质的、非物质的文化形态组成了一座城市的记忆。可以说,城市记忆是一座城市文化价值的重要体现。城市的记忆给城市的居民一种无法比拟的亲切和温馨的感觉。留住城市记忆,是人们生存发展的心理需求,也是当代人对自己历史和祖先的一种尊重,对子孙后代的一份责任。每座城市都有自己独特的历史,我们应该特别关注并守护珍贵的历史遗迹,特别注意城市的历史脉络和城市文化的延续和完善。城市记忆具有不可替代性,因为城市记忆是对特定时代、特定地域、特定民族文化的记忆。我们强调要留住城市的记忆,并非排斥城市的发展。城市必须与时俱进地发展才能不断地满足人们日益增长的物质文化的需求,但城市发展应该是城市生命的延续。文化是城市生长的灵魂和生命力,正是由于特定的一种文化,使城市的历史与现实、外形和内涵浑然一体,绵延不断。丢弃了传统,割断了文脉的发展,往往会使城市成为日益增加的、毫无个性的建筑物的堆砌。如果这样,这座城市的风格和城市的灵魂将随之消失,城市的记忆也将荡然无存。而一旦失去文化的记忆,我们便也难以找到回家的精神道路。

城市精神是城市居民的价值观念、社会形态和行为方式的综合。在科技高速发展的今天,城市的建筑、雕塑、设施都可以进行复制和模仿,但城市的精神是不能被复制、被模仿的。因为城市的精神凝集的是该城市的历史、文化、民情与形态,它集中反映的是该城市市民的思想观念和道德风尚,是这个城市的文化结晶。城市精神是城市发展的灵魂,它集中体现一个城市的共同的价值观念,深刻而广泛地影响着市民的思维方式和行为方式。城市精神在推动城市发展中发挥着自己独特的不可替代的作用。可以说城市精神是高扬于这个城市市民心中的一面旗帜。当今时代,城市精神已作为一种"软实力",是一个城市的生命力、凝聚力和创造力所在,成为城市综合竞争力不可或缺的要素,并发挥着越来越强大的推动作用。

(三)文化建设是新型城镇化不可或缺的内在构成

这主要表现在:第一,延续和传承优秀文化是新型城镇化建设的重要内

容。一个区域或者一个城镇在历史发展过程中,会不断积累、沉淀形成一套属于本区域的、完整的文化价值体系,它们不仅为当地提供生活规范、德行操守,支撑起社会的伦理关系,而且深刻影响着当地政治、经济制度的建设和政策的施行。这种文化价值理念是城镇居民的精神家园,千百年来在心灵稳定、社会和谐方面发挥了重要而积极的作用。在新型城镇化建设过程中,做好他们的延续和传承就是延续城市的文脉,就是延续城市的精神。第二,均等的公共文化服务是新型城镇化的重要标志。新型城镇化的一个显著特点,就是城乡统筹,城乡一体,在城乡之间实现包括公共文化服务在内的社会服务均等化。新型城镇化不仅要建立完善的交通路网、漂亮的新型社区、标准化的产业园区,还应该有图书馆、文化馆、博物馆、书店等基础设施,有文化游园、主题公园、娱乐中心等文化活动场所和充分体现基本性、公益性、均等性、便利性的公共文化服务。缺少了均等的公共文化服务,新型城镇化就是不全面、不可持续、不成功的。第三,良好的人文素质是新型城镇化的必然要求。文化是推动人类社会由低级向高级发展的动力。没有人文素质的提升,人类社会是不可能进步的。哪个地方的文化工作抓得好,人文素质高,那个地方就经济繁荣、社会和谐。同时,良好的人文素质也是高素质产业工人的必备条件。新型城镇化是对现有生产生活的一次质的提升,这迫切需要"新居民"在价值观念、行为方式、文明素养等方面与产业相适应、与环境相协调、与发展相同步。

(四)文化建设是新型城镇化的重要助推器

缺少文化的城镇化,是失衡的、不完整的;没有文化的积极引领,即便是一时经济上去了,最终也不会实现全面建成小康社会的奋斗目标。必须高度重视文化建设的缘由,不仅在于其是新型城镇化的重要内容和标志,而且其还是新型城镇化的强大推动力量。在北京,文化产业已经成为最重要的支柱产业之一,其占 GDP 的比例已经连续数年超过 12％,北京已经形成了这种以文化产业为特色产业和支柱产业的产业形态或者产业格局。繁荣的文化产业能够为新型城镇化提供强劲的发展动力。一方面,随着城镇化加速推进,全社会对文化商品将表现出强烈需求,为文化产业崛起带来了大好机遇。按国际惯例,恩格尔系数达到 30％—50％时,整个社会对文化产品的需求将蓬勃高涨。另一方面,文化产业具有科技含量高、环境污染小、关联带动性强等特点,它能以几十倍、几百倍的增幅升值产品价值,并且能通过与旅游、制造、交通、房地产等行业的渗透融合,在改造提升第二产业,优化第三产业结构等方面发挥重大作用,对促进产业转型,推动经济发展方式转变具有重大意义。例如,我国中西部以文化旅游为龙头来发展文化产业,有着以下几大优势：一是有丰富独特的少数民族的民俗文化风情；二是第二产业（指工业）不是非常发达，自然环境没有受到破坏，保留了原生态的山川美景，拥有众多美好的风光景色，尤其是那些独特的地形地貌吸引无数人向往；三是有独特而深厚的历史文化。这些历史文化加上民俗风情、自然环境，形成了非常强大的旅游基础。比如，作为文化资源大省，河南文物古迹在全国占有重要地位，现有各类文物点约 3 万处，国家级非物质文化遗产22 个（26 项），省级非物质文化遗产 148 个，以根源性、原创性、包容性、开放性和基础性为显著特性的中原文化，对于中华文明的形成，对于民族精神的传承，对于经济社会的发展，都发挥了独特而重要的作用。在新型城镇化进程中以文化旅游为龙头去发展和带动文化产业，彰显河南地方的文化特色，同时又助推城镇化进程，是非常切实可行和有效的。

二、当前城镇历史文化特色保护与文化传承工作存在的问题

随着我国经济的迅猛发展和新型城镇化进程的快速推进，城乡一体化的建设规模和速度是空前的。在城乡开发建设的热潮中，各地对文化遗产保护重要性的认识不断提高，措施有所加强，但重经济轻文化、重开发轻遗产、重形象轻审美、重建设轻保护等情况依然存在，建设性破坏文化遗产事件时有发生，各种利益、各种诱惑对历史文化名城、名镇、名村和历史优秀建筑等的保护冲击很大。

（一）重经济轻文化

城市是人类社会经济文化发展的产物，是标志人类所处时代和所处地域的社会缩影，它反映了某个时代和地域在政治、经济、文化上的最高成就，是一批长期积累起来的历史文化遗产。一个城镇的发展，应该是经济与文化的有机融合、相得益彰。然而从全国来看，在城镇化规模膨胀扩张的过程中，很多人尤其是为政一方的官员，仍然抱着经济发展是硬的、实的、首要的，而文化是软的、虚的、可要可不要的旧观念。致使在城镇化建设中，只抓硬的，忽视软的。个别城镇建设从城镇规划开始就考虑经济方面的指标更多一点，而对人文环境方面的规划不够重视。一些地方热衷于以最新或最高的建筑作为城市的标志性建筑，没有鲜明的主题文化定位，没有自己的城镇的个性和魅力，使原来颇具特色的小镇淹没在一模一样的钢筋水泥的丛林之中。

(二)重开发轻遗产

搞新型城镇化建设需要拆旧房建新楼,腾土地建工厂。虽然这绝非新型城镇化的唯一之义,但现实中却导致各类文化遗产、民风民俗消失的危险局面。有些城镇建设项目未对工程范围内进行文物调查和勘探先行开工。特别是在一些人的头脑中,有一种新旧对立的观念,鄙视反对一切旧物,赞赏推崇一切新事,以致常常使一些很有价值的建筑顷刻之间夷为平地,传承几千年的文化风俗从此断代。有些城镇发展规划不考虑本地历史文化遗产现状,破坏古城格局和风貌,破坏历史街区、建筑所处的独特空间环境。一些城镇曾经热衷于拆旧建新,对文物建筑特别是历史街道、乡土建筑一拆了之,致使城镇个性、特色消失。在城镇建设中,不能正确处理保护与利用的关系。片面认为保护的目的就是为了利用,急功近利,过度开发,只重近期效益,不管长远发展,竭泽而渔,破坏了永续利用,甚至为尽快形成短期效果,不顾历史真实盲目重建。在有些地方,虽然也努力保护古建筑,但是却往往将古建筑修葺一新,失去"原汁原味"的古建筑虽然焕然一新,但是显得不伦不类。当前,全国许多城市兴起了建设历史文化街区的热潮,真正的历史文化街区频频告急,却在大力新建仿制建筑,形成了"毁真文物造假文物"的奇怪现象。这致使一些古村名、古镇名、古街名消失,历史文化信息附着的遗迹荡然无存。2012年住房和城乡建设部与国家文物局联合开展的首次国家历史文化名城保护工作大检查显示,全国119个国家级历史文化名城中,13个名城已无历史文化街区,18个名城仅剩一个历史文化街区,一半以上的历史文化街区已经面目全非。人文物质环境的形成需要漫长的历史积累,一旦破坏往往不可逆转,成为千古遗恨。伴随着一些物质文化遗产的损毁,非物质文化遗产也在悄然湮灭与消亡。

(三)重形象轻审美

新型城镇化中的城镇,应是人性化、生活化的城镇,是有历史底蕴和人文特色的城镇。重视历史、文化和精神的传承,保护历史文化遗产和乡土景观,维护和张扬城市的人文个性。建筑是有生命的,它的生命不仅在于建筑的外在形象,更在于本身承载的文化因素。比如故宫、长城、二七纪念塔等。但是,目前却出现了城市景观雷同、单调,注重建筑外在形象冲击力,而忽视建筑文化审美等问题。中国工程院院士、城市规划专家邹德慈指出,目前城市设计上的不足之处往往是"只注意形象,不重视精神"。地域文化是建筑文化的土壤,也是建筑生命力的所在,如果抛开地域文化,搞一些简单建筑符号的堆砌叠加,最终会让建筑失去生命,让城市失去个性,历史文脉被人为地割断。基于传统的规划思想和方法,城镇文化建设很大程度上偏重现代化的城镇形象,但宽阔的马路、超大体量建筑、大型纯住宅小区、功能单一的产业园区等因素使空间既不够人性化,也不够生活化。

(四)重建设轻保护

一些城镇对普通历史文化遗产和乡土景观不够重视,缺乏整体性保护和利用的意识。一些城镇的规模迅速扩张,人口急剧增加,建筑日新月异,但重物质文明轻精神文明、重人造景点建设轻历史文化遗产的维修保护、重旅游资源开发利用轻资源和环境保护等问题不同程度地存在。对历史文化遗产保护的重要性认识不足,保护工作不扎实,措施不到位。在新城镇化开发、新农村社区建设中对一些有历史文化价值的古村落、古民居、古街道等未能妥善保护,破坏整体格局和风貌,使文物建筑和历史街区遭到不同程度的损毁。众多有价值的历史建筑、工业遗址、文化遗存尚未列为文物,未得到系统保护,损毁破坏的风险较大;历史文化风貌村认定标准不明确,规划档次低,存在"破坏性改造"的风险。出于好心而方法不对,或为清理文物建筑周边环境而建设大广场,却丢了文物的历史环境氛围,或追求华丽,整修一新,破坏了历史信息,损害了文物真实性和完整性。只注重历史文化遗产本身的保护、修缮,不考虑周边环境的改善、设施的更新和业态的提升,周边居民、地区无法从保护工作中获益,历史文化遗产也成了缺乏生命力的"盆景",保护与利用的社会效益、综合效益不高。

(五)重投入轻产出

近年来,随着城镇化步伐的加快,各地对公共文化设施的建设力度也在不断加大,群众性文体娱乐活动有了更多更好的平台。但是在目前公共文化设施建设不断推进的过程中,存在着对文化设施建设规划滞后、建非所用、管理"悬空"等问题。有的事先对文化设施建设没有长远规划,匆忙上项目,结果是有的建成了却用不上,出力不讨好。有的错误认为,只要有了文化设施就有活动,无设施便无活动,只要把各种设施建起来了,相关活动自然便都有了,由此导致建成的大量公共文化设施利用效率不高,运行状态不佳。同时,由于受人员编制、资金投入、专业技术、队伍建设、体制机制和政策保障等方面的制约和影响,有的地方出现了文化场所、设施设备管理"悬空"的现象。

(六)重短期轻规划

由于缺乏现代城市发展理论的准备,城市发展模式单一,许多城市都本能地以古城为中心,走改造古城再向四周铺开的城市发展路子,城市历史文化遗产大面积消失。由于缺乏科学的考核机制,没有真正以科学发展观为指导,许多城市政府不愿挤出资金用于尚存的历史文化遗产的保护和古城区的基础设施建设,加剧了古城区居民的反感和不满,乱搭乱拆乱建的现象十分普遍。虽然近几年城市文化遗产保护得到越来越多的关注,但人口增长、城市扩张的压力仍然十分巨大,特别是某些地方政府对“政绩”的片面追求和开发商对利益的疯狂贪图互相交织,我国城市文化遗产保护正面临着空前严峻的困境。个别城镇偏重城镇开发及逆城镇化,可能使部分旧城镇面临较严重的衰退问题。随着城镇不断向外扩展,曾经繁荣的家属区、大型综合市场如今变成了旧城镇,有的出现了衰退迹象。与此同时,各镇都把发展重点放在新城,旧城镇受到“冷落”,规划设计不同程度地照搬城市小区模式,城镇农民集中居住区往往存在缺少民居特色、与地形地貌和田园风光不相协调等问题。

(七)重雷同轻个性

　　没有特色的城镇,也将是没有发展活力和潜力的城镇。城市是人格化的主题空间,它映射着民族的、时代的与人格的光辉,不同国家的城市,由于历史发展和传统文化等各种因素的影响,形成了不同的城市文化。良好的城市形象,除了先进的设施、完备的功能、优美的环境之外,更多的应是具有精彩独特、内外兼具的文化特质与魅力。如本尼迪克特所说:“一种文化就如一个人,是一种或多或少一贯的思想和行为的模式,各种文化都形成了各自的特征性目的,它们并不必然为其他类型的社会所共有,各个民族的人民都遵照这些文化目的,一步步强化了自己的经验,并根据这些文化内驱力的紧迫程度,各种异质的行为也相应地愈来愈取得了融贯统一的形态。一组最混乱地结合在一起的行动,由于被吸收到一种整合完好的文化中,常常通过最不可设想的形态转变,体现了该文化独特目标的特征。”一个城市的良好文化形象一旦形成,就会成为该城市的核心竞争力。比如提到江南,人们脑海中往往会浮现出烟雨水乡、仕子淑女、书卷之气;提到沪宁,长江外滩,商贾政要、自信大气;提到西北,大漠驼铃,荒蛮原始,粗犷豪放;提到山东,泰山黄河,孔孟故乡,憨厚淳朴。虽然这些都只是笼统的整体印象,但往往在一定程度上给一个地区的文化特色做了定位。反过来,这个定位又对这个地区的发展产生影响。在实施新型城镇化建设、新型农村社区建设中,务必要注重历史人文信息的传延,提升内涵和品位。

三、城镇历史文化特色保护与文化传承工作存在问题的原因分析

(一)对新型城镇化的科学内涵存在模糊甚至错误认识

目前以政府为主导的城镇化进程出现地方财力透支的现象,主要原因在于对城镇化的理解出现偏差,城镇化成为发展目的,表现为简单的"造城"。其实,新型城镇化是指坚持以人为本,以新型工业化为动力,以统筹兼顾为原则,推动城市现代化、城市集群化、城市生态化、农村城镇化,全面提升城镇化质量和水平,走科学发展、集约高效、功能完善、环境友好、社会和谐、个性鲜明、城乡一体、大中小城市和小城镇协调发展的城镇化建设路子。从新型城镇化本质要求来看,未来的城市是要有较高品质的适宜人居之城市。文化作为城市的内在精神,如果失去或者贫乏,那么这个城市就不会有久远的生命力,不会有引人注目的吸引力,更不会成为适宜人居的城市。

城市化给中国社会带来的变化广泛而深刻,我们不仅需要从经济的视角,而且更加需要从文化的视角来研究这迅捷而深刻的变化。新型城镇化是一个全面协调可持续的生态复合体。城镇化千头万绪、内容丰富繁杂,但归纳起来主要包括物质环境和非物质环境的持续改善。一方面是建筑物体、生态环境、空间环境、视觉环境、游憩环境等客观存在实体的延续和完善;另一方面是包括邻里的社会网络结构、心理定式、情感依恋、精神记忆等文化软环境的延续与更新。城市绝不仅仅是钢筋水泥的建筑群体和工业加工、商业贸易的聚集地,城市是有着灵魂和记忆的生命体。它存在着、生长着,不断地给予我们以舒适、便利和精神上的慰藉。人类社会的终极追求总之是一种文化,城市的本质功能也是文化。从这个意义上来说,城市是文化的容器。经济是城市的基础,文化是城市的灵魂。建成与自然和谐相处、适宜人们居住、适宜人们创业、适宜人们全面发展的现代文明城市,是我们的愿望和责任。为此,我们需要文化的继承、文化的传播、文化的创造。城市文化的美学价值,将随着时间的推移,随着人类不断增长的精神需求而得到强化,表现出永恒的魅力。

(二)对历史文化遗产保护的重要性认识不足

受 20 世纪否定传统的思潮影响,人们有意无意地对传统、对先人缺乏应有的尊重,对历史文化遗产存在种种不正确的认识。一是认为历史文化遗产是沉重的历史包袱,束缚了社会的发展,增加了政府的负担,限制了居民改善生活条件的努力,影响了经济的发展、城市规模的扩张和城市形象的改善;二是认为我国历史文化遗产十分丰富,有了皇宫的金碧辉煌、江南水

乡园林的玲珑秀丽,其他的东西不需要特别珍惜;三是认为历史文化遗产就是已公布的文物保护单位,保住其本体就可以了;四是以眼前的经济利益评判历史文化遗产的价值;五是认为历史文化遗产是为经济"唱戏"而"搭"的装点门面的"文化台";六是认为保护历史文化遗产是"盛世"、承平时期的"锦上添花",条件不具备时应当"让路";七是认为保护历史文化遗产,与其费力费财修"破坏烂烂"的古建,不如拆除旧的新建仿古建筑,等等。整体而言,地方政府和公众对文化遗产的认识尚停留在较肤浅的层次上。

(三)对历史文化遗产保护缺乏有力的法律法规规定

为保护那些具有历史、艺术、科学价值的文化遗产,世界上许多国家采取了保护政策,加强保护规划,并专门为之立法。意大利的威尼斯基本保持了原来的风貌,法国巴黎旧城区基本保存了原有的布局,美国恢复和保护了威廉斯堡18世纪殖民地时期的古镇。苏联在1949年公布了历史名城名单,把这些城市置于建筑纪念物管理总局的特殊监督之下。日本于1971年发布了《关于古都历史风土保存的特别措施法》,对历史文化名城加强了保护。我国历史文化遗产保护方面全国性的法律法规主要是《文物法》和《文物法实施条例》,以及《中国文物古迹保护规范》等文件,全国性的历史文化名城、名镇、历史文化保护区的保护法规尚未出台,民间文物、文物商业活动管理缺乏专门法规,文物博物馆执业资格制度尚未建立,无形文化遗产的保护仍然是立法的空白点。这种状况显然无法满足任务繁重、情况复杂、形势急迫的文化遗产保护工作的需要。现行法律规定文物保护实行属地管理,地方政府对省级以下文物保护单位、历史文化保护区、历史文化名城的认定、核准与保护,对违法行为的处理,有很大的权力,文物工作"五纳入"也较多地取决于地方有权部门和行政首长。由于缺乏有效的外部监督与制约手段,给少数地方政府不履行法定的职责以可乘之机。可操作性不强仍是当前历史文化遗产保护法律法规的弱点。如《文物法实施条例》规定,对危害省级、市县级文物保护单位安全或历史风貌的,由核定公布的地方政府调查处理;危害未核定公布为文物保护单位的不可移动文物安全的建筑物、构筑物由县级人民政府调查处理。由于不少地方大规模违法违规的多为地方政府或有地方政府因素,此项规定有可能形同虚设,易使对此类文物的保护徒具虚名。考古勘探、发掘、文保单位的迁建等费用纳入建设单位工程预算的规定,对于国家大型基本建设项目可能有一些效果,但在历史城区,由于建设主体的多元化显得有失公平、不尽合理而难以操作,甚至容易诱使发现文物隐匿不报现象增多。

（四）历史文化遗产保护机构不健全，经费短缺，难以胜任繁重的历史文化遗产保护任务

文物工作"五纳入"已提出多年，有关内容也写进了《文物法》，但各地贯彻落实很不平衡。机构不健全，职责不明确，级别偏低，经费奇缺，在不少地方仍然存在，使这些地方的文化遗产保护工作处于无人过问或无力过问的状况。由于文物行政部门对地方政府负责，与地方政府有关的文物违法事件难以真实、及时地报告上级主管部门，使某些地方成为文物行政执法的盲区。文化遗产保护工作从业人员数量少，专业人员所占比例偏小，专业分布不尽合理，文化层次有待提高，职业道德有待加强。遗产保护是个知识密集的行业，也容易得罪有关领导和部门，于是有的地方在敬业的人被排挤的同时，安插了一些安置性的人员，这些人员甚至还占据着领导岗位，不仅降低了有限经费的有效使用，严重影响了工作的开展，甚至使文物保护机构蜕化为替违法行为开绿灯的办事机构，完全背离了历史文化遗产保护的方向。同时，就整体而言，对历史文化遗产保护技术、方式、方法、基本规范、基本规律的研究还比较薄弱，对地方政府及有关部门、人员的普及更远远不够，对当地历史文化遗产缺乏深入研究和全面了解，或者受制于眼前的、局部的经济利益，致使部分城市历史文化遗产的保护规划起点不高，缺乏科学性、民主性、前瞻性。有的城市文物保护规划本身根本没有真正纳入城市建设总体规划，形成"两张皮"的现象，导致文物保护规划在实践中不断迁就、"服从"于"总体规划"而被淡化、消弭。

第二节　新型城镇化建设中历史文化特色保护及文化传承的应对策略

一、正确把握历史文化遗产保护和利用的方针原则

（一）历史文化遗产保护指导思想

历史文化遗产保护必须全面落实科学发展观，加大保护力度，构建科学有效的文化遗产保护体系，提高全社会文化遗产保护意识，充分发挥历史文化遗产在传承中华文化，提高人民群众思想道德素质和科学文化素质，增强民族凝聚力，促进社会主义先进文化建设和构建社会主义和谐社会中的重要作用。

(二)历史文化遗产保护方针

物质文化遗产保护要贯彻"保护为主、抢救第一、合理利用、加强管理"的方针。非物质文化遗产保护要贯彻"保护为主、抢救第一、合理利用、传承发展"的方针。

(三)历史文化遗产保护原则

历史文化遗产保护规划管理的直接对象是不可移动文物及其文物环境,涉及文物保护单位、历史文化名城、历史文化街区和历史文化村镇,是一项错综复杂、难度很大的工作。在规划制定和规划实施中,依据《文物保护法》第二十一条和第二十六条的规定,"必须遵守不改变文物原状的原则"。负责保护建筑物及其附属文物的安全,防止损毁、改建、添建或者拆除不可移动文物。要充分研究保护对象的历史价值、文化特色、文脉传承、文物环境和现状条件,坚持保护文化遗产的真实性和完整性,坚持依法保护和科学保护。鉴于历史文化名城、名镇、名村的存续方式具有特殊性,《名城保护条例》第三条规定遗产保护管理"应当遵循科学规划、严格保护的原则,保持和延续其传统格局和历史风貌,维护历史文化遗产的真实性和完整性,继承和弘扬中华民族优秀传统文化,正确处理经济社会发展和历史文化遗产保护的关系"。历史文化名城、街区、名镇、名村的存续方式与文物保护单位迥然不同。我们不能简单地把它们当成器物或博物馆凝固起来,而要确立动态观念,统筹协调,妥善处理好名城、名镇、名村的经济建设、社会发展和遗产保护的关系,促进保护与发展兼得并举,和谐双赢。

(四)保护与发展是历史文化名城、名镇、名村的永恒主题

历史文化名城、名镇、名村保护既要保护其各个时期留下的历史文化遗产,保护不可移动文物的历史原状,也要保护其承载的传统起居生活形态、文化习俗和人文精神,保护历史遗存的完整的街道格局和建筑风貌,在延续其历史文脉的同时,加快城市的经济发展、功能更新和生活环境的改善。历史文化名城、名镇、名村保护应当促进物质文明和精神文明协调发展。历史文化名城、名镇、名村由物质形态和非物质形态两大要素构成,其历史价值、艺术价值、科学价值和文化特色具有形神兼备的特征。在保护它们的物质形态同时,也要保护由这些物质载体所传承的非物质文化遗产,大力弘扬精神文明。

二、新型城镇化过程中历史文化的传承与发展应遵循的原则

(一)原真性

要保护历史文化遗存原先的、本来的、真实的历史原物,要保护它所遗存的全部历史信息,整治要坚持"整旧如故,以存其真"的原则,维修是使其"延年益寿"而不是"返老还童"。修补要用原材料、原工艺、原式原样以求达到还其历史本来面目的目的。在新型城镇化进程中,不要一味把所谓的旧房全部拆光建新,而应该保持城镇的新陈代谢,破破烂烂的旧物可以不要,历史风貌还是要遗存,即使是改造更新,也要尽最大可能保持其原真性。在保护这个问题上我们应该汲取"拆毁真文物,重建假古董"的教训,留存真正的历史风貌。

(二)整体性

一个历史文化遗存是连同其环境一同存在的,保护不仅是保护其本身,还要保护其周围的环境,特别对于城市、街区、地段、景区、景点,要保护其整体的环境。这样才能体现出历史的风貌,整体性还包含其文化内涵、形成的要素,如街区,就应包括居民的生活活动及与此相关的所有环境对象。譬如重要的世界文化遗产城市平遥、丽江,很重要的经验就是古城完整保存不动,另建新城,新旧完全分开。又如,苏州市以老城区为中心,古城里面所有的建筑保持原来的格局,街巷都没变,高层建筑一幢都不建,建筑高度线严格限定。苏州的 GDP 在全国排到第四位,但它的古城很完整地保护住了。

(三)可读性

历史遗物会留下历史的印痕,我们可以直接读取它的"历史年轮",可读性就是在历史遗存上应该读得出它的历史,就是要承认不同时期留下的痕迹,不要按现代人的想法去抹杀它,大片拆迁和大片重建就是不符合可读性的原则。苏州非常注重打造历史古城这个品牌,现在的苏州,古城风貌依旧,小桥流水人家,风光优美,古意盎然。

(四)可持续性

保护历史遗存是长期的事业,不是今天保了明天不保,一旦认识到,被确定了就应该一直保下去,不能急于求成,我们这一代不行下一代再做,要一朝一夕恢复几百年的原貌必然是做表面文章,要加强教育使保护事业持

之以恒。对于历史建筑、历史街区,不能像文物器件那样博物馆式保存,人要生活下去,就要有生活现代化和历史环境的协调,这也是历史遗存可持续发展的问题。保护古城不仅是为了保存珍贵的历史遗存,重要的是留下城市的历史传统和建筑的精华,保护这些历史文化的载体,从中可以滋养出新的特色建筑和城市来。如上海新天地历史街区的保护与更新。新天地是将上海传统的石库门里弄与充满现代感的新建筑融为一体,创造集历史、文化、旅游、餐饮、商业、娱乐、办公、住宅于一体的特色小区。

三、新型城镇化过程中历史文化传承与发展的对策举措

(一)提高对历史文化保护与传承重要意义的认识

把历史文物保护和文化传承纳入新型城镇化建设规划。一个区域或者一个城镇在历史发展过程中,会不断积累、沉淀形成一套属于本区域的、完整的文化价值体系,它们不仅为当地提供生活规范、德行操守,支撑起社会的伦理关系,而且深刻影响着当地政治、经济制度的建设和政策的施行。这种文化价值理念是城镇居民的精神家园,千百年来在心灵稳定、社会和谐方面发挥了重要而积极的作用。各级党委、政府和有关部门要站在对国家、对历史、对子孙后代负责的高度,把历史文化保护利用工作摆上重要位置。在新型城镇化建设过程中,做好他们的延续和传承就是延续城市的文脉,就是延续城市的精神。

在新型城镇化进程中,要加强文化遗产保护规划,应把本地独特的历史文化遗产保护纳入城镇化建设规划总体布局。一是与新型城镇化同部署、同推进、同考核,把文化体现到经济、政治、社会、生态建设和党的建设中去,融入新型城镇化六个切入点中,把文化基础设施、文化投入增幅等指标纳入新型城镇化考核体系。二是把人文理念融入新型城镇化各类规划。成立新型城镇化文化建设专家顾问团,无论是城乡总体规划、土地综合利用规划,还是产业规划、交通体系建设规划、生态环境保护规划,都要认真听取专家的意见,做到有文化考量、有文化表现。三是把文化建设纳入新型城镇化空间布局。明确城镇体系的文化功能定位、文化建设重点、具体设施内容,形成区域协调、设施互补的良好局面。做好历史文化名城、历史文化名镇、名村、名街和文化生态保护区的建设规划,使其在城镇发展中综合、整体性地传承历史,并成为新街道、新城镇、新社区中的独特风景。四是把文化建设以及历史文化保护列入对地方政府及其领导人考核的范畴。

（二）加强历史文化遗产保护的宣传教育，努力提高全社会的遗产保护和传承意识

全面宣传历史文化遗产的概念，历史文化遗产的价值、保护的意义，历史文化遗产保护的法律法规，历史文化遗产保护的理论、方法和成功的做法，以及为保护历史文化遗产做出贡献的人和事。对不利于历史文化遗产保护的各种不正确的认识、做法做出剖析，消除公众对历史文化遗产的神秘感、对历史文化遗产保护的不理解，让历史文化遗产保护成为社会的共识、公民的自觉行动。把历史文化遗产的宣传教育纳入学校教育，"从娃娃抓起"，在历史、语文、社会、法制等课程中都有体现。要把历史文化遗产保护法律法规的宣传普及纳入各地五年普法规划，力求形式多样，富有感染力，持续时间长，做到好看、易懂、难忘。要特别加强对各级干部的宣传教育，将历史文化遗产保护列入干部培训课目，进入党校和各级干部学校、在职培训，成为干部法律知识考试尤其是地方政府领导和相关部门负责人任前法律考试的必备内容。通过坚持不懈的宣传教育，逐步形成历史文化遗产保护和传承的良好社会氛围。

（三）完善历史文化名城名镇保护法律法规体系

加强历史文化遗产保护科学的研究，并使之尽快从技术层面上升到国家法律、制度层面。"两法一条例"是我国历史名城名镇名村保护的基本法律法规体系，"两法"即《城乡规划法》《文物保护法》，是历史文化名城名镇名村保护的母法。国务院在2008年出台了《历史文化名城名镇名村保护条例》。同时，建设部也先后出台了《城市紫线管理办法》《关于加强对城市优秀近现代建筑规划保护工作的指导意见》等部门规章，并且即将出台《历史文化名城名镇名村保护规划编制审批办法》《历史文化街区保护管理办法》《历史文化名镇名村保护管理办法》等规章。下一步，有关部门应携手合作，加快立法的进程，加快非物质文化遗产保护的立法工作，保护中华民族的基本特色。加快制定博物馆管理条例，严格规范地管理好国有馆藏文物，建立文物博物馆从业人员执业资格制度，鼓励非国有博物馆的建立，引导其规范有序地运作。加强对民间文物流通的管理，打击非法文物经营活动。制定非国有文物保护单位保护、管理、维修及产权置换办法等专题性法规、规章。对现行法律中的有关条文进行修改或补充，突出可操作性，使城市历史文化遗产保护的各个方面都有切实可行的法律、法规、规章。

（四）拓宽融资渠道，为城镇历史文化遗产保护提供充裕的资金

一是按照"五纳入"的要求，争取国家和地方财政对历史文化遗产保护

资金的支持。1997年,国务院发布《关于加强和改善文物工作的通知》(国发[1997]13号),要求各地、各部门将文物保护纳入经济和社会发展计划,纳入城乡建设规划,纳入财政预算,纳入体制改革,纳入各级领导责任制,把各级政府保护文物的责任进一步具体化。各级财政,尤其是中央和省级财政应切实加大对城镇历史文化保护和传承的资金落实力度。二是积极争取世界遗产基金和国外其他专业团体、个人设立的遗产保护基金和投入的资金。三是落实有关税收政策,鼓励企业捐资保护历史文化遗产。四是接受社会特别是与特定历史文化遗产有关系人员的捐资。对非国有文物保护单位、有历史价值的传统民居等,可尝试通过政府补贴、低息、贴息货款、提供货款担保、奖励等方式吸引社会资金的投入。五是设立历史文化遗产保护奖券、彩票筹集资金。

(五)抓文化形象构建,在建筑风貌中充分彰显地域文化特色

一是加强城市总体建筑风格的规划设计。鼓励全市各级各地提炼出一批形象生动、内涵丰富、雅俗共赏的地域文化元素和文化符号,将其体现到城镇的空间布局,建筑的造型、风格、色彩以及道路、广场、公园、雕塑,甚至路牌、广告中去。二是加强历史建筑和文化遗产保护。加强对历史特色建筑和物质文化遗产的调查摸底和立法保护。有计划地对历史特色建筑进行恢复性修建、保护性修缮、展示性利用。三是规划建设文化中心功能区和重点文化街区。在城市组团、旧城改造、城中村改造、合村并城等拆建工作中,合理地规划一些文化功能区和特色街区。四是规划建设好历史文化风貌村。成立由建设、文化、文物、旅游等部门组成的领导小组,研究确立历史文化风貌村评定标准,按照"保护为主、突出特色、注重文化、循序渐进"的原则,逐村推进规划建设。

(六)抓文化精神塑造,全面提升城乡群众的文化素养和道德素质

一是做好文化传承。广泛开展文化知识、文化传统、文化礼仪的宣传教育,不断提升城乡群众的文化修养。尤其要把代表中原文化精髓的核心价值理念融入群众日常生活的方方面面,构建城乡民众共同的精神家园。二是提升人文素质。精心组织各类教育培训活动,帮助新型农村社区居民掌握生产技能、提升科学人文素质,为实现从农民到产业工人的转变奠定基础。三是加强道德建设。大力弘扬孝悌忠信、礼义廉耻等优秀传统美德,大力弘扬新时代新美德,深化"道德讲堂"等各类道德实践活动,引导人民增强道德判断力和道德荣誉感。四是提倡树文明新风。深入开展文明村(镇)、

文明社区（新农村社区）、文明家庭争创活动。以"改进生活习惯、培养文明行为"为突破口，从"居室清洁卫生、环境整洁优美、个人言行文明"三个方面入手，在新型农村社区中开展"新社区、新生活、新风尚"主题实践活动，引导村民适应新环境、改变旧习惯、树立新观念、争做文明人。

（七）完善城镇历史文化遗产保护的社会监督机制

一是充分发挥文化、文物系统的人大代表、政协委员的作用，加强和改进地方人大及其常委会、人民政协对地方政府保护城镇历史文化遗产工作的法律监督、工作监督和民主监督，创新监督方式，加大实质监督的力度，把对事的监督与对人的监督结合起来，增强监督效果。加强行政执法，强化国家和省级文物、规划等行政管理部门的督导职责，对地方政府贯彻历史文化遗产保护法律法规的情况进行定期检查，对存在的问题及时提出改进要求，并进行跟踪检查。设立历史文化遗产濒危名录，适时向社会通报。二是加强和完善城乡规划督察员制度。强化国家和省级文物、规划等行政管理部门的督导职责，对地方政府贯彻历史文化遗产保护法律法规的情况进行定期检查，对存在的问题及时提出改进要求，并进行跟踪检查。设立历史文化遗产濒危名录，适时向社会通报。近年来，住房和城乡建设部已经向 46 个国家级历史文化名城派驻了督察员，直接开展属地办公就地检查工作，已经累计发出了规划督察意见书 220 多份，及时制止了多起侵占历史文化街区、破坏历史风貌的违规建设行为。虽然这项工作启动时间不长，督察员制度还没有纳入《城乡规划法》和《文物保护法》之中，但是从意大利、法国、英国、德国城市化的经验中可以看到，由于这些国家建立了城乡规划督察员制度，使得在城市化过程中这些国家的历史文化遗产得到了妥善保护，这种成功经验完全值得借鉴。由于这项制度成本比较低、能够事先介入、及时制止，未来将在历史文化名城名镇名村保护工作中发挥更加重要的作用。三是加强舆论和司法监督。对具有典型意义的案例在严肃处理的基础上予以曝光，努力遏止文物违法现象不断蔓延的势头。要善于运用法律武器，以事实为依据、以法律为准绳，依法加强对各级政府保护历史文化遗产情况的监督。

第三节 推进新型城镇化建设及历史 文化保护的典型案例

一、绍兴模式

绍兴在推进历史文化名城保护上做出了出色的成绩，总结及经验做法，主要有以下几方面内容。

(一)完善相关法律、法规的编制

如 2001 年 12 月经浙江省政府批准通过的《绍兴历史文化名城保护规划》，在老城区范围内划定了越子城、鲁迅故里、八字桥、西小河、书圣故里五大片和石门槛、新河弄两小片历史街区，总面积近 200 万平方米。确定了点、线、面保护与古城格局、传统风貌保护相结合的总体框架，提出了"修旧如旧、风貌协调"的保护方法。并出台了《绍兴历史文化名城保护规划实施意见》、《绍兴历史街区保护管理实施办法》等，成立了绍兴市历史文化名城保护管理办公室，履行名城保护、修缮、改造、管理和建设等职能。与住户签订民居修缮保护协议，查处街区建章建筑，规定沿街店面招牌广告规范化制作，依法管理、制度管理、友情管理、社区管理相结合。

(二)引导广大居民积极参与古城保护、管理活动，发挥他们作为历史文化创造者、享用者、承载者的主体作用

在历史街区私房修缮中，政府和居民分别负担 55% 和 45% 的费用，让居民增强文物保护意识。投资 12 亿元的环城河整治工程，政府仅出资 5 000 万元，其他就通过市民捐款、企业资助和盘活沿河土地存量等措施解决。

(三)突出重点，合理保留，局部改造，普遍改善

对列入文保单位的宝贵历史文化遗产，作为拯救整修的主要对象，进行重点保护，以保留历史文脉的重要节点。如通过修缮、修复、扩建等方式，总投入 10 亿余元，重点保护全国文物保护单位鲁迅故居及其周边环境，保护范围从"故居"扩大到"故里"，保护面积从 14 公顷扩大到 52 公顷，分重点保护区、传统风貌协调区、环境风貌控制区三大块。合理保留是对富有绍兴特

色的建筑物和较为典型的宗教性建筑、台门街坊、石桥古庙、河埠头、青石板等进行合理保留,以体现古城文化个性。局部改造是对与历史街区风貌不协调的建筑物进行改造、整治,对影响观瞻的各类管线实施地埋式改造,以体现古城整体风貌的协调性。普遍改善是着力改善居民居住条件,精心建设和改善古城内的基础设施,以适应现代化生活的需要。

(四)在古城保护的时序上,坚持以"点"为基础、以"线"为纽带、以"面"为突破、以"全城"保护为终极目标

以"点"的保护为基础就是对各类文物保护单位、文物保护点实行保护。近年来,先后修复了王羲之故宅、蔡元培故居、大通学堂,扩建了沈园二期、周恩来祖居(纪念馆),新建了周恩来广场,重建了贺秘监祠。以"线"的保护为纽带就是对古城范围内由"三纵、二环、六线、八池、一百六十八桥"构成的河湖水系和历史街道实行保护。通过加强对"线"的保护,把河湖沿岸和历史街道的文物古迹串联起来,并从整体格局上为实行"全城"保护打下了基础。以"面"的保护为突破口,就是对规划确定的总面积近 200 万平方米的 7 个历史街区进行保护。专门出台《绍兴历史街区保护实施办法》,先后投入 11 亿元,通过保护、修缮、恢复、保留、整饬、更新等六种方式,对 7 个历史街区进行保护修缮。以"全城"的保护为终极目标就是把"点"、"线"、"面"保护与古城格局、传统风貌的保护结合起来,使保护空间扩大到整个古城,体现古城保护的完整性。通过加强对"全城"的保护,既为分散的文物保护单位撑起"保护伞",也将孤立的"文物大树"连缀成片,打造原生态的"文物森林",发挥古城保护的整体效应。

二、苏州模式

2012 年,苏州被国家住建部批准为全国唯一的历史文化名城保护区。从 1982 年到 2012 年,苏州的古城保护走过了 30 年历程。30 年来,苏州以强烈的使命感和责任意识,坚持求真务实,勇于探索,善于创新,逐步走出了一条具有国际理念、国家水准、苏州特色的历史文化名城保护和复兴的新路子,受到国内外的普遍肯定和赞誉。中国两院院士周干峙高度评价说:"原汁原味的古城呈现出惊人的升值潜力。苏州古城保护的成功,为这个城市保留了应有的文化品位,而文化品位反过来让这个城市升值。经济发展到一定的地步,人们一定会反过来追求文化,这就是经济规律。在迅速发展的二三十年间,多少城市的人文风貌湮灭在这个规律里,而苏州用自己的城市哲学超脱了。"联合国教科文组织总干事博科娃 2012 年 5 月在苏州访问时,

亦高度评价苏州在历史文化遗产保护、研究、教育等方面的成绩,并题词"让苏州经验与世界同享"。

苏州通过 30 年的不断实践和创新,摸索出一条切实可行的路子。

(一)在价值观、使命感和保护观的统一上形成共同意识

古城保护需要全社会形成共识。从苏州的实践看,认识上通常有几种差异:一是对历史遗存价值认知程度上的差异;二是在保护理念和选择路径上的差异;三是在保护与发展认识上的差异。面对这些情况,苏州市委市政府以战略的眼光思考未来,坚持以价值观、使命感、保护观的统一认识、统一意志,在实践中形成强大的合力,坚持"实践出真知",以事实证明正确与否,坚持理性思考,积极探索,在实践中逐步形成共识,走出了思想悖论和藩篱。

在价值观上获得共识:苏州古城的历史价值和意义,不仅表现在有形的物质形态,更表现于无形的精神和艺术层面。苏州古城是一个物质、精神、艺术融会贯通的整体。从物质层面看,古城内遗存的大量古迹从多个方面映现了中国古代城市发展形态。从精神层面看,古城内涵于中国文化精神和哲学理念的城市建设思想、空间处理手法和建筑艺术特色,尤其是"整体观念""区域观念""自然观念"等中国城市建设的基本理念,在苏州古城中有集中而突出的体现,是现代中国城市建设和发展取之不尽的巨大宝库。从艺术层面看,苏州古城内拥有极其丰富和灿烂的优秀地方文化艺术,这些非物质性人类文化遗产同样是苏州古城极其重要的组成部分。出于对古城价值观的理解,苏州人强烈地意识到,在全球化的背景下,越是现代化,古城的价值越高,与城市的其他社会经济发展比较,古城保护始终是第一位的,只有古城保护好,才谈得上发展好,才能给后人一个完整、无价的历史苏州。

在使命感上形成一致:当代人不仅要发展自己,更要为子孙后代造福。因此,当经济利益与古城保护发生冲突时,应自觉服从于、服务于保护,这已经成为苏州人的一种使命、一种责任。正是这种使命感,使苏州古城得以在工业化、城市化、信息化、全球化融为一体的快速发展时期,始终能够得到精心呵护。

在保护观上达到统一:古城是历史见证,也是生活场所,是人与物结合最为紧密的复合体。特别像苏州这样的古城,面积大,方圆 14.2 平方公里;人口多,有几十万现代人生活其中;文物古迹多,堪称巨大的综合博物馆;流动性强,经济活动繁荣,地处长江三角洲,是中国最发达地区之一。在这样的环境中,苏州古城保护就与一般的文物保护有很大区别,必须用创新的理念、开放的理念、国际化的理念,与时俱进,活态保护,有机更新,才能保证古城具有强劲的生命力。

(二) 在规划引领、法制保障、实践创新的一致性上谋求务实推进

规划是龙头,规划是科学保护的前提。30年的经验证明,苏州古城保护的实践,说到底是在法制化轨道上运行、在规划指导下的实践活动。30年来,苏州古城之所以能在经济高速发展的同时得到全面保护,就与古城保护始终在规划和法制化轨道上运行分不开。主要体现在以下三个方面。

一是坚持规划本身的科学性、系统性、可持续性、可操作性。做到"三抓":一抓规划的编制。所谓规划引领,首先要抓规划编制。苏州古城保护规划,不仅体系健全完整,内容丰富,而且强调创新、务实。不仅有总规,还有详规、控规,并细化为多个门类的专题规划;不仅有古建筑和历史遗迹保护规划,还有历史街区保护规划;不仅有空间布局规划,还有项目业态规划;不仅有物质形态的保护规划,还有非物质形态的保护规划。二抓规划的修编,尤其是根据经济社会发展和古城保护的实际情况及时进行调整、完善和优化。在30年时间里,苏州城市总体规划先后三次修编,修编不是对上次规划的否定,而是通过比较和修正,使总规精神得到延续、优化、完善和创新,逐步走向成熟。最近,又做了2013—2030年苏州历史文化名城保护规划,使之更加符合古城保护自身特征和规律。三抓规划的宣传落实。重点把古城保护的宣传发动,落实贯穿到规划编制、实施、修编、督查的全进程。

二是把古城保护的规划条例转化为地方法规,强化其法律地位。30年来,为落实总体规划,在无先验可鉴的情况下,苏州具有创造性地先后出台了一系列配套的详规、控规,并由苏州市人大常委会审议通过,报江苏省人大常委会批准生效,成为地方性法规,主要有:《苏州市城市规划条例》《苏州市区河道保护条例》《苏州市古建筑保护条例》《苏州园林保护管理条例》《苏州市历史文化名城名镇保护办法》《苏州市城市紫线管理办法》《苏州市历史街区保护规划》《苏州市历史文化保护区保护性修复整治消防管理办法》《苏州市古树名木保护条例》《苏州市古村落保护办法》等,强化了古城保护的法律地位和依法保护的权威性。

三是狠抓督查落实。对规划实施的情况进行及时有效的督促和检查,确保苏州古城保护规划落到实处,是苏州古城保护30年来又一条成功的经验。苏州各级人大、政协每年都进行专题视察、检查,督查规划落实情况,发挥了积极有效的作用。在市政府层面,成立了历史文化名城名镇保护管理委员会,市长兼任管委会主任,下设办公室负责日常工作;在制度建设层面,建立了文物保护管理责任书制度,建立了规划、文物、建设、园林等相关部门的会审会签制度。在社会舆论方面,充分发挥新闻媒体、专家学者以及全社会的监管作用。在队伍建设层面,市规划局、市文物局、市园林局、市住建局

等部门根据各自职能相应建立了监察、监测队伍,依法监督检查,以确保古城保护规划的落实。在总体风貌、历史街区、单体遗迹的把握上体现全面保护方针。

全面保护不是抽象的概念,也不是静止的概念,既不是保护古城内的全部,更不是良莠不分。苏州的成功实践就在于,它在全面保护的前提下构建"分层次、分年代、分系列"保护体系,做到重点保护、全面保留,普遍改善,局部改造,努力在整体上把握传统风貌、历史街区和单体遗迹的完美统一。传统风貌是古城的神韵,历史街区是古城的形体,历史遗迹是古城的血肉,三者形神兼备,有血有肉,共同组成完整的苏州古城三维空间。

全面保护古城风貌,不仅是国家对苏州古城保护的总目标、总要求,也是苏州作为区别于其他国家历史文化名城最显著的特征。对此,苏州人严密把控、精益求精。

在布局上,始终保持"三横三竖加一环"的水系及小桥流水的水巷特色,保持"前街后河、河街并行"的双棋盘格局。30年来,不论经济如何发展,从不轻易改变历史遗存的格局,从不轻易扩建老街和改变河道,不仅如此,而且通过不断修炼,实施环古城河整治、街巷环境交通整治、古城墙修复、城内外活水工程等,使古城的神韵得以留芳。

在建筑控制上,努力发挥苏州古城环境空间处理艺术特色。古城内始终严格控制新建筑的高度。2003年出台《苏州市城市规划若干强制性内容暂行规定》,2013年7月1日起正式实施《苏州市城乡规划若干强制性内容的规定》。这两个地方法规强制了在古城内部不再新增工业、仓储用地,不准新建水塔、烟筒、电视塔、微波塔等构筑物,不再新建医院、学校及行政办公楼,不再新建大型商贸设施,现有的不得扩大。而且对建筑的檐口也做了明确规定,干将路、人民路两侧50米范围内新建建筑檐口高度不超过20米,建筑最高高度不超过24米;干将路、人民路以外的其他道路红线宽度在大于等于24米的道路两侧50米范围内沿街界面建筑檐口高度,按二分之一道路宽度控制,建筑最高高度不超过18米;红线宽度在大于等于18米且小于24米的道路两侧30米范围内沿街界面建筑檐口高度,按二分之一道路宽度控制,建筑最高高度不超过15米;水巷两岸建筑檐口高度控制在3~6米。这些规定有效确保古城特色,至今在苏州古城范围内没有一幢建筑突破相关规定。

在建筑风貌上,始终保持传统建筑形制、风格与纹理,保持了"黑、白、灰""素、淡、雅"色彩基调。古城中如何建设新建筑,是一个重要问题。新建筑所面临的问题是如何与传统文脉相呼应,吴良镛先生"戴着脚镣跳舞"的说法就生动地反映了这一点。为了保护古城传统风貌,苏州从街巷、建筑空间比例、色彩、材质、气氛等多方面做了有益的探索。为了保持古城风貌，苏州一方面大力拆除一些由于历史原因、历年来建造的、与古城风貌格格不入的建筑物；另一方面，又保护和修复了一批包括民居在内的建筑物，建设了一批与古城风貌相和谐的新景观，在"一保""一拆""一修""一建"的统筹中保持了古城传统的建筑风貌特色。

历史文化街区是古城内特定历史时期生活方式与历史文化积淀的一种整体展现，是古城历史的基本形态。以重点历史文化街区为切入点，进行整体保护整治、更新利用，这是苏州古城保护的一大特色。20世纪90年代始，尤其是进入新世纪以后，苏州先后对山塘街、平江路、东西中市等路段以及桃花坞、虎丘、天赐庄等历史文化片区进行了重点整治，不仅整体展现了苏州古城的风采，而且也为全面保护古城探索了一条新路。

苏州的基本做法是：其一，重点保护。在整体保护的前提下，对区域内的重点地段、重点建筑进行严格保护和修复。其二，适度更新。在不改变整体历史风貌的情况下，对区域内一些建筑进行更新。其三，改善基础设施。除了建筑物内部设置卫生间、厨房，安装空调等设施外，街区也增添一些基础设施，如停车场、公共卫生间、垃圾筒等。其四，保持原住民。原住民的生活是历史街区得以活态保护的关键，在疏解街区人口密度时，有计划地保留适当比例的原住民。其五，保护"非遗"文化。民间工艺、传统艺术等"非遗"是历史街区得以延续的重要内容，苏州在历史街区保护中大力推动"非遗"利用与开发，实施"活态"保护、生产性保护，一方面增强了历史街区的活力；另一方面通过市场机制促进了历史街区的保护。

单体历史遗迹是古城的基本要素。苏州单体历史遗迹众多，其数量在全国同类城市中居于前列，其中既有列入各级的文物保护单位，也有苏州控制保护单位，还有具有一定历史价值、文化价值、科学价值的民族传统建筑或构筑物。对于这些单体历史遗迹，苏州坚持按照有关法规的原则，采取"修旧如旧"的方式，以彰显历史本色。苏州的主要做法是：其一，分类评估。对历史遗迹进行分类评估，分层指导，决定其等级价值，决定哪些需要保护，哪些需要更新，保证保护的科学性，实现保护与发展的辩证统一。其二，严格保护。对于文物遗迹，按照原真性、完整性原则，修复了大量古典园林和文物古迹，保持和凸显了苏州园林城市的特色。其三，合理利用。最好的保护是利用而不是冻结，赋予一个合理的用途是最好的保护方法。其四，依法有序开发，重在激发调动参加保护和利用优秀历史遗存的积极性。

（三）在机遇利用、项目突破、民生为本的统筹上优化古城功能

古城是为人存在、为人服务的，缺乏功能的古城终将被人摒弃，这是古

今中外的历史经验。苏州古城曾经美丽而诱人,在历史上号称东南第一繁华之地,其城市功能齐备,是中国历史上最佳的宜居城市和消费城市之一。然而,近代以来,由于政治社会经济落后,加之东方建筑多为砖木结构易于损坏的特点,苏州古城逐渐衰败,成为"美丽的园林、破陋的城市"。近几十年来,尤其是进入新世纪以来,苏州古城功能不全、设施落后,与现代化发展和人民群众需求的矛盾日益突出,更新的呼声日高。然而,优化古城功能,必然涉及基础设施建设、交通组织、产业布局、民生改善等一系列功能调整和更新。在与全面保护古城发生碰撞和摩擦之后,苏州普遍认识到,只有完善优化城市功能,才能保证古城的生机和活力,实现古城的复兴。苏州的主要做法如下。

第一,抓机遇,为古城保护创造条件。苏州人认为,经济发展有个抓住机遇问题,古城保护与优化古城功能,也有个抓住机遇问题。30 年来,苏州古城保护连续上了几个大的台阶,这几个台阶都是与自身主动创造和抓住一些重大机遇和契机分不开的。其中影响力较大的有这样几次:一是苏州建城 2 500 周年及国务院批复。1982 年苏州被列入 24 个全国历史文化名城之一后,苏州看到了历史的机遇,及时积极筹备建城 2 500 周年的系列活动,借此推动了古城的全面保护,成效显著;并推动了苏州古城保护规划的制定,进而被国务院批准,成为全国第一个地级市保护规划由国家中央政府批复的城市,为苏州古城保护长效化筑起了高平台。二是苏州古典园林申遗及世界遗产大会在苏州召开。1993 年苏州启动古典园林申报世界文化遗产工作,推动了全市上下在经济热潮中高度重视文化遗产保护的意识和自觉性,把苏州古城保护推向世界文化平台。2004 年,抓住十载难逢、百年一遇的机遇,通过承办联合国教科文组织世界遗产大会,不仅使全球 190 多个国家的代表实地认识了苏州,而且通过 3 年多的申请和承办,加大古城保护力度,苏州的文化遗产保护事业开始在全球重大国际舞台上展现亮相,成为苏州城市国际化的一个新起点,为后来的一台台好戏拉开了序幕。三是苏州多个重大国家级创建活动。苏州注重国家级创建活动,不仅促进了重大基础设施项目的投入和城市环境的优化,而且很好地带动了古城的保护,并取得实效。如先后开展的创建国家卫生城市、国家环保城市、国家园林城市、国家生态园林城市、国家生态城市、国家文明城市等活动,通过保护与创建相结合,在强化古城历史基因中,注入城市建设的新理念、新标准、新方式,古典与现代高度融合,在保护中更新,在扬弃中提升,使历史文化因子和元素获得新生,使古城生机盎然,古城文明的综合水平不断提升,不论是理念还是言行,不论是硬件还是软件,不论是社会效益还是环境效益、经济效益,都取得了显著成效。四是苏州重大行政区划调整。重大行政区划调整,是苏州古城保护的重要机遇和契机之一。苏州注重抓住这些机遇,通过行政职能的改革和变化,来解决和推动古城保护。如 80 年代的地市合并,推出了古城建城 2 500 周年、城市规划编制、文物保护等活动;90 年代新区、园区行政管理单位的设立,不仅优化苏州的城市空间布局,也推动了古城新一轮的基础设施改善、文物古迹保护、工厂搬迁、人口松动等工作;21 世纪后,结合吴县撤市建区、吴江撤市建区等行政区划调整,以及加快城乡一体化建设,再到姑苏区设立,等等,形成了"一核四城"的新城市格局和战略目标,都为古城保护确立了一个又一个更高、更新的历史起跑线。

第二,定项目,为古城保护提供抓手。根据经济发展和财力的现实可能,每个时期相应推出一批重大项目,通过重大项目来促进古城保护与更新,这是苏州加强古城保护和优化古城功能的又一个特色,苏州在财力、人力有限的情况下,始终按照先急后缓、先濒危后一般、先抢救后建设的步骤,分阶段实施重点工程项目。如 20 世纪 80 年代重点推出古典园林、文物古迹抢救工程,有效地解决了濒危的园林、文物古迹修复问题;推出"十全街改造工程",为古城更新探索了路子。90 年代推出"干将路综合改造工程""观前街综合改造工程",使古城综合功能大为改观。21 世纪后相继推出"环古城风貌带改造工程""虎丘地区环境综合整治工程""桃花坞综合整治工程""古建老宅修复工程""两河一江环境综合整治工程""古城河水治理工程"等,大面积提升和优化了古城功能。

第三,促民生,为古城保护注入生机。古城保护的目的是为人服务的。人有两个基本需求,即精神需求和物质需求。因此,保护古城既要满足人的历史情结需求,也要满足人的物质生活需求,两者兼顾才是完美的保护。这是苏州 30 年来古城保护实践得出的一条经验,也是苏州市委市政府"以人为本"执政理念的具体体现。苏州在弘扬古城文化特色的同时,力求在不断满足市民的生活文化需求上求突破、谋发展。由于历史的欠账,对于"美丽而破旧"并存的现状,广大人民群众并不满意。为此,市委市政府把古城的保护、更新利用和功能优化提升作为一项民生工程,大大提高了人民群众的生活满意度。如平改坡工程、街区绿化、背街小巷整治、改厕工程、河道治理、环境整治、菜市场改造、交通改造整治、老新村改造、古建老宅修复、文化教育设施、卫生医疗设施等,古城服务功能不断提高,居民的生活质量和水平明显提高。

古城保护是一门大学问,综合了众多学科,汇聚了各种人才,因此在古城保护问题上,广开言路,集思广益,博采众议,善纳良言,把专家的智慧变成决策的重要参考和主要依据,成为苏州领导层的必修课。苏州古城保护之所以无大恙,与领导层在重大决策时尊重规律、尊重民意、尊重专家,先研后试，先试后行，大胆设想，谨慎构思，严密实施，建立起民主化、科学化的决策咨询体系有直接的关系，并通过政府指导、市场运作、科技创新的路径，实现更新利用，使古城保护焕发了活力。

三、河南经验

历史文化名城（镇、村）是我国优秀历史文化遗产的集中体现，是人类共同的精神家园。截至 2012 年，河南省有中国历史文化名城 8 个，中国历史文化名镇名村 9 个，以及中国特色景观旅游名镇名村 12 个，省级历史文化名镇名村 62 个，省级特色景观旅游名镇名村 64 个。

河南省各历史文化名城政府和各级规划建设等部门坚持科学规划、严格保护的原则，切实加强以历史文化名城、名镇和历史街区为代表的历史文化遗产保护工作，取得了积极成效，主要经验如下。

一是历史文化名城保护规划进一步加强。规划是历史文化名城保护和建设管理的依据和前提。为切实保护和利用好历史文化名城资源，河南始终坚持把正确处理经济社会发展和历史文化遗产保护的关系，保持和延续其传统格局和历史风貌，保护历史文化遗存和遗迹，维护历史文化遗产的真实性和完整性，继承和弘扬中华民族优秀传统文化，作为历史文化名城、名镇修编城市总体规划的首要任务进行研究，把名城保护重点、原则和措施等作为城市总体规划的强制性内容，将各类需要保护的历史文化资源明确保护范围、划定城市紫线严格落实。为使历史文化名城保护的内容深化、细化和具体化，河南还组织各历史文化名城、名镇在修编城市总体规划时同步编制《历史文化名城保护专项规划》。

二是处理好历史文化名城保护与城市发展的关系，二者相互促进、相得益彰。河南首先从总体层面上协调历史文化名城保护和城市建设发展的关系，突出有两种模式：一种是"避开古城建新城"模式，如洛阳市，在 20 世纪 50 年代编制第一期城市总体规划时，即提出要在距老城 8 公里的涧西区规划建设工业区，被中国规划界和文物界誉为"洛阳模式"载入了我国城市规划教科书，在 20 世纪 90 年代编制的三期总规中，又将隋唐洛阳城 22 平方公里遗址列为绿地保护，从而创造了全国在城市中心区保存超大面积文化遗址的范例。另一种是"疏解功能、疏散人口"模式。如开封、商丘等名城，将古城内不利于古城保护及与古城保护无关的功能和设施迁出古城，将古城内居住的人口向城市新区转移，有效缓解了历史文化名城保护的压力。

其次从历史街区保护和旧城区更新改造具体项目层面协调保护与发展的关系。历史文化名城的古城区由于长期的历史交替等原因，其遗存的物质实体存在着良莠不齐的现象。同时,时代的进步和发展也要求改善古城区的生活条件和人居环境。对此,河南省名城普遍采取的方式是:在保护好古城整体格局和风貌的前提下,将保护较为完好的历史街区、历史建筑和传统民居等,划定具体的保护范围和风貌协调区,进行重点保护,并按照保护的其原真性和修旧如旧的原则,对其进行环境治理和修缮。

三是丰富历史文化名城保护内容,延续城市历史文脉。近年来,为丰富保护内容、延续城市历史文脉、传承优秀文化,河南组织开展了城乡优秀近现代建筑普查,对保存较为完好、有代表意义、有一定历史和文化价值的城乡优秀近现代建筑,编制保护名录,实行挂牌保护。组织开展了历史文化名城名镇名村和历史街区资源调查,对那些影响较大、知名度较高、历史文化遗存较为丰富的名城名镇名村,将积极鼓励和支持其申报国家级历史文化名城名镇名村,以提升其影响力。同时,河南还组织开展了农村传统民居建筑风貌的调查和提炼,并将在新农村建设中加以应用和展示。

四是历史文化名城保护法规逐步完善。河南省十分重视历史文化名城保护法制建设,省人大常委会于 2005 年 7 月,即在全国各省、自治区中率先颁布实施了《河南省历史文化名城保护条例》,对历史文化名城保护的原则、措施、法律责任等都做了明确规定,使全省历史文化名城保护有法可依。2008 年,国家《历史文化名城名镇名村保护条例》颁布实施后,全省各历史文化名城政府、各级规划建设和文物部门进行了大规模宣传和认真贯彻落实。2011 年开始,河南还组织专家,开展了历史文化名城保护专项检查,对全省历史文化名城保护工作起到了积极促进作用。积极引进国内外先进理念、保护经验、成熟技术,提高全省历史文化名城保护水平,努力走出一条具有河南特色的历史文化名城保护与发展协调之路。

第八章 新型城镇化的发展模式

第一节 世界城镇化发展模式分析

一、世界城镇化发展典型模式述评

世界城镇化发展主要可以归纳为三大模式：以西欧发达国家为代表的政府调控下的市场主导型；以美国为代表的完全市场主导的自由放任型和以拉美国家为代表的失控型畸化发展模式。

"欧式"和"美式"的城镇化发展模式，城镇化水平与经济水平密切关联、相互促进，与工业化水平紧密结合，经济水平和工业化水平越高，城镇化的水平也越高。虽然发展前期都存在过以大城市为发展主体，通过大型城市在资源禀赋中的支配地位，吸引生产要素和人口迅速集中，得到优先和快速发展，比如伦敦、巴黎等世界性大都市即为典型代表。但他们的总体发展中并未忽视城乡协调推进的问题，在发展中，城乡发展投入机制一体化设计，福泽共享，良性推进，有序发展，看如今的欧美世界，城乡之分野已极为模糊。

与此相对，拉美国家为代表的失控型畸化城镇化发展模式，属于典型的过度城市化，城市规模不断膨胀，造成了许多"不可持续发展"的问题。工业化严重滞后于城镇化；政府长期忽视农业和农村地区建设，加剧了城乡差距和贫富差距。过度城市化导致收入分配严重不公和两极分化、贫困发生率和失业率居高不下、住房紧张与贫民窟问题突出、医疗和教育资源不足等一系列"不可持续发展"的问题无法得到解决，产生恶性循环，形成了"拉美陷阱"或"拉美化"问题。联合国 2012 年发布的研究报告表明，拉美城镇化率在 2050 年将达到 89%，但城镇化发展中的问题却堆积如山。

二、世界城镇化发展模式对中国推进城镇化的启示

　　拉美等发展中国家之所以在城镇化发展的过程中普遍出现了大量问题,与自身发展条件和发展战略有着密切的关系。一方面,发展中国家普遍地域广大、人口众多、基础较弱,经济实力不足,人民生活还不富裕,很多历史欠账需要弥补,也不可能像过去西方发达国家那样通过殖民地等掠夺方式来获取资源,只能依靠自身的社会财富积累。因此,在全面推进城镇化时必须依托工业化、农业现代化和信息化大发展的支撑,然而大量的拉美国家并未把城镇化与工业化、农业现代化和信息化发展相协调。另一方面,在全球竞争愈加激烈的现今,发展中国家面临着巨大的发展压力,不具备发达国家几百年的发展和积淀,却强行大搞城镇化浪潮,企图通过优先集中开发大城市、都市圈来推进城市化,过度发展大城市,忽视广大农村地区,造成中小城市落后和边远地区、广大农村"空心化",带来就业、社会保障等一系列的问题,从而引发复杂连缀的城镇化问题。鉴于拉美的前车之鉴和世界城镇化发展数百年的经验教训,我们可以在推进城镇化中对可能出现的问题做到未雨绸缪,及时应对和解决,避免走错路、弯路。要吸取历史上各国城镇化成败的先例,找出一条符合自身实际的城镇化发展道路。特别是注意城镇化发展一定要建立在自身的实际情况上,并加以法律法规规范和政策规划指导。

第二节　我国的新型城镇化是城乡协调发展的城镇化

　　中国是人口大国,人口居世界之最的地位已有上万年之久(据资料考证,中国人口自山顶洞人时期就是世界第一,占当时全人口的六分之一)。目前按照世界平均人口密度折算,中国这片土地承载 6.7 亿左右的人口应该比较适当,然而反观现实,中国人口已逾此两倍。如此的地狭人稠,中国走欧美式的农村人口"离土离乡"涌入城市而实现城市化的道路是行不通的。同时,中国城乡差距已经很大,在城市化过程中,如果继续走城乡剥离的道路,必然使城乡鸿沟更难弥合。而农村人口主要以村镇为基点,就地设城,本土转化,进行城乡协调发展的城镇化是我国城市发展的必然选择。从世界视野来看,城乡一体化发展是国民经济发展的必由之路,但因为各个经济体的具体情况不同,其道路也各具特色。中国是世界上最大的发展中国家,其发展中的最大表征就是城乡发展的二元性,存在"城市像欧洲,农村像

非洲"的两极现象。城乡分立的发展模式尽管有着一定的历史必然性,但已经不符合发展的需要,因此党的十八大明确提出,城乡发展一体化是解决"三农"问题的根本途径,要加大统筹城乡发展力度,加快完善城乡发展一体化体制机制,着力在城乡规划、基础设施、公共服务等方面推进一体化,逐步缩小城乡差距,促进城乡共同繁荣,促进城乡要素平等交换和公共资源均衡配置,形成以工促农、以城带乡、工农互惠、城乡一体的新型工农、城乡关系。中国是国土大国、人口大国、经济大国的多重叠加。国土大国,发展腹地相对广阔,有利于整体性地进行统筹规划与布局;人口大国,由于人口基数庞大,蕴藏着巨大的内部消费需求市场;经济大国,产业体系相对完整,有利于经济活动的自组织。与此同时,作为大国,中国经济社会发展的不平衡性也更强,区域差距、收入差距、产业差距因为土地、资源和能源的空间配置不均衡现象突出,尤其是在社会转型期,经济社会发展的整体性、系统性和科学性不够,发展的多元性突出。这就意味着不同地区城乡一体化发展的自然环境、社会经济基础各不相同,不可能采取单一的城乡一体化模式。因此,中国城乡一体化发展的特色道路必须立足于利用国际、国内两种资源和两个市场,在全球化竞争激烈的国际背景下,对外利用世界市场和全球资源,对内因地制宜,以多样化的政策供给模式争取相对主动的"内部"作为,走新型城镇化道路,推动农村的自我现代化,从而缩小城乡发展的差距,消除经济结构中的二元现象。

第三节　我国的新型城镇化是区域协调发展的城镇化

一、新型城镇化引领区域协调发展的新内涵

区域经济差异大,始终是我国现代化的梦魇,近年中国遭遇其日益增大的压力,对经济社会全面协调可持续发展形成巨大挑战。科学发展观要求统筹区域发展,党的十七大报告明确提出构建区域发展一体化新格局,最近的中央经济工作会议在此基础上,又进一步强调把统筹区域、区域协调发展与推进城镇化结合起来。这是现代化理论和实践在中国的新进展,也是人类社会在当代的新探索。在世界历史上,英国的"圈地运动"开启了作为工业化孪生物的区域对立运动,城市被定义为以资本为核心的新的生产要素聚集和配置的空间,其生存和发展的基本条件,是对乡村等区域内的资本、土地、劳动力、原材料和市场的无情掠取。发达国家凭借先发优势和对世界

其他国家的掠夺,在现代化过程中逐步弥合了区域对立的深重伤口,而众多的发展中国家就没有那么幸运,一般都是在差异化发展结构的基础上开始其现代化过程。但随着工业和城市的扩张,最终还是挣脱不了被强化了的差异化结构,形成"现代化悖论"的典型困惑。对此,国际上已有共识:工业化、现代化的关键,不在工业、不在发达地区,而在不发达地区,这是区域发展中的"木桶原理",要解决的难题,是如何平衡和布局区域协调发展。由于举世无双的人口数量、沿海到内陆的巨大纵深、交通流通的长期区域阻隔等独特因素的影响,中国的区域对立表现得尤为明显和剧烈,以至于有人形容现在中国的沿海地区"像欧洲",而广袤的中西部贫困地区的农村"像非洲"。区域差异对立对于经济发展、产业优化、内需扩大、区域协调、节能降耗、环境保护和发展竞争力提高等都产生广泛而持久的负面影响。这种情况,反过来又严重阻碍工业、城市和以它们为基础的经济社会的发展。现阶段的城镇化发展,在政策投向上必须是面向全国"一盘棋",不断实现一定行政区划范围内城乡区域协调发展的目标要求。

当前中国的城镇化发展,在统筹区域协调发展的视域上主要包括以下几方面。

(1)区域规划一体化。打破隔离界限,整体规划,从源头上消除城乡发展差异,构造一体化发展的城镇化决策规划机制。

(2)基础设施建设一体化。统筹安排区域生产生活、交通流通等基础设施的立项与投入,形成区域性一体的经济社会空间,构造一体化发展的要素流动机制。

(3)产业布局一体化。优化区域分工与交换体系,按照经济合理原则调整区域产业布局,构造一体化的要素与产业配置机制。

(4)公共服务一体化。依照公共服务均等化原则,加大财政对乡村投入的力度,建立区域共享的公共服务体系,构造区域一体化发展的财政投入机制。

(5)社会管理一体化。以户籍制度改革为主线,辅之以农民与土地关系的进一步改革,促进区域人口合理流动和农民市民化,构造区域一体化发展的人口转移与社会管理机制。在区域范围内实现区域发展一体化发展的城镇化,影响极为深远,最根本的一个作用是,逐步切断和消除长期以来存在并不断被强化的要素由乡村向城市的倒流、由落后区域向发达区域倒流的机制。区域协调发展的城镇化,是解决城乡区域差异对立的富有特色的中国道路。

二、新型城镇化引领区域协调发展的新要求

新型城镇化,是以科学发展观为统领,坚持以人为本和生态文明的理念与原则,工业化、信息化、城镇化、农业现代化"四化同步",全面提升城镇化质量和水平,城乡一体,区域协调发展,集约、智能、绿色、低碳的有中国特色的新型城镇化。中国的城镇化被认为是 21 世纪出现的影响人类社会发展进程的两件大事之一。党的十八大报告中明显增加了有关城镇化的内容,显著提升了城镇化的地位和作用,明确了新型城镇化的概念和发展方略。从"城市化""城镇化"到"有中国特色的新型城镇化",折射了中国城镇化发展理论和实践的不断变化和深入。区域协调发展,事关社会主义现代化建设的全局和全面建成小康社会奋斗目标的实现。党的十八大提出要积极稳妥推进城镇化,提升城镇发展质量和水平,更多依靠经济发展方式转型和城乡区域发展协调互动来不断增强长期发展后劲。针对发展战略新内涵,需要深入研究解决如下问题。

一是城镇化与区域发展格局相匹配的问题。我国东、中、西部地区城镇化发展很不平衡,呈明显的东高西低特征,长三角、珠三角、环渤海三个相对成熟的城市群都分布在东部地区,而中、西部地区城市发育明显不足,这导致了人口长距离大规模流动、资源大跨度调运,极大增加了经济社会运行和发展的成本。这种格局不利于全面推进现代化建设,也不利于保障国家安全。

二是城镇化与区域发展质量相互支撑的问题。我国的城镇化存在"大城市病""伪城市化""半城市化"等诸多过度发展与失衡问题,区域与城市协调发展质量有待进一步提升。在城镇化形态上,一线城市城镇化过度发展,中小城市发展不足,城镇发展规模和层次也与区域发展不能互相支持。尽管城市规模在扩大,但中心城区、中心镇辐射带动能力较弱,对区域发展的引领和带动作用有限,反而深陷各种大城市病和由于城市人口过于集中所凸显出的如房价、就业、交通、治安、贫富分化等社会问题。

三是城镇化与区域发展结构相协调的问题。区域协调发展已成为经济结构调整的重要内容,但农业转移人口市民化进程的滞后直接影响了城镇化的质量,长期以来的区域不平衡和城乡二元结构并没有发生根本改变,而且还形成了城市内部"新二元结构",农村呈现空洞化趋势,造成了巨大的经济成本和社会代价。城镇化与区域经济发展和产业整体布局缺少衔接,区域产业结构布局上易出现盲目性和同质性。承接发达地区的产业转移是眼下中小城镇工业化的途径之一,很容易重现发达地区城镇化过程中以牺牲

环保、资源枯竭、农民土地利益损失为代价的旧发展模式的弊端。

四是城镇化与区域发展特色相融合的问题。原有城镇化扩张城市、大搞建设过程中,常常忽视了与各区域优势和特点相结合,也忽视了人力、文化、自然环境、地理优势等本地资源。忽视节约资源和保护环境,城市发展粗放,房地产化倾向严重。城镇规划和建设严重趋同,贪大求洋,不能很好地体现区域特色和优势。应基于国际国内环境发生的深刻变化,着眼于科学发展的大格局和经济社会发展的大趋势,做好顶层设计,总体规划,发挥城镇化不可替代的融合和引领作用,促进区域协调发展建立在发展平衡性、协调性、可持续性明显增强的基础上。

以新型城镇化引领区域发展战略与现代化战略衔接。从现代化建设的全局出发,着眼国际政治经济格局的变化,站在保障国家安全的高度,统筹研究和实施城镇化战略。城镇化布局既要遵循经济规律,也要考虑国家安全。城镇化结合区域发展和国际形势统筹布局,综合考虑全面推进现代化建设和区域空间均衡的要求,适时研究调整优化行政区划,促进要素流动和功能整合,建立以新型城镇化为核心的区域规划,推动跨省或地区的区域合作,提升东部城镇化质量,通过推动中西部地区城镇化加快发展,带动中西部地区的发展,形成新的经济增长极。以新型城镇化引领区域协调有序发展。将推进新型城镇化与主体功能区战略相结合,继续实施区域发展总体战略,优化城市布局、增强城市功能。既要实现"人的城镇化",又要在县域、小城镇、重点区域实施差异化发展。

要按照城镇化、工业化、信息化、农业现代化协同推进的路径,以"提质加速、城乡一体"为目标,逐步把城市群作为推进城镇化的主体形态并发挥其核心和辐射力,把加强中小城市和小城镇建设作为重点,促进不同区域大中小城市和小城镇协调发展,形成有序分工、优势互补的空间布局。以新型城镇化引领区域均衡、持续发展。要按照区域环境承载力和绿色集约原则确定城镇化发展的蓝图,保持城镇化与经济、社会和生态系统的平衡与协调,积极打造城市地域文化特色,打造城市形象和品牌。城镇化要与区域产业转移和产业升级相结合,实现产业在城乡间、不同区域间合理布局,准确结合区域特点,构建具有区域竞争力和特色的现代产业体系。在城镇化过程当中,消除城乡和城市内部的二元结构,解决农业转移人口的市民化问题,加快改变公共服务"城高乡低"的状况,促进公共服务的城乡均等和城乡融合,实现区域城乡一体化和均衡发展的重要转变。

第四节 我国的新型城镇化是"三化"协调发展的城镇化

一、"三化协调"宏观发展论

《中共中央关于制定国民经济和社会发展第十二个五年规划的建议》明确提出:"要在工业化、城镇化深入发展中同步推进农业现代化。"我国是一个农业大国,农业人口众多,三化同步是实现我国经济社会协调发展的重要途径,同时也是解决当前城乡二元结构问题,缩小区域收入差距的根本所在。随着世界经济后工业化时代的来临,我国经济社会发展中工业化、城市化和农业现代化不相协调之矛盾,已变得日益突出,解决的要求也极为紧迫。在三化协调问题中,农业现代化是基础。随着农业现代化规模化水平逐步提升,农村大量的剩余劳动力继续向非农部门转移,为工业化的深入发展提供了充足的劳动力。与此同时,农业现代化水平越高,则农业生产及资源利用效率越高,为工业化发展提供的原材料越丰富。另外,农业的发展为城镇化的发展提供了基础条件,随着农业生产力的不断提高,产生了大量的剩余产品,使得一部分农民从农业生产中解放出来从事其他产业工作,因而促进了城镇化的发展。随着农业劳动生产率的提高,农民收入增加,从而刺激了农村消费,城镇中的相关产业也会陆续得到发展,城镇基础设施不断完善,从而使城镇化水平不断提高。但是,工业化和城镇化在发展的同时,不可避免地会对农业现代化产生影响。例如,随着我国工业化和城镇化的发展,用地需求越来越大,而农村耕地目前已逼近 18 亿亩的底线,耕地资源的不断减少已严重威胁到国家粮食生产安全。另外,部分地区工业化、城镇化同农业现代化争抢资源、资金、人力以及利益的问题非常突出,束缚了农业的长久发展。如果农业现代化无法实现,那么农业规模经济发展缓慢,农村需求及消费不足,从而限制了城镇化。

工业化推动了城镇化和农业现代化的发展。首先,工业化发展为城镇化的发展提供了重要的产业支撑,有利于城镇地区产业集聚效应的形成,使得小城镇的基础设施建设不断完善,居民生活环境和水平有较为明显的改善。与此同时,随着工业化的迅速发展,需要大量的劳动力,城镇人口比重不断攀升,表明中小城镇吸收农村劳动力的能力不断提高。工业化也为城镇化发展提供了市场与财力支持,工业化水平的逐渐提高,推动了要素商品化不断发展,从而创造出要素在市场中自由流动、合理配置的制度和环境。随着工业化的发展,乡镇企业规模得到快速发展,带动了人口的流动与城镇消费,因而为城镇化的发展提供了物质基础。其次,工业化的发展需要大量的农村剩余劳动力,从而促进农业规模经济效应的形成,有效地提高了农业劳动生产率。另外,工业化的发展为农业现代化的发展提供农机、化肥、农药、物联网技术等现代生产资料与科技,极大地推动了农业现代化的发展。此外,随着工业化水平的提高,地区的综合经济实力不断增强,从而为实现工业反哺农业提供了资金保障。

城镇化带动工业化和农业现代化的发展。随着城镇化的发展,城镇人口不断增加,这本身就是一个非农产业的巨大消费市场,城镇聚集着许多技术和专业人员,也为工业化发展提供了必要的人才保障。工业化发展需要诸如水电、通信、咨询、法律等各种社会和中介服务,而城镇拥有充足的劳动力资源和较为完善的公共基础设施等,恰好满足工业发展的需求。如果城镇化水平不高,相应功能缺乏,或者在城镇以外的地方发展工业,这将势必增加社会成本,从而导致经济效益低下。另外,城镇化也是农业现代化的必要条件,体现为"四个有利于":城镇化有利于扩大农产品的消费需求,为农业现代化发展提供巨大的市场空间;有利于提高农业人均耕地面积和耕地集中度,为农业现代化发展提供必要的土地保障;有利于促进工业反哺农业、城市带动农村等政策的有效实施;有利于提高农业信息化水平,城镇化作为农业信息化的载体,在自身水平不断提高的同时,也会促进农业信息化的快速发展。

总之,新型城镇化建设中,三化协调问题必须足够重视,同步规划。在加快城镇化发展的同时,要同步推进工业化、农业现代化建设,促进三化协调发展。

二、"三化协调"的发展布局

(一)城镇化与工业化相协调

从拉美国家的城乡一体化发展实践来看,若城镇化大大超前于工业化,就会出现失业增加、交通拥挤、污染严重、城市贫困与犯罪增加、城乡发展失衡等"城市病";若城市化严重滞后于工业化,会出现类似我国的三农问题,农村发展苑囿于一个封闭体系中,难以实现产业升级,经济结构将一直处于低端,国际竞争力不强。为了发展农村而使得农村难以发展的恶性循环"悖论"就会出现。所以,我们在确立城乡一体化发展道路时,必须协调好工业化和城镇化的步调,科学布局大中小城市及城市群,通过产业发展推动经济结构的提升和优化;通过产业城镇化消纳人口城镇化;通过产业优化推动现代化农业的发展,消除农业低附加值的产业形态,从而实现农村就地工业化和城镇化,告别集中式局域化的城市化发展模式,消解大规模人口转移的经济成本和社会成本,保留连续的与日俱进的社会文化,为农民的全面解放探索有效的路径。在当前我国经济迅猛发展、新型城镇化建设快速推进的背景下,实现城乡一体化,首先要推动城镇化建设与工业化的协调发展,以工业化带动城镇化,以城镇化促进工业化。但在目前的城镇化建设与工业化互动发展进程中,还存在着不协调等种种问题,我们需要采取各种措施,促进二者的协调健康持续发展。

要实现城镇化与工业化相协调,首先要以产业集聚区为载体,走集约、节能、低碳的城镇化发展道路,实现城镇化与产业集聚的可持续发展。一方面要以产业集聚区为载体,把产业集聚区作为城镇优先开发区域,加快配套基础设施建设,实现企业集聚、项目集中、土地集约,促进城镇化与产业集聚的协调发展。另一方面,要走集约、节能、低碳的可持续发展道路,将城镇化与产业集聚建立在环境、资源等承载能力基础之上,提高城市的综合承载力。其次要构建特色鲜明的产业体系,坚持"产城结合",把城镇化与调整优化产业结构结合起来。城镇发展的历程表明,农业是城镇化的初始动力,工业是城镇化的根本动力,服务业则是城镇化的后续动力,所以产城结合十分重要。要因地制宜、因势利导,培育鲜明特色和较强竞争力的优势产业;加大资源整合力度,提高产业集中度;发挥企业集群的整体效应,打造区域性品牌。对传统产业,要改造升级;对新兴产业,要大力发展;对现代服务业,要积极发展。最后要强化产业集聚区服务功能,坚持"以人为本",将城镇化建设与工业化协调发展的成果惠及农民。一是建设城市公共基础设施,通过优化环境和强化产业集聚区与区外设施的互动对接和共享,保证产业集聚区项目的入驻;二是提升集聚区的软实力,增强服务意识,确保整个集群的良性竞争;三是建立社会服务机构,在集聚区建立法律、会计、审计、信息咨询等社会服务机构,形成功能健全、网络覆盖、服务到位的社会服务体系;四是打造产业集聚区文化,塑造创业精神,增强集聚区发展的精神内动力。通过城镇化建设与工业化的协调发展,解决农民变市民后在就业、医疗、教育、社保、住房等方面问题,将城镇化与工业化协调发展的成果惠及农民,真正提高城镇化的质量。

(二)城镇化与农业现代化相协调

农业现代化意味着农业生产方式和经营方式的双重变革。农业经营方式上要发展适度规模化经营;农业生产方式要实现劳动生产率和土地生产率的共同提高,但是当前土地生产率明显滞后于劳动生产率的提高,需要借助新型城镇化建设的契机,推动土地流转,提升农业公共服务水平,培养职业化农民,助力农业现代化。农业现代化一直是我国现代化进程中的短板,面对着人多地少的资源状况,如何有效提高农业综合生产能力,确保粮食安全,增加农民收入,成为事关我国未来发展的重大课题。在新型城镇化加速推进以及农业生产方式酝酿深刻转变的大背景下,"大农业"主题,将成为未来较长时间内一条发展线索。

首先,新型城镇化与农业现代化互为依托。城镇化稳步推进的同时,更多农民实现向市民的身份转变,这无疑也迫切需要更有规模优势,经营方式更加集约的现代农业生产管理方式,其中可能蕴藏着不容忽视的"制度红利"。

其次,农业现代化的过程,是从上游农田水利基础设施建设,农业机械、种苗繁育、农药化肥、农资供应质量提升,到下游绿色食品生产等一系列的完整链条。可以说,农业现代化每一个环节都需要产业升级,都需要现代化,这其中必然酝酿着城镇化的机遇。

最后,农业现代化以及新型城镇化的实现,必然对应着农民可支配收入以及福利的稳步提高。在此过程中,大量人口的消费能力得到提高,内需消费市场将持续释放,促进城镇化的发展。当前农业现代化仍然是"三化"协调发展的最短之板。充分发挥城镇化对农业现代化的重要引擎作用,大力推动城镇化与农业现代化相互协调,提升农业农村农民的自我发展能力。

加快推进城镇化,能够有效带动农村富余劳动力转移就业,为发展农业适度规模经营,推动农业专业化、标准化、规模化、集约化生产创造有利条件。加快推进城镇化,可以通过拉动农产品需求、促进农民就业、建设新农村,有效拓宽农民收入渠道,实现2020年农村居民收入比2010年翻一番的目标。加快推进城镇化,彻底改变传统的农村土地、资本、劳动力等生产要素单向流动的发展模式,带动城市资金、技术、信息、人才等现代生产要素向农业农村领域延伸,实现城乡要素平等交换。

要大力发展县域工业化。我国国土面积、人口、GDP主要分布在县域。县域工业化在发展现代农业中肩负着重要使命,在解决"三农"问题中处于关键地位。要立足于县域实际,放大特色优势,发展特色经济,加快培育支撑县域经济发展的支柱产业,形成县域内的产业聚集,以县域工业化为中心带动农业现代化发展。充分尊重和切实保护农民权益。把保障农民权益放在城镇化的首要位置,把发展新型农村社区作为推进城镇化的切入点,尊重农民意愿,充分考虑地方产业特点,让已经转移的农民真正住得下、稳得住、能致富。城镇化过程中要通过城乡土地和集体资产股份化改革,让农民能够分享到城镇化带来的成果收益。努力实现城乡基本公共服务均等化。要加大统筹城乡发展力度,增强农村发展活力,逐步缩小城乡差距,促进城乡共同繁荣。要不断地推进新农村建设,加强中小城市、小城镇、新农村的基本公共服务。逐步将农民工纳入城镇公共服务范围,促进城乡之间教育、医疗、住房、就业、社会保障等方面与城镇居民享受同等待遇。

(三)工业化与农业现代化相协调

推进工业化对中国农业现代化的发展具有深远的意义。在中国大多数地区,没有农村工业化便没有农业现代化。但农村工业的发展并不能自然带来农业现代化,农村工业不同阶段,工农关系不同,农村工业发展方向、农业现代化建设重点也应不同。因此,在探索农业现代化与农村工业化协调发展的道路时,必须紧紧围绕农业与农村工业的关系特征,通过调查研究,从农村工农业关系状况以及区域特点的角度,可以把现阶段我国农业与农村工业协调发展的道路归纳为以下几种主要类型。

1. 以农为主,农业延伸,推动农村工业的道路

这类地区农村工农业关系处在以农业为主,非农产品资源缺乏阶段。工农关系的特征表现为以农为主、工萌芽或农哺工、工起步。随着高产高效农业的发展,在农产品总量剩余的基础上,通过结构调整进行高价值作物和特产作物的开发,迫切需要发展农产品加工业来增加农产品价值,稳定农业和增加农民收入。通过农产品加工业的发展,增加农产品价值,提高农产品商品率,促进高产高效农业的发展,这条道路适合广大的以农业为主、农民收入水平低、农村工业刚刚起步的内陆地区。

2. 以农为主,农村工业靠资源开发的道路

这类地区农业仍是农村经济的主体,但当地矿产等非农产品资源丰富,具备资源开发的优势。工农关系的特征表现为农哺工、工起步或工农互争互利。随着农村工业的发展,资源丰富的优势逐步显示出来,通过资源开发,在转移劳动力、增加农民收入的同时,部分利润回流,对农业发展产生良好影响;工业的发展也促进农产品,特别是加工产品市场容量的扩大,对农产品数量和质量提出了更高的要求。但这类地区农产品加工业往往是薄弱环节,农产品加工业的发展尤为重要。这条道路适合于中西部非农产品资源相对丰富而农村工业水平还较低的地区。

3.龙头企业,带动农业产业化的道路

这类地区农村工业已成为农村经济的主体,农业在农村经济中所占比重还较高,工农关系的特征表现为工农互争互利,资金关系的矛盾比较突出。这类地区农业基础条件较好,农业生产水平较高,具备发展畜牧业和高价值作物的优势;地理位置较好,交通发达,国内市场容量大,也有发展外贸的优势。通过市场和外贸的拉动,促使农产品加工业的发展,带动农业基地建设和农业产业化的发展。这条道路适合高产高效农业发展较快和具备外贸条件的广大东部农区及部分中西部农区。

4.以工补农,农业稳定发展的道路

这类地区农村工业是农村经济的主体,农业所占份额甚小,工农关系的特征表现为以工补农、农业开始分化或工为主、农分化。这类地区农业生产条件较好,但农业劳动力数量不足和素质下降的问题突出,这时农业发展往往出现分化现象,或者通过以工建农,农业实现规模经营,农村工业化与农业现代化同步实现;或者农村工业发展不顾农业甚至侵占农业造成农业萎缩。走以工补农,农业稳定发展的道路,必须在坚持以工补农的同时,农业的结构、规模、技术要做出相应的调整,农村工业利润回流主要靠政策引导,农业调整要以机械化和扩大规模为重点。这条道路适合于沿海、城郊农村经济颇发达、人均耕地资源少的地区。

5.工农业全面外向发展的道路

这类地区农村工业是农村经济的主体,高价值作物生产是农业生产的主体,工农业产品商品率高,面向国际市场的比重大,工农关系的特征表现为工为主、农分化。这类地区工农业生产均有良好的国际市场和国内市场条件,工业生产的资金和科技含量高,农业生产的商品率高;但农村工业发展往往占用较多耕地,粮食生产萎缩的特征十分明显,粮食不能自给。走工农业全面外向型发展的道路,对当地农村经济发展是十分有利的,但粮食的不足不得不引起重视。因此,这类地区在农业全面外向型发展的同时,应基本稳定粮食生产,保证口粮自给,通过外调解决饲料及工业原料所需粮食的缺口,否则工农业很难持续协调发展。这条道路适合东南沿海经济发达、农村生产以高价值作物为主地区。总之,我国农村工业化与农业现代化协调发展的道路必须在阶段性推进理论指导下,走多元化发展的道路。不同地区应根据自己的实际,特别是依据农村工业所处的阶段及工农业关系的特点,选择切合自己实际的发展道路。

第五节 我国的新型城镇化是"四化"同步发展的城镇化

一、"四化"同步发展的科学内涵

同步推进工业化、信息化、城镇化、农业现代化是对经济社会发展客观规律的深刻认识。其核心在于更加注重发展的全面性、协调性和可持续性。而全面、协调、可持续是科学发展观的本质要求。"四化"同步体现了全面发展的本质要求进入新的发展阶段,"四化"同步需要将工业化、信息化、城镇化和农业现代化有机结合,实现全面发展。以工业化体现我国经济发展的实力、展现我国改革开放的成就;以信息化体现新的生产力发展形式、占领全球经济发展新的制高点;以城镇化作为支撑我国经济发展的重要条件、拓展经济发展的腹地和空间;以农业现代化奠定我国经济发展的基础。以此四者构建我国现代化发展的核心要素。在新型城镇化过程中实现"四化协调",其战略意义巨大。

二、"四化"同步发展的现实必然

工业化、信息化、城镇化和农业现代化相互影响、相互关联、相互促动,构成了我国现代化发展的核心要素和完善的结构体系。工业化推动城镇化,城镇化带动农业现代化,农业现代化支持工业化,信息化又与工业化深度融合,构成共同发展的整体。从工业化发展进程分析,我国工业化已经进入中期阶段并向后期迈进。但自改革开放以来我国的工业化进程中就存在结构性的调整问题,过分倚重重化工业的产业结构体系,不仅限制了利用信息化改造传统产业、提升产业结构的进程,也限制了城镇化和农村劳动力转移的步伐。又加之工农业发展的不平衡性,也影响了农业现代化进程。因而,需要将工业化发展的速度、信息化的程度、城镇化的质量和农业现代化的效率协调起来。在加快经济发展方式转变的同时,推动工业化和信息化的深度融合,走新型工业化道路;利用工业化实现的成果反哺农业;利用城镇化的道路提升农村发展能力;利用信息化推动农业现代化的进程,激发农业现代化的内在潜力。在"四化"同步中,工业化是"四化"同步的核心环节;信息化是"四化"同步的重要实现途径;城镇化是统筹推进"四化"的关键载体;农业现代化是"四化"同步发展的重要基础。

三、"四化"同步发展的实现道路

(一)以信息化与工业化深度融合为目标,尽快提升信息化水平

信息化与工业化的深度融合已经成为我国实现工业现代化的主导力量。我们要以深度融合为目标,尽快提升信息化的水平,加快信息技术的集成应用,加强研发设计、生产制造和经营管理的信息化,促进工业产业在更高水平上发展,实现质的飞跃。我国信息化始终保持着快速动态的发展势头,信息产业属于国家重点发展的新兴战略性产业,与传统产业相比,信息产业具有高渗透性、高倍增、高带动性的优势,可以应用到一切行业和领域,能够做到低消耗、高产出,可以带动相关产业和领域实现高速发展。但同时信息化也具有高投入性的特点,需要高强度的资金投入和智力投入。从我国目前的投入来看还远远不够,需要进一步加大投入力度,尤其是要引导金融业去扶持信息产业,在资金投入方面给予适度倾斜,大力扶持和推动信息化建设,全面提升信息化水平,加快信息化与工业化的深度融合,从而带动工业化、城镇化和农业现代化的快速发展。

(二)以信息化与工业化的深度融合为途径,推进新型工业化进程

以信息化与工业化的深度融合推进新型工业化进程。首先,应发挥科技对新型工业化的支撑作用,坚持自主研发与引进吸收相结合的科技发展道路,重点研发具有国际先进水平并能对新型工业化发展产生重大影响的关键技术,利用信息化平台,使用高新技术改造和提升传统产业,逐渐淘汰落后产能,鼓励以企业和科研院校为主体的研发体系建设。积极培育科技创新主体,促进产学研相结合的发展道路。强化新型工业化发展的研发体系和人才体系建设。其次,坚持创新驱动,大力推进新型工业化进程,建立适应创新发展的体制与机制。按照现代企业制度体系,不断健全企业的组织结构,强化企业在市场经济中的主体地位,处理好企业与政府和市场之间的关系,建立"公开、公平、公正"的市场秩序。构建有利于新型工业化发展的体制与机制,必须依靠科技进步,优化产业结构,淘汰落后产能,增强新产品开发能力和品牌建设能力。加快培育新兴战略性产业,做强做大高新技术产业,不断适应市场需求的变化,走新型工业化道路。

（三）以信息化与工业化深度融合为基础，提升城镇化质量

加快信息化与工业化的深度融合，走新型工业化道路，可以为进一步提升城镇化的质量奠定基础。首先，要进一步发挥以工促农，以城带乡和城乡人口合理布局的长效机制，统筹各类城市的功能定位和产业，优化城市布局，缓解特大城市的中心城区的压力，优先发展区位优势明显、产业积聚能力强的中等城市，增强小城镇的公共服务功能和居住功能。其次，统筹规划乡镇企业的发展，扶持农民工创业带动就业，广泛开辟农村劳动力转移就业的渠道，发挥县域资源优势和比较优势，推进劳动密集型产业、农产品加工业向县城和中心城镇集聚。形成城乡分工合理的产业布局，并以产业链条为纽带，以产业园区为载体，发展一批产业集群。同时，要大力推进农民工市民化，尽快解决半城镇化的问题，对不合理的制度安排进行改革，解决农民工社会保障、子女就学等方面的问题，以进一步提升城镇化的质量和水平。

（四）以信息化与工业化的深度融合为支撑，促进农业现代化

农业现代化是"四化"同步发展的基础。推动农业现代化的快速发展，必须加大工业对农业的反哺力度，加大城市对农村的支持力度。前提是必须加速信息化与工业化的深度融合，以强大的工业做支撑。如果没有新型工业化的发展"反哺"和"支持"就难以实现。首先，要针对农业现代化建设资金短缺的问题，加大财政对支农资金的投入力度，调整优化财政支农投入结构，强化银行业金融机构进一步增加涉农的信贷投入，确保从资金层面上给予农业现代化建设的必要支持。其次，加快农业科技创新，培育优良品种，开发多功能、实用型的农机和农艺有机结合的农业机械。再次，推进农业经营管理体制的创新，加快转变农业经营方式，促进农业生产经营的专业化、规模化、集约化。最后，大力发展农产品加工业，促进乡镇企业集中和产业集聚，形成优势突出的产业带和集聚区，搞好农业产业区域布局，推进现代农业示范区建设。总之，信息化与工业化的深度融合、互动发展是同步推进"四化"的根本要求。必须牢牢把握"四化"联动的结合点和推进工作的着力点，努力提高发展的质量和效益。工业化、信息化、城镇化、农业现代化作为经济社会发展以及推进我国现代化进程的四条主线，既拥有各自的演进路径和运行规律，又相互依托、相互影响、相互制约，构成了全面推进新型城镇化建设的主动力。

第九章 提高新型城镇化建设的质量和城市管理水平

第一节 城镇化建设质量和城市管理水平的含义及指标体系

一、城镇化建设质量的含义及指标体系

(一)城镇化建设质量的含义

目前学者对城镇化建设质量的研究主要集中于对质量指标的建立上，而尚未有一个公认的和权威性的定义。在参照城镇化定义的基础上，本文认为城镇化建设质量，就是在不牺牲城市资源的城市化进程中城市实力逐渐增强、城市人民生活质量进一步提高、城市环境和城市基础设施进一步改善，最后形成城乡一体化的最终目标。城镇化建设质量的具体含义主要包括如下内容。

1.城市化水平和城市水平同时提高

城市化水平和城市水平虽然只有一字之差，然而这是两个截然不同的概念。城市化水平更强调乡村人口向城市的迁移、城市地域的拓宽；而城市水平主要指城市的实力，城市的价值是否达到最大化。城市水平是城市竞争力的真正体现，它决定城市的成功与否，决定国家的命运前途。

2.城市中的各个要素协调发展

城镇化建设质量不是片面地追求城市化率，而更重视城市的各个要素的协调发展。随着城市化进程，更多的农村人口涌入城市，给城市的秩序、公共交通、医疗保险等方面带来挑战。城镇化建设的质量就是在城镇化进

程中城市化率和城市的各个要素协调发展。另外,城镇化建设质量还要求城镇化不应该以资源的浪费为代价,它不是粗放型而是集约型的城镇化。

3.城乡结合的质量提升

城镇化不仅仅是城市和城市人口数量的增加,更体现在城乡结合质量的提高,在城市结构(产业、经济、社会、空间)、环境、市民生活质量等提高和优化的同时,带来农村经济的发展和农民生活质量的提高。总之,城镇化带来城市和农村的共同发展。忽略了城镇化质量的城镇化仅仅是一个空中楼阁,是形式美,是盆景。这样的城市、国家经不起时代的考验,在经过城镇化的快速发展以后必然走向衰退甚至灭亡,拉美不少国家在这方面的教训足够引起我们的警惕。因而,城镇化建设必须重视城镇化质量。

(二)城镇化质量的指标体系

城镇化质量评价的指标体系应是一个复杂的、科学的、动态的体系。在构建城镇化质量评价的指标体系时关键是要综合考虑城镇化质量的内涵和指标、数据的代表性以及数据的可得性。根据对城镇化质量内涵的理解,笔者认为城镇化质量评价的指标体系不仅要包括城镇的经济状况,还要包括社会、居民生活、基础设施、环境、城乡一体化等方面,同时指标应尽量体现静态和动态两个侧面。城镇化质量的评价体系应该由城镇经济发展质量、社会发展质量、居民生活质量、基础设施质量、资源环境质量、城乡一体化质量六个子系统构成,而每个子系统又包括不同的具体指标。本文的评价指标体系由6个子系统和21个具体指标构成。这些指标以人的活动为中心,是对经济、社会、生活、环境、基础设施、城乡一体等影响人类生活的各个方面的具体体现。城镇化质量评价体系的具体指标包括以下几方面。

1.经济发展质量子系统

经济是一个国家或地区的命脉。经济发展是城镇化的根本动力,也是城镇化质量提高的重要物质保证。经济发展质量子系统包括反映经济发展规模的指标:人均GDP;反映产值结构的指标第二、第三产业增加值所占GDP比重;反映贫富差异的基尼系数。

2.社会发展质量指标

城镇化是人类社会演进的一种必然趋势。社会发展质量是城镇化质量的具体体现,提高社会发展质量是城镇化的核心任务之一。社会发展质量子系统包括反映社会发展效率的指标:城镇化水平;反映社会保障的指标:

城市失业率、养老保险和医疗保险参保比例;反映人口状况的指标:人口抚养系数;反映科研水平和教育水平的指标:R&D 经费占 GDP 比重、十万人拥有在校大学生的数量。

3.居民生活质量指标

该子系统包括反映居民生活水平的指标:人均可支配收入;反映生活质量的指标:千人拥有医生数、万人拥有私人汽车数、万人拥有互联网用户数、恩格尔系数。社会发展指标包括城市科教水平、医疗卫生状况、交通状况和人均住房面积等;生态环境协调指标包括城市污水处理率、生活垃圾无害化处理率、环境噪声达标区覆盖率、全年空气污染指数<100 的天数、绿化覆盖率等。

4.基础设施质量子系统

基础设施是城镇发展的物质载体,也是社会经济发展的基础性要素。基础设施发展的质量直接关系到城镇化能否顺利、健康有序地推进。该子系统包括反映生活设施的指标:燃气普及率;反映交通设施的指标:人均城市道路面积、万人拥有公共汽车数;反映便民设施的指标:万人拥有公共厕所数、超市布局比例。

5.环境设施质量子系统

环境是城镇化质量的依托环境设施的优劣直接影响着生活在其中的居民的感受。良好的环境能够促进城镇的可持续发展,也是城镇化追求的目标之一。该子系统包括反映绿化的指标:人均公共绿地面积;反映资源消耗的指标:万元 GDP 综合能耗。

6.城乡一体化程度子系统

城镇化质量的高低不仅与城镇居民息息相关,与乡村居民也有密切的联系。所谓城乡一体化就是要把城镇发展和乡村发展作为一个统一的整体来考虑,把城镇和乡村存在的问题综合起来统筹解决。城乡一体化的质量反映了城镇化进程的公平性程度。城乡一体化实现程度指标既包括经济指标,也包括社会指标和差距指标。

经济指标包括:①区域第一产业 GDP 占区域 GDP 总量的比重;②区域非农业人口占总人口的比重,即城市化率;③农村人均 GDP/城市人均 GDP;④农村恩格尔系数/城市恩格尔系数;⑤城市 GDP 总量。

社会指标包括:①农村受高等教育的比重/城市受高等教育的比重;

②农村每万人拥有的医生数/城市每万人拥有的医生数;③农村道路网密度等。这里之所以把城市 GDP 总量纳入指标体系中,是因为 GDP 总量越大,城市的对外辐射能力越强,体现城市资源的承载能力,按照可持续发展资源承载力的观点,城市化和城市的发展必须在资源的允许范围之内,城市的发展不能以牺牲城市资源为代价,必须重视城市化的质量。资源是城市发展的基础,没有资源的城市化,就好比没有基础的楼房一样,无论怎样努力终有倒塌的一天,而且建筑物越高倒塌的可能性就越大。所以城市化质量指标必须考虑城市资源,考虑资源的承载能力。这类指标应该包括:人均的自然资源的数目,人力资源的投资等。

差距指标主要包括在城乡各类主要指标上的差异,如城乡消费水平对比、城乡居民恩格尔系数的差异、城乡公共基础设施发展程度的差异、城乡经济发展效率的差异、城乡教育科技发展的差异等。

二、城市管理水平的含义及指标特征

(一)城市管理水平的含义

考察人类城市的发展史,可以说,自从有了城市便开始了城市管理的实践。当代社会生活的一个显著事实乃是城市人口的迅速增加,城市政府管辖事务的日益繁重,城市政府组织的日见庞大。就是未在城市中居住的人,也广受城市生活的影响,因此使城市本身的管理起了很大的变化。在今天,现代化的城市管理已成为文明都市生存和发展的必要条件。就城市管理而言,管理有多重含义。第一,管理不仅仅是施政。管理的概念涉及承认政府正式当局内部和外部都存在有权力。在许多文献中,管理包括政府、私人部门和民众社会。第二,管理是一个中性概念。管理可以有多种表现:专横或仁慈,有效或无能。第三,管理强调的是"过程"。它确认,决定是基于许多参与者之间的复杂关系而做出的,而那些参与者均有着各自不同的、有时是相互冲突的优先事项。

在我国,传统意义上广义的城市管理是指城市政府以城市为对象的、为实现特定目标对城市运转和发展所进行的控制行为和活动的总和,在计划经济体制下就是对城市所有单位、部门、产业的综合管理和公共管理,它贯穿于城市规划、计划、指挥、监督和协调的全过程之中。狭义的城市管理基本等同于市政管理,主要是指政府部门对城市的公用事业、公共设施等方面的规划和建设的控制、指导。随着社会经济的发展,城市本身的发展和增长已经带来了城市新的形态,同时经济体制变革使得城市管理和政府职责更加复杂化,城市管理的内涵也在不断变化之中。但是,在一定的历史阶段,城市管理有其相对稳定的内涵。就目前而言,中国处于计划经济体制向市场经济体制转轨的过渡期,计划经济体制下城市管理的内涵和市场经济体制下城市管理的内涵有明显的不同。出现城市管理内涵变化的原因可以从以下两方面加以理解:一是城市管理实体的变化;二是城市管理主体的变化。城市是城市管理的空间实体,是一个随社会生产力发展而不断发展变化的社会经济有机体。从古代城市发展到近代城市,进而发展为现代城市,城市表现出经济繁荣、人口密集等许多外在的特征,而其内在的特征常常被人们所忽略。现代城市的内在特征主要有城市功能日趋多样化、城市生产活动日趋智能化、城市活动日趋社会化、城市系统日趋开放化,这些变化从根本上对现代城市管理的内涵提出了新的要求。

城市管理者是城市管理的主体,在我国传统计划经济体制下,以实行中央集权的计划经济为大背景,城市管理的主体是单一的,就是城市政府。在长期的社会管理过程中,我国形成了"大政府、小社会"模式,政府是全能政府、无限政府。随社会的发展、政治的变革、体制的转轨,现代城市管理的主体开始向多元化发展,城市政府依然是城市管理者,但不是唯一的管理者。随着城市第三部门和市民社会的发展,社会中介组织、非营利部门、社团组织、社区组织等都将成为积极的城市管理者。这是在市场经济条件下,城市管理主体发展的必然趋势。

概括而言,现代城市管理是指多元的城市管理主体依法管理或参与管理城市地区公共事务的有效活动,属于公共管理范畴。从现代城市管理主体的主角——城市政府角度出发,现代城市管理主要是以城市的长期稳定协调发展和良性运行为目标,以人、财、物、信息等各种资源为对象,对城市运行系统做出的综合性协调、规划、控制和建设、管理等活动。城市管理是城市发展的客观要求,作为企业管理和国家宏观管理的中间环节,市场经济条件下的现代城市管理既包含了以城市政府为主体的城市管理者依据国家法规体系、通过国家计划和发展规划对城市运转和发展所进行的控制行为和活动,也包含了城市政府通过制定各种经济政策、城市管理法规对城市企业、城市公民、城市非政府机构的生产生活所进行的组织、控制、协调行为和活动。另外,最重要的是现代城市管理还包含着城市政府管理职能与非政府机构、非营利组织、社会团体、市民等参与城市管理的行为之间的相互协调和结合。

台湾城市管理学家董树藩在论及都市管理的重要性时曾强调:"都市为人类的重要生活环境,必须管理得当,人类才能过着幸福快乐的生活。都市为文化发源地与传播中心,必须妥善管理,人类文化才能不断发展滋长。都市为各种制度的发展地方,必须管理适当,才能使都市中所存在的各种制度健全发展。都市乃国家兴衰所系,都市管理健全与否关系国运之昌隆与否。"这一阐述概括出城市管理的主要目的就是为了协调、强化城市功能,保证城市发展计划的实施,促进城市社会与人类的健康发展。

(二)城市管理水平的指标体系

1.体现城市实力的指标体系

城市实力就是城市发展的保障力。城市化质量不单单要求城市化外在的表现力(城市人口占总人口的比重、人口的迁移数等),更要求城市的后继发展能力。主要指标应包括:反映城市的经济实力的指标(人均 GDP);政府的实力指标(人均财政收入);城市的居民消费水平的指标(人均居民收入)。一个城市的实力应该是经济实力、政府实力和居民消费实力三个实力的协调发展。

2.体现城市能否提高居民生活质量的指标体系

城市化质量的直接体现就是居民生活质量提高。居民的生活不外乎以下八部分:衣、食、住、行、生、老、病、死。衣体现在市场购买力,食要看恩格尔系数,住是人居住的环境(每万人拥有的绿地、空气中有害气体的含量等),行是交通便利度(每万人拥有的公交车数、每万人拥有的公路米数等),生体现在公共安全(死亡率等),老主要指社会保障(参加养老保险的人数比、城市对社保的补贴等),病指公共卫生(每万人拥有的医护人员数等),死主要用人均预期寿命来衡量。

3.体现政府政策的指标体系

政府是城市的管理者,所以政府的政策对城市发展和价值取向起决定作用。另外,我国城市行政级别特别明显,"以官设市""人为设市"成为我国在城市化进程中的两大思想误区。所以城市的发展受城市政府决策的影响较大。通过衡量城市政府的政策取向,能够体现城市化是否实现了真正质量的提高。主要指标应包括:政府是否采取"城市偏向"政策,以财政补贴的办法是否仅保障城市居民的生活;政府是否实行"乡村歧视"政策,农村居民入城是否享受到与城市居民同样的待遇;城市政府的户籍制度,等等。

4.体现就业机会供给力的指标体系

"人存政举""人亡政息",人才战略是一个国家兴盛的保障。城市要想留住人才,必须具有一定的容量。城市容量低,吸收农村人口的能力差,大量农村人口涌入城市并不是城市需要他们,而是他们需要城市。这样不但不能为城市创造财富,还有可能干扰城市的正常秩序,反而影响城市的发展。城市容量可以用城市第三产业所占的比重来测量。城市化质量要求城市在城市化进程中,提高城市容量的同时,必须避免出现城市两极现象。此系统的主要指标应包括:第三产业所占的比重,城市失业率,城市提供的职位与就业人口的比例等指标。

5.体现城市资源的承载能力的指标体系

按照可持续发展资源承载力的观点,城市化和城市的发展必须在资源的允许范围之内,城市的发展不能以牺牲城市资源为代价,必须重视城市化的质量。资源是城市发展的基础,没有资源的城市化,就好比没有基础的楼房一样,无论怎样努力终有倒塌的一天,而且建筑物越高倒塌的可能性就越大。所以城市化质量指标必须考虑城市资源,考虑资源的承载能力。这类指标应该包括:人均的自然资源的数目和人力资源的投资等。

(三)现代城市管理水平的特征

基于城市社区的结构特征,以及城市的多重功能、管理内涵的多重要素,城市管理水平涵盖行政管理指标、经济管理指标、社会管理指标、环境管理指标、空间管理指标、基础设施管理指标、文化管理指标等。我们不难发现,现代城市管理的水平正日益凸显下列特征。

1.管理的综合性

现代城市是高度复杂的社会综合体,社会、经济、环境资源等系统,具有各自的运行规律和特征,既自成体系,又相互影响、相互制约,并同外界环境有着密切的联系,从而决定了城市管理具有综合性的特点。城市的综合管理任务首先是要保证城市正常运转,而不能仅限于对构成城市的某一因素的运转管理上,还应协调、控制城市构成各因素之间的相互联系,如政府对社会因素、经济因素、市政因素进行协调管理,对城市进行宏观控制,搞活企业以及组织和协调好城市功能的发挥等。不管是局部管理还是整体管理,都应从总体的规划和战略协调上进行综合性的管理。

2.管理的开放性

城市是一个开放型大系统,它对自然资源的依赖及产品对市场的依赖迫使城市对外部区域开放,因此只有开放式的管理,才能增强城市的开放性功能。城市的开放表现在：对农村的开放，对国内市场的开放，对国外的开放，技术、文化、人流、物流、信息流、资金流的大规模输入和输出。

3.管理的动态性

现代城市作为一个有机整体，各个局部的运转都会影响到整体的运行。因此，要掌握城市运转的规律，应从长远的、动态的角度来管理实施城市发展战略目标，进行总体动态规划，而不能静止地、独立地管理城市的各构成要素，不仅要管好局部，还要协调好总体的运行。

第二节　提高新型城镇化建设质量和城市管理水平的战略意义

一、"传统城市化"中的问题迫使我国更加注重城市化发展的质量

联合国环境规划署在总结报告中有这么一段话："过去 10 年，传统城市的线型经济方式（输入原料资源，把它变成产品，再进入市场，进入消费领域，然后把它扔掉），进一步导致了一些经济上、生态上、环境上的实际退化，估计对世界每年造成了 6 080 亿美元的损失，相当于这之前 40 年的损失。"这也就是说，传统的城市发展，不仅自己本身不断创造财富的效率越来越低，而且，它造成资源、能源、生态环境的损失以及人的生活质量的卜降。另外，我国城市存在经济增长方式的粗放型和城市劳动生产率偏低的问题，这对我国的城市化质量提出了严峻的考验。我国要想实现城市化的高速发展，赶超发达国家，必然要求高质量的城市化。

二、两系数预警：提高城市化质量已是刻不容缓

进入 20 世纪 90 年代以来，中国农村乡镇企业的发展相对停滞，农村剩余劳动力和新增劳动力在上升中，而农民收入的增长减缓，甚至出现负增长，农民就业压力增大。据统计，农村居民恩格尔系数随城市化进程而出现较大的起伏。我国的城市恩格尔系数和农村恩格尔系数距离正在逐渐拉大。2004 年我国的基尼系数已过了 0.45，远远超过了联合国 0.3—0.4 的红色警戒线。据统计，我国的弱势群体（残疾人、地方病人、绝对贫困人、失业人、失地人、失去生活保障的人、下岗人员）目前大约有 3 亿。这两个系数

说明我国城乡收入严重失衡,生活在贫困线上的人仍旧很多。如果我国在城市化中不重视城市化质量将最终导致二元社会,最终不能实现城乡一体化的城市化目标。

三、现代城市整体管理水平不足的现实需要

中国经济导报网报道,全国 44 个城市综合测评"行政管理""经济管理""社会管理""环境管理"等 7 项城市管理水平指标,相关评价报告将全国的 4 个直辖市、26 个省会城市,以及大连、厦门、青岛、深圳、宁波等 5 个计划单列市,秦皇岛、连云港、烟台、威海、汕头、湛江、珠海、北海、南通等 9 个沿海开放城市和港口城市列为调研"样本"。

结果表明,在上述 44 个城市中,深圳的 7 大指标综合得分最高,为 57.2 分;其次是北京,为 52.8 分;上海,为 47.4 分。44 个城市综合测评"行政管理""经济管理""社会管理""环境管理"等 7 项城市管理水平指标,北京"社会管理""环境管理"两指标分别排在第 21 名、第 25 名。在北京市社科院主办的"第三届中国城市管理论坛暨'深化城市领域改革'"研讨会上,城市管理蓝皮书《中国城市管理报告(2012)》发布,其中由北京市社科院城市问题研究所副研究员赵继敏和该所博士后杨波撰写的《中国重点城市管理水平评价》(以下简称《评价报告》),呈现出上述内容。以统计年鉴等资料为数据依据,《评价报告》加权测算出了上述 44 个城市的城市管理水平 7 大指标。

很多城市为何管理水平未排在前列?蓝皮书其他调研文章以及出席论坛的专家学者,分别提出了观点和看法。《中国城市管理报告(2012)》中提出,很多城市管理体制存在"城市管理专业化改革、部门管理和部门利益造成了城市管理统筹协调功能缺失;规划、建设和运行管理联动跟不上城市发展,加大后续管理难度"等问题。同时发布的《中国社区发展报告(2012)》则讨论了社区建设存在的问题,"城市公共服务建设的经费来源主要是财政,区域间公共财政的收入有差别、支出也会失去平衡";"部分城市社会组织利用政府购买公共服务的制度缺陷进行偷税漏税,降低了自身的公信力和社会影响力,进一步制约公民参与公共服务建设的积极性,损害了社会公共利益,导致以公共服务为核心的城市管理水平偏低"。

北京工业大学建筑与城市规划学院城市规划系主任张建谈到影响城镇化政策可持续性的原因。她以北京 50 个挂账村为例,"50 个挂账村"工程确保了农民上楼、农民利益,但"采取了先难后易(50 个挂账村为迁建等难

点村)的程序,补偿标准特别高,造成现在农民的诉求越来越高,政府承担城市化的成本也越来越高",因而导致城市管理成本的增加和管理水平的削弱。现代城市是一个集经济、社会、环境为一身的复合系统。经济密集、产业密集、基础设施密集、人口密集、环境密集,人流、物流活跃是其本质属性。现代城市的运转离不开高效能城市管理,高效能城市管理贯穿于城市发展的全过程,它是城市发展的永恒主题。

高效能城市管理,能扩大城市功能空间,优化城市资源配置,降低城市运营成本,提升城市对资源要素的聚合力和功能的辐射力,促进城市可持续发展。也是优化城市发展环境、提高城市综合竞争力的重要条件。良好的市容市貌是一个城市文明程度和整体形象的重要标志,是对外开放的"窗口"。从现象上看,城市管理的各个环节都不同程度存在一定问题。如小摊小贩随意占道经营、乱摆乱卖,车辆乱停乱放乱闯,各类广告乱拉乱挂乱贴乱写乱送,各类违章搭建依然存在,车辆、工地、娱乐噪声扰民,工业"三废"污染和各种小炉灶烟尘污染,随意改变墙体结构和房屋用途,行人乱吐乱丢弃物,垃圾乱倒乱堆,公共设施被随意破坏,公共绿地和空地被侵占等。

这些现象常常是抓一抓,好一阵,稍一放松就迅速回潮,有些甚至成了顽症,成为困扰城市政府的难题。这些问题不能很好解决,城市品质就得不到提升,"大湖名城"就会徒有其表。如何构建"两级政府、三级管理、四级网络"的城市管理模式,充分调动各方力量参与城市管理的积极性,形成"大城管"格局,最终实现"全覆盖、常态化、高水平"工作机制,是在城市管理建设进程中必须破解的课题。

当前和今后一个时期是我国新型工业化、新型城市化发展的关键阶段,不仅户籍人口的城市化进程加快,还将集聚大量的外来人口。城市承载力受到很大考验,城市管理面对巨大压力,需要我们创新城市管理体制机制。首先,要准确把握现代城市管理的数字化、民主化、柔性化、精细化等发展趋势;其次,要正确处理现代城市管理的人性关怀与严格执法、追求效率与注重公平、经济发展与生态平衡、城市繁荣与城市安全等基本关系;再次,要不断完善实现管理目标的保障措施,包括健全的法规体系、严格的执法制度、广泛的宣传教育、定期的评比活动、优秀的管理人才、科学的管理体制、人本的管理思想等支撑。

第三节　提高新型城镇化建设质量和
城市管理水平的策略分析

一、提高新型城镇化建设质量的总体策略

(一)提高新型城镇化建设质量宏观保障

1.提升城市化的质量客观上要提高认识

认识不到位,肯定不会下大决心提升城市化质量。为此,应把城市化的意义放到更高的层次上来理解。从经济发展的角度来看,城市化有利于经济增长,有利于调整结构,有利于扩大内需。同时,城市化还具有政治意义、社会意义、文化意义。要使中国真正实现转型、实现强盛,最根本的是实现城市化。城市的中国才是崛起的中国。回顾历史,落后与战争都是与小农的方式有关,而城市化恰恰有利于文明的促进、创新的聚集。那种仅仅强调其他经济利益的局限应用,或者说它的问题偏差在什么地方,这就会使我们有一个短视的观念。因此,应从更高的意义上来考虑城市化,也就不会急于求成,不会急于想用眼前的快速增长带动经济,就会使城市化的速度放在一个合适的、可持续的、健康的水平上。

2.提升城市化的质量要有真正的绩效考核

我国之所以很多城市不重质量,根本原因在于体制因素。比如说,现在很多城市的土地出让收益超过了财政收入,这就形成一种循环,城市要发展,就要更多占用土地;而土地收益多了,又要搞扩张性建设。可见,要逐步改革现行的 GDP 考核方式,将地方官员的考核与当地居民联系在一起,应该由居民决定官员的升迁。对干部考核,既注重考核发展速度,更注重考核发展方式、发展质量。既注重考核经济建设情况,更注重考核经济社会协调发展,维护社会稳定,保障和改善民生的实际成效。同时,将改进考核方式,坚持以平时考核、年度考核为基础,以换届考察、任职考察为重点,增强考核方式的完整性和系统性。

3.提升城市化的质量要科学规划并改革决策程序

一是要努力践行科学发展观,以民为本,以民意为本,多做一些民生工程,少做仅为"花架子"的形象工程;二是要坚持决策过程的公开性,民众对本辖区建设应有知情权;三是要实施听证制度,认真听取有关专家、社会团体,特别是本辖区民众的意见;四是要加强对决策的监控,发现与目标偏离时应该及时纠正,保证公共产品的有效供给和城市化质量的提升。

4.提升城市化的质量要有相关制度给予配套

逐步提高城镇化水平固然重要,但更紧迫的任务是统筹研究农业转移人口进城落户后可能出现的新情况、新问题,陆续出台一些具体政策措施,包括逐步实现农民工在劳动报酬、子女就学、公共卫生、住房租购以及社会保障方面享有与当地城镇居民同等的权益。财政要安排专项资金使在城镇稳定就业和居住的农民有序地转变为城镇居民。财政应出资为失地农民提供免费就业培训等,使这部分人在城镇有了稳定的就业机会和住房,并被城镇社会保障体系所覆盖。在产业发展的基础上,数以千万计的农民工及其家属逐步融入各类城市和小城镇,他们的生活方式和消费行为将发生根本性变化。同时,为解决农村城市化建设资金问题,财政部门应拓展投融资渠道,这将从根本上消除二元结构和提升城镇化"质量",确保中国经济在未来相当长时期内平稳和较快发展,构建和完善我国绿色采购机制。

(二)提高新型城镇化建设质量现实策略

要从总体上提升城镇化质量,首先要提高地区经济发展质量,为城镇化进程提供坚实的物质基础;其次,要重视各个子系统的联系和质量的提高。

1.加强区域间的相互联系

针对城镇化质量相对高质量区辐射带动作用弱,城镇间发展不协调,区域联系少的现实,城镇化发展应加强区域间的联系,提高区域核心城市的辐射带动作用,促进城镇的协调发展。首先,要提高大城市的辐射作用。加强与周边市(县)的联系,形成产业互动、经济快速发展的新格局,进一步增强辐射带动作用、发挥中心城市功能。其次,培育新的增长极。加快建立城市群。在城市群内部,加快一体化建设,发展区域经济带,使城市群成为带动地区发展的经济增长极。同时,建立以交通干线为主的,以快速交通干道、工业都市带为发展轴线,以各种生产要素流、各级交通和通信线路为联系网络的双"廿"型城市经济带。最后,注重以城市化网络建设,促进城镇化质量的协调发展。

2.调整和优化产业结构,提高经济发展质量

要全面发展第三产业,推进旅游业、商贸业产业化,转变城镇的单一性职能,变为综合性服务功能。积极承接东部地区的产业转移,进一步优化产业结构。工业化是城镇化的根本推动力,在发展第三产业的同时要注重工业的发展。各地区应把高新技术产业作为主导产业,并形成特色产业链。优先扶植支柱型产业,重点发展核心企业。在发展工业时,应加速产业上下游间的联系,提高资源的综合利用率和废弃物循环利用率。发展循环经济,不仅有助于从根本上改善地区生态环境质量,更有利于经济发展质量的提升。

总体上来说,各城镇的产业布局常常差异较大,各城镇内第二、三产业的比重差异也较大。在整体上调整、优化第二产业,加快第三产业的发展的同时,各城镇间、各区域间应加快产业间的联系、互动,提高区域经济发展质量。发展观光农业、休闲农业等。加快小城镇和农村建设,统筹城乡发展。同时,在城镇化过程中,将有众多的人口转移到城镇中,对此各地应加快中小城镇的建设,将人口分流,减轻大城市的压力。进行新农村建设,加强农村的基础设施建设,改善农民生活条件;改变城乡二元经济结构体制,促进资源等生产要素在城乡间合理流动和优化配置;缩小户籍的限制,有条件地允许人才自由流动;加快农村教育、卫生、文化等社会事业的发展;不断完善农村社会保障制度,加快新农合、农村养老制度建设,提高农民的福利水平。

3.进行城镇规划,加强基础设施建设

进行城镇规划是提高城镇化质量的重要环节。推进城镇化进程,必须坚持规划先行,以城镇规划为依据,着力增强规划的系统性、前瞻性、科学性和导向性,指导城镇建设有序地开展。因此,地区在制定城镇规划时应具有超前意识,要根据城镇自身条件,科学确定城镇发展的定位,把城镇建筑的地方特色和时代特征有机结合起来,依托各地产业和自然、历史、文化等条件进行规划,塑造个性化的形象和品牌,制定特色化的城市形象设计,防止"千城一面"。应充分考虑未来交通、环境、用地结构、基础设施等方面的要求,全面合理地利用城市土地,协调城市空间功能布局,注重基础设施、社会服务社会设施的建设和各种公益事业的健全完善,并且要更多地研究城乡统筹发展,关注村镇建设。

4.充实大城市的人力资源,增加城镇化的人力资本

城镇化不仅是农村人口向城镇集聚的过程,更是城镇文明、生活价值等向乡村渗透和扩散的过程、人们综合素质提高的过程。我国大多数地区的城镇大多不具有浓厚的文化氛围和强大的人才基础,人才比较匮乏。各城镇平均每万人拥有的科技人员、大学生、中级职称以上人员数,均低于全国平均水平,这种状况严重影响了城镇化的质量。因此,各地区应该以发展投资少、收效快、可行性大的基础性教育,尤其是以落后地区和欠发达地区的基础性教育为重点,并建立多层次的教育网络体系。在发展基础教育的同时,积极发展职业教育,提高高等教育办学质量,为经济发展提供持续不断的智力保障,提高城市的文化品位和活力。高校群落与城市间互动最为突出的方面是它的文化学意义。各地应尽快建立以知识经济为先导的高新技术区,使现有人才做到人尽其用。

5.统筹城乡发展,加快城乡一体化

农村、农业、农民是城镇化过程中很重要的一环,要提高城镇化质量不仅要重视城镇,更要重视乡村的建设,要统筹城乡发展。加快农业产业化进程,提高农村经济发展质量。特别是农业大省,农业资源发达,拥有良好的农业发展条件,实施农业产业化:以龙头企业为带动,形成龙头连基地、企业连农户的经营模式;推出特色农产品市场,以市场带动周边区域农业发展,形成产业。

二、提高城市管理水平的策略路线

(一)建立与现代城市要求相适应的城市管理要实现三个转变

建立与现代城市要求相适应的城市管理,要实现三个转变:一是从过去经验式管理向科学化管理转变。现代城市管理是一门综合性边缘科学。科学的城市管理必须有信息系统、决策系统、指挥系统、应急处理系统、公共服务系统、社会咨询系统,单凭经验难以管理好一座现代化大城市。二是从过去运动式管理向制度化管理转变。城市管理是一种润物细无声的制度性潜移默化过程,而不是暴风骤雨似的革命,仅靠一场或几场运动式整治或检查是难以达到治本的长效目的。三是从过去问题式管理向预防式管理转变。问题式管理是一种后果导向型管理,它把问题的事后处理作为管理的中心工作,管理机构待问题产生、媒体曝光、群众投诉、领导批示来处理工作,是

典型的应付式短效管理。预防式管理是一种原因导向型管理,它不是把问题的善后处理作为工作的最终目的,而是把找出问题产生的原因、消除问题产生的根源、提出控制类似问题再度产生的措施作为管理的重中之重,它是一种治本型的长效管理方式。

(二)正确理解城市管理的科学内涵

城市管理是指以城市这个开放的复杂巨系统为对象,以城市基本信息流为基础,运用决策、计划、组织、指挥等一系列机制,采用法律、经济、行政、技术等手段,通过政府、市场与社会的互动,围绕城市运行和发展进行的决策引导、规范协调、服务和经营行为。广义的城市管理是指对城市一切活动进行管理,包括政治的、经济的、社会的和市政的管理。狭义的城市管理通常就是指市政管理,即与城市规划、城市建设及城市运行相关联的城市基础设施、公共服务设施和社会公共事务的管理,即"大城管"和"小城管"两层含义。

1.冷静分析城市管理现状

城市管理是个大概念,是一个系统工程,其中最主要的包括城市规划、城市建设、城市管理三个基本环节。三个环节当中,规划是龙头,建设是基础,管理是关键,三者相互衔接、有机配合,便构成了城市高效运行的一个整体系统。从规划编制的总体状况来分析,主要存在如下问题,如城市总体规划编制频繁、城市规划编制内容不符合城市发展要求、城市总体规划编制方法存在缺陷、城市规划实施有障碍规划审批周期长、城市基础设施建设滞后于经济社会发展、城市建筑质量不高、城市管理体制不顺畅、城市管理综合效能不高、城市管理执法不够文明等。

2.紧紧抓住城市管理中的难点、重点问题

流动摊贩难控制主要表现为三个方面:一是早、夜流动设摊屡禁不止。二是使用三轮车、手拉车兜卖水果现象日益增多。三是少数民族人员流动设摊取缔工作难度大。

"五小行业"难治理。"五小行业"主要包括:餐饮业、加工业、洗车业、修理业、娱乐业。"五小行业"存在规划滞后、环境卫生差、污染严重、居民投诉多、经营面积小等问题,这些行业大部分是沿街开设、越门摆物、卫生设施不全、油烟排放设施差,"脏、乱、差"现象严重,同时还存在不同的食品安全隐患,大多数都是以下岗职工、失地农民、外地打工者为主,而且还存在流动性大、业主更换频繁,职能部门难以及时掌握情况和有效控制,对其实施长效

管理难度大。

"三线"乱拉难整治。三线"主要指：供电线、电话线、有线电视线。主要是"三线"施工无规划、无标准，不统一，到处是"蜘蛛网"，造成居民住宅墙体损坏和生活不便，损害了市民的居住环境，给街道、社区管理工作带来了难度，铁通、网通、电信三家企业在施工时没有征得相关市民和社区物业管理部门的同意，私拉、乱接现象比较突出。

违法建筑难拆除。违章搭建是影响城市面貌，城市环境的主要问题，也是城市管理很难解决的突出问题。主要有六大类：天井搭建、屋顶搭建、楼道搭建、鸽棚搭建、破墙开店，破墙开门。基本上存在两个规律：一是仿效，认为人家搭了我为什么不能搭，有一种一个带一片的现象。二是拆除难度与居民投入程度成正比，即居民投入的人力、物力越多，拆除难度越大。

部门之间难协调。城市管理工作面广量大、情况复杂，需要各相关部门密切配合，才能形成合力。但现实中各部门常常各自为政，综合管理成效相当低下。如乱停车问题，逆向行驶问题，造成道路拥阻、市容混乱，交警、公管、城管等部门因管理职能未交接，未能长期通力协作，致使管理效果大打折扣，等等。

（三）深入学习借鉴国外先进城市管理模式

加拿大和新加坡是一个城市管理十分成功的国家，是国际公认的"最适居住城市"，形成了一套比较成熟和完善的城市管理模式和方法，成功地在世界上树立了它的城市品牌。加拿大和新加坡城市管理的特点归结起来有以下几点。

1.规划、建设和管理相分离

该国的城市规划、建设、管理分别由不同的相互独立的部门承担。城市的总体规划由城市重建局负责，它为城市的建设和管理制定宏观的框架；城市建筑的单体设计和建设是由建屋发展局负责；城市管理职能则主要是由市镇理事会行使，同时还有园林部门和卫生部门共同参与。各部门之间除了定期进行交流外，一般相互不干涉各自的职权范围，权责明确，便于城市管理规范化进行。

2.法制化的城市管理

首先建立一套完备的城市管理法规体系，且操作性极强。其次，城市管理的执法力度很大，"严"字当头，其违法罚款数额高之外，而且还有一种独特的处罚：乱扔垃圾初犯罚款 200 元，累犯者就要被处以 3—12 小时的劳役,而且还得穿上标有"我是垃圾虫"的特制服装,在规定时间和规定地点打扫公共卫生,一次至少3小时以上,并在媒体上曝光。

3.重视宣传教育

新加坡政府认为法制化的管理只能"治标",要真正"治本"需要从根本上减少城市环境的破坏行为,这就要依赖于广泛的宣传教育。因此,政府不断以各种形式对其居民进行城市管理方面的宣传教育,使他们从思想上认识到遵守各项法律规章、维护城市环境的重要性。

4.与城市管理相关单位及个人的有效沟通

新加坡城市管理的主要负责机构——市镇理事会,把居民、城市管理中的承包商、基层领袖和政府部门都看作自己的合作伙伴,始终保持着有效的沟通。市镇理事会定期与建屋局、环境发展部等相关的政府部门举行会谈,通过宣传海报、布条、教育手册及主办大型的活动来教育居民,同时还通过与基层领袖的定期会面以了解居民的问题和需求。

5.开展评比活动与全国性运动等

新加坡政府十分善于利用评比活动、全国性运动等城市管理辅助手段有针对性地解决城市管理中的问题。通过这些运动的开展,使城市管理者和普通居民对需要解决的问题有更深入的认识,对城市管理的意义和各种相关法律法规有深入的了解。

6.管理人员认真负责,政府官员以身作则

新加坡城市重建局、建屋发展局、公园及康乐局、市镇理事会等公用事业局的工作人员每天早上都巡视公园、绿地、街道等,下午对有损坏或者不合要求的地方要开会或写报告,并在几天内派人去整治。新加坡的总理也对环境卫生、绿化及整个城市的管理工作十分重视,经常亲自上街巡视,一旦发现问题马上让总理署打电话过问,几天内还要派人亲自去检查。政府官员的重视保证了新加坡城市管理工作的有效开展。

(四)积极探索,不断提升城市管理水平

1.树立全新的城市管理理念

坚持以人为本,服务优先,文明执法,树立为人民管理城市,而不是为城市管理人民的理念。按照城管为公、执法为民,既要城市形象又要队伍形

象,刚性管理、柔性执法,宣传城管,理解城管。

2.构建科学的城市管理体制

形成一级法制,二级政府,三级管理,四级网络。建立职责明确,层级清晰;条块衔接,属地管理;重心下移,强化区街;高位协调,严格奖惩的城市管理体制。

3.建立全覆盖的城管责任网络

建立"全覆盖、无盲区"网络,设立定岗位、定标准、定责任、定奖惩责任机制。①建立环卫保洁责任网络。②构建六位一体的城管责任网络。③构建高素质的城管执法网络。④构建覆盖城市的市容环卫责任网络。

4.打造人民满意的城管执法队伍

打造一支和谐的城管新队伍,内练素质,外树形象。坚持管理与服务相结合,执法与教育相结合,处罚与整改相结合。强化法制意识,强化程序意识,强化风险意识。

第十章　积极稳妥实施"城中村"和"旧城"改造

第一节　"城中村"和"旧城"的含义、成因及法律地位概述

一、"城中村"和"旧城"的含义

"城中村"和"旧城"是城市化快速发展过程中特有的一种现象,它不仅是一种物理空间的建筑布局形态,也是一种社会生活形态。总括起来,"城中村"和"旧城"是在城市化进程中,由于耕地被征收,农民转为居民后仍在原村落居住而形成的"都市里的村庄"和因城市区域版图不断扩张而对比形成的旧城旧址,它们是在城市高速发展的进程中,滞后于时代发展步伐、游离于现代化新型城市模式之外的"落后"区域。

本文所研究的"城中村"和"旧城",就其形态而言,主要分为三种情况:第一种是原村民村落。主要是指老屋村及仍按原村委或村民小组聚居形式建设的农户式私人住宅区,不包括村民统建楼和花园式住宅区。第二种是大量自建私房形成的住宅区。主要是指原村集体卖地给地下开发商或外地人建设的农户式私人住宅区。第三种是被新建城区包围或与新建城区并立而居的旧城旧址。

"旧城"的概念容易界定,但"城中村"至今没有一个明确的定义。它是一个国家或地区在其城市化进程中出现的阶段性"产物",特别是我国作为一个农业大国向工业大国的转型时期,这种现象更为突出。从目前来看,对城中村的定义有两方面的来源。一是从研究的视角看。所谓"城中村"即被工业化的厂房、现代化的楼宇所包围的属于农村村委会建制的原城市郊区

生活区域①。

　　另有学者认为"城中村"可以分为两类:一是被城市所包围的完全无农业用土地或极少农业用土地的"城中村",它们由于城市的扩张而被纳入城区,农地、产业结构和村民就业结构已经基本非农化,但仍然沿用传统农村的社会管理体制,或者在管理体制上进行了一些城市化的改革,但其本质与城市社区仍有较大区别;另一类是在城市规划内、地处城乡接合部的仍拥有部分农业用土地的"城中村",农地、产业结构和村民就业结构出现了非农化的趋势,但仍有大量从事农业生产的人口,政府采用超前的姿态将其统一划为"城中村"并适用城中村的各项政策进行改制②。

　　二是从政府管理和城市发展的视角来看。如郑州市人民政府2007年认定城中村是指在本市建成区范围内(不含郑东新区、高新技术开发区、经济技术开发区)使用集体土地,并以村民委员会为组织形式的农民聚居村落。但是在2009年又有了新的变化,认为城中村是指在郑州市中心城区建成范围内的村(组)。但从《郑州市2010—2020总体规划》来看,以上对城中村规定的范围仍不符合郑州市总体规划和都市区建设的总体目标,将来还是面临着同样的问题。

　　由以上可以看出,无论从研究的角度还是政府管理和城市发展的角度,对城中村还是没有一个准确的定义。这实际上已经给我们的研究工作和政府决策带来了很大的不便。为了便于研究和有助于政府决策,课题组认为"城中村"是指,在城乡一体化进程中,地处城市周围附近又在城市发展总体规划范围之内,仍使用集体土地并以村民委员会为组织形式的农民聚居村落,是城市发展和城乡一体化建设过程中近期或将来必须进行统一规划和改造的对象。

　　其主要具备以下特征:一是居民的身份仍是农民;二是所使用的土地仍是集体土地;三是虽然是农民身份但大部分不以农业收入为主要生活来源;四是仍然沿用传统农村的社会管理体制;五是大多集体土地使用权被转让或进行建设;六是其所处地域在城市总体规划范围之内。

---

　　①　崔彩周."城中村"农民私人违章建筑拆除及其权益保护问题再探讨[J].特区经济,2006(6).

　　②　周映华.阵痛中的嬗变——城乡结合部的"城中村"转制问题研究[J].云南行政学院学报,2007(4).

二、"城中村"和"旧城"的形成原因

"城中村"和"旧城"产生的原因有很多,从制度和城市经济角度分析,其形成原因主要有如下方面。

(一)政府制度方向的倾斜

"城中村"和"旧城"是我国在工业化和城市化进程中,基于土地的二元所有制结构和长期以来实行的城乡二元化社会管理方式所产生的一种独特社会现象。在早期的城市化过程中,政府在土地征用中有意避开村落和老城以降低补偿成本,导致了城市发展速度越快,"城中村"和"旧城"越多的现实。这种"吃软怕硬"式的土地征用办法,在当时虽然有效规避了"城中村"和"旧城"拆迁补偿等一系列复杂的法律问题,却成为中国城市化进程中一个绕不开的结。尤其是在城市化发展到迫切需要增加大量建设用地时,却又受制于"城中村"和"旧城"而无法有效统筹协调、整合城市空间资源以合理安排各项建设用地的历史阶段,"城中村"和"旧城"的拆迁改造必然被提上议事日程。

(二)城镇特殊群体的需求

房地产市场未放开前,传统城市人口相对稳定,政府按计划供给城市职工住房,大家贫富相当,不存在太多的社会分层。世界城市化快速发展的现象表明,大量新涌入城市的一部分人由于失业、行业和岗位的不同或社会机会不均等原因,使一部分人成为城市贫民。在城市土地资源日渐稀少、房价越来越高的情况下,很大一部分人由于买不起也租不起花园式的高尚住宅,只得聚居在城市的旧城社区或者形成新的城市落后社区,产生贫民窟现象。由于"城中村"和"旧城"的住房成本远比花园式商品房低,大量低收入群体的存在也使得"城中村"和"旧城"具备了存在的理由。对于大量快速涌入城市的外来人口和处于买不起房的边缘人群而言,"旧城"和"城中村"无疑是其合适的栖息之地。

(三)原住民与政府的博弈

由于"城中村"和"旧城"楼房建设成本比较低,又有大量的低收入群体的住房需求市场,受利益的驱使,不管是"城中村"还是"旧城",都乐于建造,以宽利。同时,随着近年来我国城镇房市的火爆和地价、房价的飙升,政府对"城中村"和"旧城"缺乏及时的规划和调控,监管疏漏,"城中村"和"旧

城"经历了几次快速膨胀和发展高潮,政府和原住民之间几经博弈,但抢建之风还是此起彼伏。

(四)拆迁与反拆迁的逻辑博弈

新型城镇化过程中的拆迁与反拆迁的对峙与博弈此起彼伏,力量对抗的背后是逻辑的对抗。拆迁方的逻辑是:旧村改造是新型城镇化的重要举措,而后者是国家的大政方针,甚至是分享改革成果、造福于民的民生计划;拆迁以国家征收为前提,尽管可能存在程序瑕疵,但村民在权利基础上不能对抗;拆迁经过了村民会议多数通过,具有自治民主的合法性。反拆迁方的逻辑是:征地审批程序存在严重缺陷,程序不正当;民主程序不能剥夺公民基本权利。力量只是表象,逻辑承载的才是道义。鼓舞着居民暴力抗争的正是反拆迁方逻辑中的道义因素及其自然法背景。

反拆迁方的逻辑可以区分为两层:一是拆迁必须以正当法律程序为前提;二是基本权利至上,不受民主程序限制。这里隐含着一种自然权利的逻辑,即公民财产权是天赋的,优先于国家权力而存在,国家民主和自治民主均无权染指。这一原则体现为 1804 年法国民法典中的所有权绝对原则。然而,即使在法国民法典制定之时,私人财产权的绝对性也是有前提的,即如果公共利益需要,私人财产是可以被合法征收的,争议点并非在于是否可以征收,而是补偿标准是否公正。这一点在美国宪法第五修正案中表现得非常清晰:财产在符合正当法律程序和公正补偿标准的前提下可以被征收。

征收权是国家维持秩序和增进公益的必要手段,是社会契约的内在目的,因而在逻辑上是不可剥夺的,否则将造成"国将不国"。对于国家征收而言,公民依据财产权的抗辩只能是条件性的,而不是原则性的。现代国家的这一征收权逻辑很残酷,但这是公民面对现代生活的必然处境,是社会契约的逻辑结果,法治所能保障的只是程序和标准。当抗争者诉诸基本权利的至上性来对抗民主时,在逻辑上依然不够圆满。

首先,基本权利是宪法确认的公民权利,尽管还笼罩着自然权利的人权光环,但从严格的法治逻辑而言却已经成为受制于国家权力的"法定权利",其优先顺序与实现程度受到国家权力框架的严格约束。其次,国家民主过程直接产生或改变法律,调整着涉及公民财产权的法制框架,基本权利至上性无法同时超越国家的民主与法治。再次,在自治民主的过程中,村民会议的多数表决决议具有自治权效力,约束村民共同体的每一个成员,且因为包括宅基地在内的农村土地均是集体所有,个体成员不具有充分的权利基础来对抗。

反观拆迁方的逻辑,从表面来看具有值得认真对待的余地。首先,新型城镇化背后有着很强的民生逻辑和关于富强和进步的国家理由。其次,宪法中的公有制条款和现代国家的征收权逻辑有利于政府的项目规划和社会重整。再次,村民自治的多数表决结果补充了征收拆迁的实质合法性。如果说18世纪初还是"所有权绝对"的时代,国家处于消极伦理之中,那么随着垄断资本主义的兴起和管制国家的形成,世界范围内都出现了所有权的相对化,所有权开始普遍接受社会义务和法律限制,自然权利的道义背景在实证主义的国家法治观规训之下日益单薄。

这是我们的现实处境,而像法国、美国这样的法治国家所能做的也只是完善财产征收的程序和标准。因此,反拆迁方声称的"民主程序不适用于基本权利"只能作为一种自然法式的道义抗争,而不能引为关于征收拆迁的建设性法治商谈。那么,何以在逻辑上可以成立的会转瞬加入反拆迁的村民行列呢?尽管政府和拆迁方也提供了形式上的程序和标准,但存在两个严重的问题:第一,被拆迁人对提供程序和标准的公权力以及资本方存在严重的公信力危机;第二,程序和标准本身缺乏正当性、公正性和对人的尊严的最基本尊重。加之其他相关程序里的不透明、不公开及运动式执法的做派,我们很容易判断出拆迁对峙双方之信任已接近"冰点",于是政府"阴谋论"应运而生。这是转型期中国法治的深刻悲哀:执法者挟法自重,以法之名枉法徇私;抗法者逸出法治常规,诉诸自然道义和身体暴力。

在这里,马基雅维里的"目的证明手段正当"的国家理由辩证法已然失效,因为目的已经扭曲,手段更是逸出了比例原则的合理范围。因此对政府而言,需要回归正当程序和公正标准,以人为本,节制权力专横,不搞以权压民,以多压少,警察圈套,而应通过正当程序充分说明征收拆迁的公益性质,通过公正补偿充分合理安排被拆迁人的生活与发展,注意信息公开和民主参与的制度性价值。对于维权派而言,需要适度节制过高的道德热情和自然法倾向,以理性与合作的立场稳健推进法治与民主,同时要充分认识到塑造现代政体与官民关系的主要机制是民主,对抗惨剧的出现表明的是地方民主的缺位,而不能以法律人的法治偏好造成对民主过早的超越和偏废。

拆迁与反拆迁的博弈也反映了中国转型期复杂的观念分裂与逻辑紧张:一方是体制庇护下的行政权力和资本体系,信奉国家理由、强权逻辑和封闭保守的行政文化,可能因权力的专横性而逸出法治轨道;另一方是"法律人公民社会",信奉自然权利和规范化的民主法治,也可能因道义激情而逸出法治轨道。

三、"城中村"和"旧城"房屋建筑的法律属性

近年来,城中村房屋的法律问题也引起了人们的关注。建筑物是否为违法建筑,应该看其是否违反了国家强行性的法律规定,具体来说,就是是否违反了城市规划、土地管理方面的法律法规。如果违反了以上的法律法规,则是违法的,属违法建筑。如果未违反,则不能定性为违法建筑。

房地产证是业主拥有该土地使用权和房屋所有权的法律证明文件(准确来说应以产权登记为准)。房地产登记的目的主要是保护合法财产权、维护交易安全,具有权利确认和公示的功能。房屋是否进行产权登记和该房屋是否为违法建筑没有必然的联系。判断是否是违法建筑的逻辑思维应该遵循"法无明文不为过"的法则,即只要没有违反法律法规明令禁止的,就不违法。其排除法则是先认定其非法性,非法性之外则合法或者说未违法。而不能先判定其是否合法,如不能证明其是合法,则属于非法。这主要是法律不可能事无具细地罗列社会万象,显然由法律先规定合法行为才可谓是不可能的。未取得房地产证的房屋不一定就是违法建筑,比如农村绝大部分的房屋和祖屋就没有房地产证,并不能说这些房屋都是违法建筑。

第二节 当前"城中村"和"旧城"对城市发展产生的影响

虽然,"城中村"和"旧城"的存在为失地农民和困难群体提供了社会保障的补充,其低廉的居住成本为低收入人群提供了栖身之所,为社会的维系提供了微循环的生存空间。但随着现代化的发展和城镇化的推进,大家对于城中村存在的问题已成共识,并把它看作城市肌体上的"肿瘤"。在繁华的都市里,在鳞次栉比的高楼大厦边,不时地兀立着一个个布局凌乱、拥挤不堪的建筑群落,极大地影响了城市的外观,也影响了城市管理。"城中村"和"旧城"里环境脏乱、市政设施不配套、治安混乱,造成了诸多的社会隐患和城市问题,构成了城市现代化发展的严重障碍。这些突出问题概括起来主要有诸下方面。

一、城中村土地利用混乱

"城中村"和"旧城"的村民建筑常以单家独户为主,占地面积大,建筑密

度高,造成了土地占有率高但利用率低的紧张局面。另外,很多"城中村"和"旧城"占据了城市的优越地带,但在综合开发上却远远落后于周边地带,这是对土地资源的极大浪费。我国是土地资源稀缺的国家,城市正从粗放的外延式扩张走向内涵式集约发展。改造"城中村"和"旧城",盘活效率低下的"城中村"和"旧城"土地已经成为历史的必然,合理改造"城中村"和"旧城"将会大大促进城市土地潜力的提高及城市经济的发展。

二、社会安全隐患大,问题频发

"城中村"和"旧城"居民依赖土地补偿、房屋租赁和集体分红等收益,几乎是一夜之间赚富的,尤其是一些年轻的村民,变得一味贪图享乐、不思进取,于是产生了一种奇特的"城中村"和"旧城"现象——"二世祖"现象。这种不劳而获的思想对村民的精神生活造成了严重的负面影响。"城中村"和"旧城"居民虽然身处城市,但自身素质还未能适应城市化要求,思想观念和行为方式急待转变。他们多数靠着分红和房屋出租收入过日子,成为新型的"租金食利"阶层;他们文化水平低下,极少出去就业,即便有自己店铺,也是出租给别人打理,他们似乎对工资低、较劳累的工作不屑一顾。这些人一旦融入社会,他们既没有劳动技能也没有技术知识,在激烈的社会竞争中必然处于劣势。加上从前那种无所事事的生活将他们的进取心和创业激情全部消磨殆尽,他们终会沦为社会中的贫困游民,生活得不到保障,从一定程度上也诱发了犯罪的可能性。同时,"城中村"和"旧城"内的外来打工者,虽然完成了"从农村到城市的迁移",但这个空间的转移并没有带来同步的思想观念和价值观念的城市化,在"城中村"和"旧城"这个狭小的空间内,由于人员复杂,管理不力,黄、赌、毒蔓延,造成抢劫盗窃等刑事治安事件频频发生。此外,安全隐患较多,例如"城中村"和"旧城"的不少租客习惯于自己在出租屋内做饭,炊烟袅袅,吸烟者,也会将烟头随手丢弃,这就带来了种种安全隐患。由于"城中村"和"旧城"内道路狭窄弯曲,导致消防通道严重受堵,消防安全隐患突出;住宅缺乏科学设计,没有考虑抗震要求,建筑质量总体不高,卫生环境较差,极容易引发各类疾病,存在公共安全隐患。

三、加剧城市区域功能紊乱

"城中村"和"旧城"由于与城市现代化建设的脱节,其基础设施落后,空间形态紊乱,建筑风格低劣庞杂,几乎没有立意和美感,严重影响了城市空间规划的科学性、层次性和完整性。同时,由于规划的滞后和管理的被动,村民多划地为院,乱占乱建,土地利用率低,更不能通过规划进行功能组合,发挥土地的级差地租效益。村民又进行高密度、超容量建设,牵手楼、贴面楼随处可见。这种缺乏科学规划的建设,给远期的更新改造增加了成本。同时,在利益考量与历史遗留因素叠加下,"城中村"和"旧城"加剧城市区域功能紊乱。第一类问题主要表现在"城中村"和"旧城"的老城区等商业街及专业市场与新型城市商业区的功能冲突。第二类问题主要表现在住宅经商与禁商之争,也可以说是住宅商用的问题,这在"城中村"和"旧城"中十分普遍。第三类问题主要表现为城市住户居住区环境被"城中村"和"旧城"的污染所扰乱问题。第四类问题主要表现为作为市中心地段的"泛CBD"功能规划被连片"城中村"和"旧城"居住用地和集贸市场所分割,如果二者不能衔接好的话,又将可能成为一个功能分区紊乱的区域。有点"中心居住区"和"泛CBD"大杂烩的味道,成为一个功能与城市形象都很不清晰的区域。城市功能分区紊乱其中既有"利益考量"原因,也有"历史遗留"问题。但是在具体推进过程中城市建设往往被"城中村"和"旧城"的短期商业利益和生活利益所干扰,不顾城市的长远功能效率的提升,"城中村"和"旧城"与城市各区、各部门之间的利益考量有不同因而造成功能上的冲突和紊乱。

四、影响城市经济健康发展

"旧城"和"城中村"由于历史和管理体制等原因,规划管理无序,布局结构混乱,基础设施缺失,环境卫生、消防安全、治安计生等问题突出,道路泥泞、污水横流、垃圾成堆、供水电力通信杂乱等现象严重,极大地降低了经济发展的宏观环境质量,影响城市的整体发展。旧城区和"城中村"土地资源的低效利用,使其土地资源的价值大大缩水,并由于其建筑紊乱、容貌不佳,导致经济因素对它的心理性排拒。因而"旧城"和"城中村"改造是推进城市化进程和加快城市经济发展的必由之路。同时,在经济信息沟通方面,"旧城"和"城中村"与发达的现代化城区存在着"信息不对称",因而导致经济发展的不对称;在产权方面,"城中村"房屋产权既清晰,又不清晰,原则的清晰和数据的模糊并存,使得"城中村"在资产要素贡献经济发展方面的能力受到极大限制;在土地利用、建设景观、规划管理、社区文化等方面,"旧城"和"城中村"与发达的现代化城区之间表现出强烈的城乡差异及矛盾,影响城市的建设质量和发展秩序。此外,"旧城"和"城中村"物质空间杂乱无序,成为城市社会的藏污纳垢之地,地下非法经济屡禁不止,出租屋和流动人口难于管理,使其成为"社会—经济塌陷带"。

第三节　目前形势下我国"城中村"和"旧城"改造中存在的问题

一、"城中村"和"旧城"高容积率与规划困境

近年来"城中村"和"旧城"的楼房越建越高,越来越密。容积率又称建筑面积毛密度,是项目用地范围内地上总建筑面积与项目总用地面积的比值。容积率是衡量建设用地使用强度的一项重要指标。对于发展来说,容积率决定地价成本在房屋中占的比例,而对于住户来说,容积率直接涉及居住的舒适度。高容积率成为"城中村"改造的一大困境,因而给改造项目的整体规划设计带来一定困难,如何来对项目进行科学定位策划成为规划改造的关键困境。

二、"城中村"和"旧城"改造的拆迁补偿安置困境

对"城中村"和"旧城"改造的住户进行补偿安置也是一个问题,近年来"城中村"和"旧城"改造对拆迁人按照市场价进行补偿,造就了不少亿元拆迁户不说,高拆迁补偿标准也催生了"炒旧团"。有可能被改造的旧住宅区被他们购买爆炒,从而提高了"城中村"和"旧城"改造的成本。另外,从改造的旧住宅区中搬出的租户的安置问题政府一直未曾考虑,任由市场调节,也成为一个影响社会均衡发展的问题。"城中村"和"旧城"改造也给低收入群体的生存带来巨大的压力,被逐渐挤占的空间和节节攀升的居住成本,让低收入群体无处立身。试想让一个月收入只有1 000多元的家庭租住月租几千元的商品房是极不现实的事情。

三、"城中村"土地的产权障碍和流转困境

根据我国现行法律,城市所有土地的产权归国家所有,而农村和城郊土地的产权归集体所有,在城市化的过程中,国家可以征用作为农民生产资料的农用地,但难以征用作为农民生活资料的宅基地。"城中村"改造的最根本障碍就在于这种二元土地制度。此外,"城中村"土地流转。举步维艰。在那些土地没有完全国有化的"城中村",集体土地和宅基地的流转非常困

难。随着农村经济的不断发展，"城中村"产业结构和农民就业结构发生变化，许多劳动力转移到非农产业，随时会有失业的风险。集体土地负担着经济与保障的双重职能，如果难以流转，大量的土地资源或利用率低下，或由于抛荒而浪费，同时劳动力也得不到有效配置。

四、"城中村"和"旧城"改造拆迁补偿的法律盲点和居民阻力问题

"城中村"和"旧城"改造中最复杂、最关键的是集体土地上房屋拆迁及相应补偿问题，目前还没有一个独立完整的集体土地上的房屋拆迁安置补偿的国家级大法。拆迁是在城市规划区内还是城市规划区外，其法律意义是不同的。比较棘手的问题是，城市规划区内"城中村"的集体所有。在拆迁补偿的法律不足的情况下，"城中村"和"旧城"还面临着资金缺乏和居民阻力的问题。由于"城中村"和"旧城"（特别是成熟的"城中村"）规模大，改造工程浩繁，改造资金也是一个巨大的数字。政府不可能大规模地直接投资，常常要依赖开发商的介入，但开发商更多会考虑自己的利益。因此，"城中村"和"旧城"改造的资金筹措是一个难题。同时，"城中村"和"旧城"改造的居民阻力也很大。"城中村"和"旧城"的出租屋往往已经成了居民经济收入的重要来源。服务对象都是些低收入的外来人口。改造后租金的提高将"赶走"大部分"租住客户"，这将直接影响居民的经济收入，所以很多居民不愿意接受改造。如果政府和开发商介入，就更涉及着利益补偿问题。如何确定补偿范围、补偿方式、补偿标准等一直都是村民和开发商产生矛盾的导火线。此外，很多居民都还保留着"乡村情节"，不愿离开自己的故土，不想去适应外面繁华的城市生活，希望保留原来单家独院的生活方式。

第四节　"城中村"和"旧城"改造的基本策略及模式选择

一、"城中村"和"旧城"改造的长远目标分析

"城中村"改造的长远目标是按照建设现代化国际化城市总目标的要求，通过全方位的综合改造，促使全市"城中村"在居住环境、管理秩序、经济发展和文化心理等方面与城市全面融合，成为"和谐城市"的重要组成部分。以空间形态改造为重心，以综合整治为突破口，全面推进，突出重点，逐步实

现"城中村"和"旧城"生活环境的普遍改善,促进城市产业结构提升和空间布局优化,推动区域内一体化建设,使区域内城市化水平接近。根据这一目标要求,必须做到以下几点。

(一)空间融合

通过对建筑空间实体及各类配套设施的改造,改善"城中村"和"旧城"的生活环境,将"城中村"和"旧城"的土地按照城市规划进行统一利用,完善城市用地布局结构,营造整体协调的城市面貌。

(二)管理融合

按照现代城市社区建设的要求,完善"城中村"和"旧城"的管理体制和社区组织体系,将"城中村"和"旧城"纳入城市管理的统一法制秩序。

(三)经济融合

将"城中村"和"旧城"的集体股份合作公司改造成为参与平等竞争的市场主体,集体和原居民的经济来源由过度依赖于物业出租转型为多元化的产业经营,融入城市产业发展体系,实现可持续发展。

(四)文化融合

妥善保护"城中村"和"旧城"的珍贵历史文化遗存和优秀地方文化传统,打破封闭的文化心理,使"城中村"和"旧城"居民融入现代都市文化。

二、"城中村"和"旧城"改造的基本策略分析

(一)统筹规划,总体布局

"城中村"改造必须以建设现代化城市为总目标,以城市规划为先导,根据深入推进城市化的要求,积极、稳妥、有序地推进,尽量减少对城市社会、经济的消极影响,确保"成熟一个,改造一个;改造一个,成功一个"。各级政府应牢牢把握改造的方向,通过政策、规划、计划的适时调控,保证改造符合公共利益,维护改造过程中的社会公平,努力使改造惠及所有的居民。同时,坚持政府主导下的市场化运作,努力提高改造项目的经济效益,尽可能利用有限的资源达成最好的工作目标。积极开展体制创新,综合运用法律、政策、行政、经济、技术等各种资源和手段开展综合改造,既要推动"城中村"和"旧城"的空间形态改造,又要推动其社会形态改造和经济再造,以实现其

与城市的全面融合。深入认识不同"城中村"和"旧城"的特点和问题,针对不同地区、不同类型的具体情况,制定不同的改造具体目标和改造策略,分别采取全面改造或综合整治等不同的改造方式,解决特定的实际问题。根据落实科学发展观的要求,"城中村"和"旧城"改造中要高度重视资源节约和循环利用,努力实现发展绿色经济、循环经济和节约型经济的目标。珍视"城中村"和"旧城"积累的巨大财富,针对不同的建筑状况采取不同的改造措施。同时,在建设过程中要贯彻节能、节水、节材、节地等要求,努力构建节约型社会。

(二)规划先行,促进空间融合

坚持城市规划对"城中村"和"旧城"改造工作的指导,要按照城市总体规划和建设现代化城市的要求,抓紧编制从宏观层面进行规划管理的技术规范和相关政策文件,使改造工作有章可循,形成积极的整体效益。加快推进"城中村"和"旧城"改造专项规划的编制,并将其作为具体改造项目的强制性依据,以保证改造项目符合建设一体化、现代化城市的要求,并具有科学性和可操作性。依据相关政策和城市规划,集中优势资源,重点抓好位于城市重要地区的"城中村"和"旧城"的改造,迅速提升城市建设的整体水平,推进城市化、现代化进程。实行整体开发制度,防止借"分期实施"之名,行"零星插建"之实。通过土地管理、规划管理、计划管理、资金监管等各个环节的严格控制,保证"城中村"和"旧城"的面貌得到整体改善。加强对"城中村"和"旧城"改造规模的总量调控,严格管理改造工作计划,根据城市重大建设、实际问题及协调改造工作与城市社会经济运行体系关系的要求,科学制订全市和各区"城中村"和"旧城"改造工作的分期推进方案,保障改造工作有计划、分步骤、稳妥有序地开展。加强对"城中村"和"旧城"改造模式的研究,根据其现状条件、主要问题、市场潜力及与城市规划的关系,针对不同类型的"城中村"和"旧城"确定切合实际的改造模式,并提出相应的具体改造目标、实施策略和规划指引。以各行政区或规划组团为单元,加强对各地区特点的研究,根据各地区的实际情况,分别采取不同的改造策略,并加强"城中村"和"旧城"改造规模和改造项目开发强度在本地区内的平衡。在抓紧开展空间改造和规划管理工作的同时,要加强对"城中村"和"旧城"内违法建设、违法经营行为的查处,同时努力改善"城中村"和"旧城"地区的公共服务,积极探索实施社会、经济、文化形态改造的措施,为空间形态改造配套良好的政策氛围,并为远期实现"城中村"和"旧城"的全面改造奠定基础。

(三)以土地利用统一管理为核心

优化用地布局,促进集约用地。加强土地用途统一管理管制,强化土地利用规划、城市规划和土地利用计划对区内外土地开发的调控作用,完善建设用地指标体系,提高单位土地投资强度,引导"城中村"和"旧城"改造项目高效合理使用土地资源,促进区域内城镇建设和产业发展逐步走向内涵式发展道路,加强对区域内产业发展的规划和引导。根据城市规划要求,引导被改造"城中村"和"旧城"的工商业用地向规划重点建设的产业园区聚集,逐步形成具有一定专业性的多类型产业聚集基地,优化产业布局,提升产业结构,增强产业发展的竞争力。加快促进区域内居住方式的城市化变革,"城中村"和"旧城"改造后重新建设的居住建筑要统一规划、统一开发、统一建设,集中形成居住小区,按照城市规划标准配套较为完善的居住服务设施。结合组团中心培育和新城建设的需要,"城中村"和"旧城"改造后的居住用地按照规划集中布局,引导人口有序聚集,优化用地布局。

(四)改善"城中村"和"旧城"改造的思路

"城中村"和"旧城"改造的基本目的是:"通过改造,把原农民聚集村落和破败落后的旧城变成现代化城市区和文明进步和谐的社区。"但是,从目前来看,我们没有很好地理解其真实的含义,至少在目前的改造工作没有很好地体现出来。我们都知道,"高楼大厦、市容市貌"并不是现代化城市的核心概念,居民换了身份证也不一定是真正意义上的"现代市民"。真正意义上的现代化城市社区,应该是政治、经济、文化共发展,并达到一个较高的水平。我们不妨想一想,在城中村中祖祖辈辈以农耕生产为主的村民,其生活习惯、交往方式、个人素养不可能"一夜之间"发生根本性的变化。我们认为,对"城中村"和"旧城"的改造是建设现代化城市社区的外在表现,其真正意义上的改造更是对居民"人"的教化,使其不断地融入现代化城市的发展,并为其城市发展不断地做出贡献,使其真正地成为现代化城市社区的一员。该项工作是一个复杂、系统的工程,将会出现更多的困难,但是我们必须去做,否则将来出现问题的区域还是改造过的"城中村"和"旧城"(社区)。这也和我国建设和谐社会的要求不符。在对"城中村"和"旧城"改造的工作中,结合当地社会经济发展情况,不断完善改造思路,把对"人"的教化融入改造工作之中,不断提高居民的素质,使其成为真正意义上的"市民",那么我们"头疼"的违法建设绝不会如此猖獗。

(五)科学发展,重在为民

坚持以人为本,尊重居民意愿,着力解决居民最关心、最直接、最现实的利益问题,保障居民政治、经济、文化、社会权益,提高居民综合素质,促进居民全面发展,充分发挥居民主体作用和首创精神。"城中村"和"旧城"改造本是一项很好的、宏伟的"惠民工程",却遭到了很多居民的反对,这是我们要认真思考的问题。课题组在对763名城中村居民的调查中,有246人明确表示支持改造,占被调查人数的32.20%;有269人明确表示不支持改造,占被调查人数的35.30%;另有155人表示"改不改都行"(见表10-1)。可见,政府的城中村改造工作并没有得到大多数人的认可。

表10-1 您是否支持国家对城中村的改造?(763人)

选项	问题	频次	百分比
A	改造有利于改善生活环境和提高生活质量,支持改造	246	32.20%
B	改造后居民失去土地,又没有工作,不支持改造	269	35.30%
C	城中村改造是城乡一体化发展的必由之路	93	12.20%
D	改不改都行	155	20.30%
合计		763	100%

对此,政府在改造中过多地承担了"家长"的角色,更多地遗留了"计划"时代政府职能的痕迹,并没有把居民的积极性和创造性很好地调动起来,甚至起到了相反的作用。政府部门对此虽然做了积极地调整,但是效果还是不明显,改造模式并没有得到更好的改善。建议在"城中村"的改造中,坚持政府主导主要是侧重于规划、指导和审查和教育宣传,而把更多的事物性工作留给居民自己决定。

(六)依法改造,改建结合

依法改造是我们必须坚持的原则,特别是在土地的使用上要慎之又慎,必须与国家的土地政策相符合。其实,目前很多地方都遇到了同样的问题,即集体土地的置换问题,可见国家对土地的使用很是慎重。以郑州市为例,2007年郑州市人民政府规定:"有多个村民组的自然村,应以自然村或村民组为改造单位;村(组)或自然村内的所有土地,应统一规划、统一改造,土地面积不足改造需要的村(组)可对周边旧城区进行连片改造,但应统一规划、统一改造。"

2009年对其进行了修改:"城中村改造项目用地,原则在村(组)属居住及其他建设用地范围内进行。"通过地方政策的变化我们同样可以看出一些问题,国家对建设用地的控制相当严格。这些问题在 2009 年的"全国城中村改造经验交流会"也可以清楚地了解到。基本上所有的城市在"城中村"改造中都遇到了同一个"土地问题",这是我们不可回避的事实。2010 年,国务院指出:"根据郑州市资源环境的条件,坚持集中紧凑的发展模式,切实保护好耕地,特别是基本农田。""城中村"和"旧城"改造是一个宏伟的、惠民的工程,我们既要按照国家的既定方针去发展城市,又要依照科学发展,可持续发展的原则。这是城市化建设与和谐社会建设的"双重标准",对于原来的非法建设,特别是所谓的"小产权房""集体违法建设"等,根据城市发展规划,应采取不同的措施,对于不影响城市规划或影响不大的应确定其"合法性",但必须由受益人按照市场情况承担各种费用,并额外缴纳具有"处罚"性质的费用,作为其违法建设的成本。

(七)保护文化遗存,促进文化融合

要按照相关管理规定划定各级各类保护范围,实施建筑保护和周边区域建设管制;加强对散布在"城中村"和"旧城"的历史文化重要载体的调查研究,对其保护的意义和必要性进行论证,并提出相应的保护措施,针对有显著特征的建筑物有选择地开展初级保护,条件许可时升级为文物保护,以避免在"城中村"和"旧城"改造过程中造成重要文化遗存的破坏。增加财政投入,加强对地方特色文化的研究和保护,对原居民依附于这些传统文化的生活方式要给予高度肯定。促进各阶层人群的文化交流,消除城中村居民与一般城市社会的文化隔阂。积极推动社区文化设施建设,健全和完善群众文化服务网络,丰富和提高居民文化生活质量,培育居民的现代社区文明观念。开展对"城中村"和"旧城"居民文化心理和文化需求的调查研究,有效利用社区文化广场等重要载体,引导"城中村"和"旧城"的居民逐步融入城市现代文明生活和文化发展进程。

三、"城中村"和"旧城"改造的发展模式选择

(一)"城中村"和"旧城"改造的主体模式选择

不论位于哪个城市,处于怎样的状况,每个"城中村"都要通过这样或那样的改造模式来改造。只要涉及改造就必然涉及改造主体。对于任何一个改造主体,都应根据具体情况确定一种改造方式。也就是说,改造工作无论如何进行,都应选择一种改造方式与一个改造主体进行组合形成一种改造模式。一般来说,政府、村集体(包括村民)、开发商都可成为改造主体。

1.开发商主导型改造模式

开发商主导型改造模式是将开发商定为改造主体。其特点主要在于开发商经验丰富,经营管理能力强,有利于保证开发区域的品质。从纯经济运营角度讲的话,无疑是最高效的。利用村里剩余空地较多的优势,以土地资本为杠杆,将空地转为商住性质用地,并与宅基地一起进行联片统一开发。在对旧村物业逐步拆迁补偿的基础上,建设公寓式新村;在开发建设完成后,将一部分住宅物业按一定比例分配给村民(按成本价购买),而另一部分物业则全部对外销售,以回收投资;回笼的资金一部分用于支付旧村拆迁补偿,一部分用于支付新村建设成本,剩余部分则作为投资者的必要利润。考虑到启动资金的规模和村民在改造中需要另行安置的问题,整个操作过程也可以采取分期滚动开发的方式。这是一种建立在充分运用土地资本和市场手段基础上的就改造模式。但开发商容易受经济利益驱使,一般"城中村"的容积率难以满足其对商业利润的需求。一个村因不同地块拍卖结果不同,而由多个开发商进行开发的话,可能造成开发商各自为战,很难协调。而且各开发商由于自身资金周转问题也可能导致各地块开发时间不统一,开发商直接面对村民的拆迁工作容易遭遇钉子户,给改造的进行带来麻烦。这种模式主要适于规模不大、集体空地较多、地理位置较好、区域内的生活居住与经济发展用地分离度较高的"城中村"和"旧城"。

2.村集体主导型改造方式

村集体主导型改造方式是指以村集体为改造主体进行筹资改造,其特点主要在于能够充分调动村民的积极性,因为"城中村"居住条件得到改善,村民将是直接受益者。村股份公司参与整个"城中村"改造工作可以获得一定的利润,村民作为股东,也能得到一定的报酬,因此改造工作容易顺利进行,村民阻力小。此外,村民对本村情况非常熟悉.改造方案更能切合本村的特点。这种改造模式主要适用于改制较为超前、集体经济股份制较为完善、自身经济实力较为雄厚、对经济手段和商业运作较为娴熟的"城中村"和"旧城"。

3.政府主导型改造模式

政府主导型改造方式中的改造主体为政府有关部门。其特点主要在于:能够更多考虑社会、环境、经济等方面的综合效益,能够更好地保护弱势群体,"城中村"和"旧城"居民原来的经济来源都是通过出租屋收取租金,在"城中村"和"旧城"改造过程中,知识文化水平低,就业竞争力差的居民一旦失去土地,必将处于劣势。由政府主导的改造能够做到全盘统筹,保护居民的利益为他们的生活提供保障。能够更好地整合各个职能部门的资源,改造过程中涉及规划局、国土房管局、财政局、民政局、劳动局等各相关职能部门的配合,政府在其中可以起到很好的协调作用。政府有一定的财力,虽然不能直接进行大力度的投资,但可以通过制定政策让出巨大利益给居民来推动改造。例如,由村股份公司承担全部改造工作,这对其技术力及经营管理能力都将是一个严峻的考验。这种改造模式主要适用于一些规模较小、地理位置较偏、经济实力较弱、机会成本(损失)不大的"城中村"和"旧城",或涉及国家重大工程项目需强制征用农村或旧城区土地的情形。但具体操作形式又有所差异。

(二)"城中村"和"旧城"改造的实施模式分析

"城中村"和"旧城"改造的主体模式选择偏重于对改造主体的选择,而"城中村"和"旧城"改造的实施模式,则偏重于改造方式的选择。

单纯从改造方式着眼,"城中村"和"旧城"改造大体可归纳为以下四种改造方式。

1.整体重建型

整体重建型改造是指从"城中村"和"旧城"的整体格局到单体建筑的全面改造,从旧村、城区向新城的整体转变是建筑格局、建设标准设施、配套景观建设等全方位的变革(具有文化保留价值的区域可以保留)。这种改造方式工程大、动迁面广、成本高,一般适用于处在城市重要区域土地价值比较高,对城市规划布局有重要影响的地段。

2.滚动重建型

滚动重建型这种方式要求对"城中村"和"旧城"改造进行地块的划分,然后按照一定顺序逐渐改造,逐渐安置回迁。这种方式的改造,总成本将远低于一次性整体拆迁方式。启动资金降低,筹资难度降低。此外,滚动开发也可使土地资本更早进入资本循环,一定程度上降低了后期的开发资金。但改造过程比较旷日持久。它总体上属于整体重建型的一种变式,适用于改造资金不足或改造区域规模较大、人口较多、地价较高的情形。

3.易地置换模式

"城中村"改造易地置换的,应整村迁移。由"城中村"所在区政府按照城市总体规划和土地利用总体规划负责选址,报市政府审定。"城中村"易地改造需占用农用地的,依法办理农用地转用审批手续;需占用其他村集体土地的,依法办理征用土地审批手续。以上报政府批准后,由国土部门以划拨或出让方式供地(包括居住用地、生产用地及经济发展用地)。易地置换腾出的集体土地,依法转为国有土地进行储备。"新建公寓",安置本村搬迁居民,为改造创造条件。易地置换模式也容易产生一些问题,如"异地新建公寓"看似为居民提供了漂亮舒适的住宅,但居民失去了原来区位所具有的巨大经济价值——出租屋、集体物业以及触手可及的谋生机会。况且富裕的"城中村"和"旧城"居民已有足够资金购买自己所中意的商品房,新建公寓对其并没有吸引力。所以,易地置换模式应通过改变其物质空间模式,最终构建保证居民及集体物业收益来源的空间系统,其关键是继续让其发挥为低收入流动人口提供住房的功能。从分散、混杂、设施不足、居住环境差的传统聚落,转变为有序、设施完善、环境宜人的现代化人居环境。

4.就地改造模式

就地改造模式这种改造方式是指在整体格局不做重大调整的前提下,对局部区域、关键要素进行重点改造。这种方式一般用于在建成区,但不与城市总体景观形成强烈反差、布局比较合理、环境比较好的地块。适当增加一些文化、商业、医疗、健康等社区服务功能,实行统一管理,建设廉租房,用来安置外来人口和低收入阶层。"城中村"和"旧城"就地改造的,集体土地经批准依法转为国有土地,依法对房屋确权;除居民住宅用地外,其余土地可以进行招商引资、有偿开发。"城中村"改造过程中所获土地收益,主要用于"城中村"改造和缴纳有关社保费用。

(三)完善"城中村"和"旧城"改造模式的组合

上述三种改造主体和四种改造形式可以两两组合,形成多种基本改造模式。在实际运用中应在基本改造模式的基础上,进行更多的尝试,最好结合"城中村"具体特点,实行一村一策制度。"城中村"和"旧城"改造的配套政策首先要进行"城中村"土地制度改革,实行城乡统一管理体制,将"城中村"和"旧城"的集体所有土地统一纳入城市管理解决"城中村"和"旧城"在土地利用上的无序和低效。制定合理的拆迁补偿标准,"城中村"和"旧城"改造必然影响失去土地的居民的既得利益,为保证"城中村"和"旧城"改造顺利进行,可以采取普遍拆迁补偿安置方案与"菜单式"选择相结合的方法,对居民提供多种选择方案,最大限度满足村民的要求。对集体资产的管理及运营方式进行股份制改革,把原合作经济组织集体经营性资产经评估后分化到人,组建新的经济实体取代原经济管理职能。完善社会保障制度,彻底实现"城中村"村民由农民到城市居民的转变。集体股份制公司通过技能培训和人才竞争机制逐步替换不具备管理能力的人员,提高公司核心领导力。对原居民进行针对性的知识技能培训,引导他们参与市场就业。政府还应该提供住房保证解决外来流动人口和低收入阶层的住房供应问题,这是与土地政策同等重要的问题。如果政府不能及时提供替代品,那么这些人还会继续寻求类似"城中村"这种不规范的房屋租赁市场,重蹈"城中村"和"旧城"的覆辙。所以政府在改造现有"城中村"和"旧城"的同时一定要充分考虑当前出租屋居住者的利益,给他们提供管理规范、价格合理的廉租公寓,构建高效畅通的城乡信息交流平台用来调解改造中出现的冲突和矛盾。政府在改造的同时,必须转变居民的观念,给他们灌输新思想。"城中村"村民和"旧城"居民只有摆脱了对土地和出租屋的依赖,才能真正融入城市,"城中村"和"旧城"才会真正得到改造。新形势下推进改革发展,要全面贯彻党的十八大精神,高举中国特色社会主义伟大旗帜,以邓小平理论和"三个代表"重要思想为指导,深入贯彻落实科学发展观,把建设新型城镇作为战略任务,把走中国特色现代化道路作为基本方向,把加快形成城乡经济社会发展一体化新格局作为根本要求,坚持工业反哺农业、城市支持农村、城乡一体发展。结合我国"城中村"和"旧城"改造情况,我们应进一步改善"城中村"和"旧城"的改造思路,坚持科学发展和可持续发展的原则,以国家法律和国家指导方针为依据不断完善"城中村"改造模式。

第五节 "城中村"和"旧城"改造的保障机制和组织实施

一、法规保障

要充分利用地方立法权,加快地方性法规建设,认真研究制订城市化土地收益管理、文化保护、经济促进、社区组织体系、改造拆迁补偿标准等方面的法规和规章,使"城中村"和"旧城"改造过程中的私房测绘查丈、土地房产确认、专项规划编制、拆迁赔偿谈判、拆迁执行等各个环节有法可依,建立责权明晰的长效管理机制。

二、财政保障

努力保证对"城中村"和"旧城"改造的财政扶持力度,财政专门设立专项资金,加强对"城中村"和"旧城"改造规划调查研究、动态监控信息系统建设、相关市政基础设施和公共服务设施建设等方面的投入,补助水源保护区和生态控制线内"城中村"和"旧城"改造等项目。为了维护城市整体利益所造成的损失,扶持综合整治类改造项目。通过政策的规范和引导,积极鼓励和吸引社会资金投入"城中村"和"旧城"改造,努力形成一个多渠道筹措资金、多方共同参与改造的格局。进行改造专项规划编制研究、建设应由政府投资的市政基础设施和公共服务设施、补贴经济效益差而社会效益高的改造项目、奖励在改造过程中有突出贡献的集体和个人及支付相关的宣传费用等。

三、规划保障

根据加快城市化进程和新城建设的需要,结合"城中村"和"旧城"改造计划,研究城市更新的规律和空间战略,加快各层次城市规划的编制进度,提高详细规划的覆盖率;逐步开展对"城中村"和"旧城"地区采取"开天窗"方式或确定的规划要求不合理的法定图则的修订工作;加紧编制"城中村"和"旧城"改造的规划指引,深化落实任务部署和规划引导要求;针对基本生态控制线内"城中村"和"旧城"、具有特殊历史文化价值"城中村"和"旧城"等的特殊情况,有计划地开展专项调研,提出切实可行的改造策略和行动计划;对纳入全面改造计划范围及其他城市近期建设重点地区的"城中村"和"旧城",有计划、分步骤地加紧编制改造专项规划。

四、组织实施

各级政府和有关部门领导要充分认识"城中村"和"旧城"改造的重要意义,高度重视改造工作的组织协调和稳步推进,将"城中村"和"旧城"改造工作纳入经济社会发展的总体规划,纳入相关分管领导和分管部门工作绩效的考核指标体系。政府要加强对辖区内"城中村"改造工作的领导,贯彻落实工作要求,加强对改造项目的管理和引导;各有关部门要积极配合,通力合作,确保"城中村"和"旧城"改造工作稳步、高效、协调地推进。相关部门和机构要对照本部门职能做好相关工作,编制好本地区和本部门的工作方案和工作计划,落实好相关的财政政策和管理要求,并抓好贯彻实施和检查考核工作。市、区"城中村"和"旧城"改造的工作机构要结合本纲积极开展宣传工作,大力宣扬"城中村"和"旧城"改造的重大意义、指导思想和任务要求,并在改造过程中及时公布有关的政策安排、规划指引和实施计划等,以使广大人民群众及改造相关各方达成共识,积极稳妥地推进"城中村"和"旧城"改造工作。

总之,改革开放和城市化的成果应该惠及每一个群体,这样社会才能和谐稳定,我们在经营一个城市的时候应该用系统的和全面的眼光去关注城市中的每一个角落和群体。改革应该是革除不合理的而不是革除一切旧的,改革的目的是让各方面的因素更加协调和谐发展。在"城中村"和"旧城"改造问题上,我们不但要看到"城中村"和"旧城"中出现的问题,也要看到它们背后存在的生存机制。"城中村"和"旧城"的改造,不单单是市容环境和城市规划的问题,更是涉及制度设计、社会保障、户籍制度、流动人口管理等一系列问题。我们应该承认社会分工和阶层的存在,在"城中村"和"旧城"改造的同时,应该关注城市新移民、低收入群体的生活境况和居住环境,如同步建设足够的廉租房解决他们的居住问题。

第十一章　新型城镇化与城市违法建设治理难题

第一节　城市违法建设的含义及其危害

一、城市违法建设的含义

"违法建设"是行政管理中的常用概念,但在国家立法层面并无"违法建设"的专属概念和相关定义。在法律上,"违法建设"这一常用概念对应违反规划行政许可规定的行为,并且对应违反规划管理、土地管理和建筑管理规定的竞合性违法行为。《城乡规划法》明确"在规划区内进行建设活动"必须遵守规划法律,"违法建设"一般界定为"在规划区内违反规划法律的建设活动"。

(一)违法建设是影响"城乡空间布局"的活动

"建设活动"是行政管理习惯的常用概念。在国家立法层面,《建筑法》确立了"建筑"的法律定义,指"各类房屋建筑及其附属设施的建造和与其配套的线路、管道、设备的安装活动",它与违法建设的"建设"所指向的意义并不同一。前者包含建造和安装两类行为,后者一般不包括安装行为,同时建设活动含义也超越"建造"在结构学上的意义,建设活动除土木结构的结构学意义外,还包括社会文化和社会美感布局诸意义。鉴于规划活动的目的在于"协调城乡空间布局","违法建设应当是指影响城乡空间布局的活动。规划控制所称的空间布局,应当是指建设物和构筑物的空间布局。

(二)违法建设是违反城乡规划许可的建设活动

违法建设是违反规划控制导致空间结构改变的建筑物和构筑物修建活动。规划控制针对于没有合法规划许可的建筑物和构筑物。违法建设要么没有取得规划许可,要么超越规划许可,是违反规划许可的工程建设活动,而违章建筑是违法建设行为的物质后果。

(三)违法建设是竞合性违法行为

违法建设既是违反规划许可的工程建设活动,也是违反建筑法律管理的建筑活动,还是违反土地管理法的活动,是竞合性违法行为。根据《土地管理法》的规定,违法建设可能不具有土地使用权,根据建筑法律法规的规定,违法建设因不具有合法的规划许可,也不可能具有合法建筑许可。违法建设不仅是规划控制的事务,也是土地管理和建筑管理上的事务,在法律上违法建设对应规划法律管理、土地法律管理和建筑法律管理几个行政管理领域。城市违法建设,国家没有统一的定义,各地方政府则有明确的规定。一般是指未取得建设工程规划许可证或者违反建设工程规划许可证核定的相关内容而实施的建设。目前很多城市的违法建设均不同程度在土地、规划、建设等环节违反了相应的法律法规,突出类型主要体现在违法加盖或重建、抢种抢建、项目违建等几类。

城市违法建设具体内容主要包括:

①未申请或申请未获得批准,并未取得建设用地规划许可证和建设工程规划许可证而实施的建设;②擅自改变建设工程规划许可证的规定实施的建设;③擅自改变了使用性质实施的建设;④临时建筑建设后超过有效期未拆的建设;⑤通过伪造相关材料向主管部门骗取许可证而实施的建设。"城中村"是城市违法建设的重灾区。相较城市其他违法建设而言,"城中村"违法建设情况要严重得多,城市违法建设多在旧城区,功能设施比较落后,城市空间狭小,违法建设多为十几、二十平方米的小建筑,基本上还属小搭小建类型,临时建筑较多。而"城中村"违法建设,主要是非法占用集体土地进行建设,还有一些乡村借城乡一体化、土地复垦,招商引资,兴办乡镇企业等名义,在承包地、租赁地上大面积进行的违法建设,如厂房、沿街招租商铺、大型仓库等,动辄几百上千平方米。对此类违法建设,应按照《土地管理法》的有关规定,严肃处理。另外,也有村民私建房屋或者是在原有住房前后改建、扩建,楼顶加层。

二、城市违法建设的危害

(一)违法建设严重侵蚀了城乡公共资源

城市违法建设是困扰新型城镇化发展的一大难题。城市违法建筑物不仅严重影响了城市的市容环境,而且还带来了许多涉及城市建设和管理的棘手问题。违法建设严重侵蚀了城乡公共资源,损害了广大人民群众的根本利益和长远利益。随着城乡一体化进程的不断加快,为数不多的宝贵土地资源、发展空间受到违法建设蚕食侵占,制约了建设项目的顺利实施,对城市的发展和空间布局都有严重的影响。

(二)违法建设严重影响着城市环境和对外形象

违法建设的高强度开发和低水平无序管理,对城区的生活环境、安全环境、生态环境、治安环境、社会环境和投资环境都带来了严重威胁,给城市对外形象造成了不利影响。

(三)违法建设严重危害法律的尊严和社会公平正义

违法建设者其建房的目的并不是为了自己居住,而是想通过其违法行为,谋求拆迁补偿中获取非法利益。违建者的行为不仅践踏了法律的尊严,也使得大量财富集中于少数人手中,造成了新的社会不公。

(四)严重制约了城市建设与发展

从城市建设来看,一处违法建设就是一处很大的障碍,它不仅会增加工程拆迁量、贻误工期,而且会大大增加城市建设的拆迁成本,从而进一步加大城市建设的资金压力。

(五)违法建设带来了极大的安全隐患

违法建设既带来了极大的安全隐患,更扰乱了城市规划、建设秩序,也在一定程度上损害了政府的执政威信。随着城市加速扩张和发展,在一些城市特别是老城区、"城中村"、城乡接合部等区域违法建设现象日趋严重,带来了负面的社会效应。如果不加大查处力度、控制其蔓延趋势,违法建设将成为制约城市发展的"毒瘤"。一些"城中村"绝大部分私房都属违法建设,成了"违建村",一些违建的高层楼盘更是堂而皇之地公开销售。由于违建房屋缺乏规划、建筑质量不高,或者侵占了消防通道、绿化带等公共空间,特别是很多"城中村"房屋密布、租客众多,存在较大的消防、交通、治安等隐患。

一方面,"城中村"存在着规划滞后、缺乏统一规范的监管和管理机制,消防设施缺乏,消防安全通道狭窄等;另一方面,由于建筑密集,防火间距严重不足,人口密度大,用火用电量大,消防安全隐患十分突出。有的房屋甚至直接毗邻而建,极易造成"火烧连营"。加之住户、村民消防安全意识淡薄、自防自救能力低等,一旦发生火灾,救援疏散难度大,易造成人员伤亡。

城市违章建筑就像是毒瘤,破坏了城市规划,为城市建设带来了无穷后患。此外,它还造成土地资源使用浪费,破坏了生态环境。

第二节 城市违法建设的成因及其治理困局

一、城市违法建设的主要成因

(一)经济利益的驱使

1.多占多用

法制意识淡薄的企业或个人,对执法查处存在侥幸心理,为图私利而占用原有物业的四周空地进行违法建设。部分市民多占多用的传统思想根深蒂固,导致违法建设的不断发生。

2.开发商默许

一些小区内,房地产开发商为了吸引购买者,采取默许屋主私自占用公共用地或直接将公共用地的使用权出售给业主,以致小区内的违章建筑不断增加。

3.乱搭建投资小、回收快的出租屋

改革开放以来,个体私营企业和手工业不断发展,城区周边的民营企业及小型私企不断增多,大量的外来人员涌入城市谋生,出租屋的需求量急剧增加。一部分人为图私利,在没有办理任何手续的情况下,私自搭建房屋,出租给外来人员。

4.改变路边房功能

路边房出租价格较高,为了获取更多的利益,贪图小利者便利用路边房乱搭建牟利,有的甚者将杂物房、单车房改建后出租。

5.占用空地解决临时工吃住问题

由于城市快速发展,建设项目不断增多,工程项目雇用了大量临时工。为解决临时工的吃住问题,有些民营企业老板占用工程项目附近的空地搭

建简易工棚,影响了周边环境。

6.企图改变土地使用性质

一些农民和占用空地者(土地来源不明)在农业用地上进行违法建设,企图以移花接木的手段转变为住宅用地,改变了土地的使用性质。

7.擅自设置招牌、广告

有的工厂企业在进行宣传企业形象和产品时,为了省钱,对执法部门的查处存在侥幸心理,未经批准便将招牌、广告设置在人流量大的地方,违反城市管理的有关规定。

(二)"城中村"改造的诱惑

"城中村"改造是促使违法建设的另一个诱因。"城中村"改造对"城中村"的村民以及村组集体来说,是"城中村"在改制以前增加收入的"最后一根稻草"。从上面的调查情况来看,似乎已经说明了这个问题,一个普通村民从"城中村"改造合同签订以后,就预示着一个"百万富翁"诞生。除了以上原因,本书调查组还对已经改造或正在改造的部分村民进行了走访,主要了解根据政府有关规定,被认为是"违法建设"房屋的补偿问题。其回答基本是一致的,那就是说:"按照规定的比例或现金该怎么补偿怎么补偿。"这就使得政府部门规定的改造补偿规定形同一张"废纸"。无形中助长了有些人不惜以身试法、顶风作案的心态。前期报道的郑州市城中村在违法建设中出现倒塌、伤亡事件不无与此有关。为了得到更多的补偿,村民利用各种手段进行违法建设,根本不顾房屋的质量如何,只要建好就会得到相应的补偿,使村民认为这不是侥幸的"侥幸"。随着城市加速扩张和发展,一些城乡接合部、"城中村"和城区周边村庄被列入了征地拆迁的范围,有些住户开始大量建造或加盖房屋,有的甚至连夜盖房,以求得到巨额补偿。

(三)进城谋生群体的庞大

城市经济发达,大量外来人员涌入"淘金"。一部分人由于文化低、无技术专长,无法找到工作,处于无业状态。这部分人生活水平很低,一般没有固定的居住地。他们有的利用荒废破旧房屋进行乱搭乱建,在真空地带聚集,以拣垃圾为生,在搭建的简易窝棚周围堆放垃圾,久而久之便聚集了大量的无业人员;有的在城郊租地种菜、养猪,他们私自利用租地搭建窝棚,形成一个聚居地;有的利用对破旧房屋和闲置空地的管理松懈,在城郊画地,企图达到长期占有的目的。这些人员聚居形成一定规模后,治理难度大,不仅严重影响城市的环境卫生和市容市貌,有损城市的形象,而且容易成为罪犯的窝点,危害社会治安。

(四)审批难,跟踪管理少

一是申请土地使用的审批期长,审批所需的资料多、难度大、费用高,干脆不申报。二是不按报批的面积施工,采取少报多建的方法进行违章建设。三是管理跟踪少,即使建设项目进行了审批,由于批后管理跟不上而导致审批后违法进行建设的情况也屡见不鲜。

(五)规划执法不力

1.发现不及时,取证难

由于有关部门的执法人员少,且对违章建筑的敏感性不高,导致对违法建设的现象发现少。即便发现了违法建设,但要取证难度也大。

2.罚多拆少,威力不足

处理违法建设案件时,有关部门配合不力,思想认识不统一,而且缺乏强制手段,查处一起违法占地建房案,从立案到申请法院强制拆除完毕至少要两个半月,导致最后罚的多,拆的少。由于违法建筑未能及时拆除,造成市民群众对土地管理执法措施不严的错觉,从而助长违法乱搭建的嚣张气焰。

二、城市违法建设治理存在的主要困局

(一)规模庞大,治理难困局

违法建设量大,涉及面较广,不但城区存在,城乡接合部以及农村都同样存在,且有愈演愈烈之势,与城市发展提出的建设科学布局之城市理念极不相称。处于临街、临路,具备商业经营地块的原工业厂房,经营户易将其改建为商业用房,申请法院拆除时,往往已开展经营,执行较难,目前此类案件呈上升之势。

(二)本地执法懈怠无力困局

目前对违法建设的管理主要依靠地市一级国土局与建设规划局的两支执法大队,而基层府对辖区违法建设常常根本不履行其法定职责,置若罔闻,视而不见,甚至包庇纵容的情况屡见不鲜,此种法懈怠无力之执法已远

远不能适应当前的管理需要,无法达到管理之目的,极易造成被动管理、被动执行。

(三)违建治理的执行难困局

违法建设形成的建筑物拆除一般来说损失都比较大,被执行人情绪对立,极易引发现场矛盾的冲突,且此类案件一般都不只是一户而是几户甚至几十户,很容易引发暴力抗法,也极易造成群体性上访。同时,一般对违法建设拆除的执行,都必须提前制定执行方案,涉及部门广、人员多、花费成本高。如某市建设规划局对某镇 12 户影响市政工程的违法建设进行强制拆除。当时,镇牵头,联动城建、土管、水利、交通、电力、公安等部门,召集约400 多人,并租用挖掘机两台,最后彻底拆除房屋 21 间,建筑面积 917.74平方米,可谓是兴师动众。另从郑州商报的一则报道也可见一斑,2011 年 4月 11 日,大河网—河南商报报道:"一违法建筑遭受'严惩',部分楼层被郑州市金水区强拆,拆除面积达 380 平方米。被强拆的民房位于金水区邵庄村,楼房共有 9 层。金水区违法建设查处工作指挥部组织了巡防、执法、国土、规划等单位 500 余人,对其进行强拆。据悉,自去年郑州市开展违法建设查处行动以来,金水区通过采取三级承诺、拉网排查、强力拆除等措施,至目前已排查出违法建设 2 695 起,拆除各类违法建设 65 处,共计 7 4534.8平方米,其中强拆的占到近一半,有 32 处",仅一栋居民违法建设就动用了巡防、执法、国土、规划 4 个单位 500 余人,如果不这样就很难进行强制拆除。此外,由于城市违法建设范围、违法建设主体、违法建设形式的特殊性,根据现行有关法律和法规来进行治理,实属不易。特别是对于占据城市违法建设绝大部分的居民在原住宅上的改建和扩建现象的治理更是如此。在这种情况下即使居民不反对,如果其不主动配合对其违法建设进行处理,也是很难实现的。包括其他违法建设亦是如此,对于违法建设的处理规定无外乎整改、没收罚款、拆除等。对扩建、改造、增高部分的"切蛋糕式"的拆除处罚难以界定,一是合法性审查难以把握,二是实际执行无法操作,对混凝土结构的违法建设部分难以切割。可见,目前城中村违法建设治理的高成本性也成为政府部门大伤脑筋的事情。通过课题组的问卷调查(见表 11-1),这也是得到证明和大家公认的事实。在对政府相关部门调查的 291 人,有 207 人认为"城中村"违法建设的拆除成本太高,占到被调查人数的71.13%。

表 11-1 您认为治理违法建设的主要困难是什么？（291 人）

选项	问题	频次	百分比
B	违法建设拆除成本高	207	71.13%
C	相关法律法规不健全	242	83.16%

(四)法制建设的不完善困局

我们在对国家的相关法律和地方的有关规定和文件进行梳理和对比后,发现存在着很多的问题,特别是有些地方规定、文件中相关内容表述不清,甚至自相矛盾,这直接关系到执法部门的执法依据和执法效果,最后对很多违法建设的处理不了了之。使法律以及地方的各种规定、文件在违法建设面前显得苍白无力,毫无作用,这无疑助长了城市违法建设的抬头和蔓延。我们以郑州市为例,2003 年郑州市人民政府文件《郑州市城中村改造规定(试行)》中第四十条规定:"2000 年 8 月 9 日后原集体经济组织成员未经规划、建设等部门批准建设的住宅,按照违法建设处理,拆迁时不予安置补偿。"其有违悖法理的嫌疑。同时,第四十一条规定:"非本村村民占用集体土地建设房屋,或购买在集体土地上建造的房屋,城中村改造完成后经确认符合改造规划的,补缴土地使用权出让金及有关税费,可办理国有土地使用权证和房屋所有权证;不符合改造规划的,应予拆迁,由拆迁人按被拆迁房屋的重置建安价结合成新给予补偿。"可以看出,本村居民违反规定建设不能得到补偿,而非本村居民违反规定建设或购买的违规建造房屋可以得到补偿,殊不知其原因为何? 在 2007 年 6 月,郑州市人民政府印发的《关于进一步规范城中村改造的若干规定的通知》中,第三十二条保留了上述的第四十条的规定,取消了第四十一条的规定。再如,郑州市某区 2010 年规定:"2010 年 9 月 14 日前宅基地上原有的三层以上建筑作为临时建筑暂时保留,由违法建设者做出承诺在城市规划需要时按照有关规定拆除。"但是,2011 年《郑州市集体土地上村民住宅建设规划管理暂行办法》第九条规定:"临时建设工程的使用期限不得超过两年,使用期满后确需延期的,应当在期限届满三十日前向原批准机关提出申请,经批准可延期一次;延长期限不得超过一年。"通过对比两个文件相关内容我们可以清晰地看出,第一个文件的相关规定其实没有任何意义。就其本身来说,将以前的违法建设作为"临时建设",根本没有改变其原先违法的实质,实属牵强。即便是作为临时建设,这与郑州市的文件规定:"临时建设的使用期限最长不得超出 3 年"(含延长 1 年)来说,其实质还是作为违法建设继续存在。其他省市类似的规定还有很多。我们可以看出,对违法建设的相关规定具有很多的缺陷和不足,有的找不到相关的法律依据。这直接给执法人员施加了很大的压力,给违法建设者很多的借口。

(五)多头利益博弈的困局

在市场经济条件下,追求利益最大化一直是人们工作的目标,作为生产企业来说这样做实不为过。但是,从导致城市违法建设的直接原因来看,经济利益是其产生的根本因素。城市发展改造的巨大投入,政府不得借助于市场,利用房地产企业开展此项工作。以"城中村"违法建设为例,我们从另外一个现象还可以看出一些问题,靠近城市甚至已经被城市发展包围的村组一般来说,应该更快、更早地进行规划、改造和拆迁,但是从实际情况来看,恰恰相反,其原因何在?我们在对处于不同地域(以村组和城市的远近划分)的现象进行了走访,最后发现其中有更多的因素蕴含其中,但主要是村组现拥有集体土地多少的问题。该问题貌似与"城中村"违法建设无关,细致分析起来,却是引起"城中村"违法建设的关键因素。在调查中发现,城中村集体土地的多少是开发商考虑的关键因素,其中还有政府的提留用地、村组集体收入以及村民的补偿等因素,可见在"城中村"特别是在规划范围内并即将改造的"城中村",存在着复杂的利益博弈关系,并直接或间接地影响到了"城中村"改造的进程和违法建设的出现。我们在问及村民是否支持"城中村"改造及其原因时发现,不支持城中村改造的主要因素:一是补偿标准不透明、不合理;二是政府、村委会、开发商和居民的利益分配不均,分别占被调查人数的 43.77% 和 37.22%。同时,课题组对村民进行了走访,基本上出过问题的村庄都是由此引起的(见表 11-2)。

表 11-2　如果您不支持城中改造,那么您的理由是?（763 人）

选项	问题	频次	百分比
C	补偿标准不透明、不合理	334	43.77%
D	政府、村委会、开发商和居民的利益分配不均	284	37.22%

三、城市违法建设治理的相关对策分析

(一)加强国家法律与地方法制建设

从目前城市违法建设治理的情况来看,现有国家法律以及地方规章的

不完善是一个比较突出的问题,这给执法部门带来了很大的障碍。其主要体现在三个方面:一是在处理违法建设时主要侧重对违法建筑物的处理,而忽视了对实施违法建设人的处理;二是地方的规章等与国家法律不一致或表述不清,有时地方的规定缺少法律依据;三是在进行法制建设时,过多地侧重法律法规本身的建设,而对其宣传工作做得很少。

1.加大对违法建设实施者的处罚立法

现行有关对违法建设的处理主要有:责令停止建设、限期改正、限期拆除、罚款或者没收。《中华人民共和国建筑法》第七章法律责任中仅有第六十四条规定:"违反本法规定,未取得施工许可证或者开工报告未经批准擅自施工的,责令改正,对不符合开工条件的责令停止施工,可以处以罚款。"①其他法律责任款大都是对建设和监理单位的处罚。在 2011 年 4 月份《全国人民代表大会常务委员会关于修改〈中华人民共和国建筑法〉的决定》②中亦没有变化。2004 年《全国人民代表大会常务委员会关于修改〈中华人民共和国土地管理法〉的决定》③主要是对违法占用土地进行建设的处罚,而对村民在原有住宅上进行扩建、加建并没有任何规定。《中华人民共和国城乡规划法》④第六十四、六十五条的法律责任规定中对违法建设采取的主要手段也是"责令停建、限期改正、限期拆除和罚款"。从以上的材料可以看出,对于违法建设的处理多是对违法建筑物的处理,对违法建设的实施者的处罚很少,基本上也是停留在"罚款"层次,这对以村民在原住宅上进行的搭建、扩建为主要表现的违法建设来说,无疑是"隔靴挠痒"。根据课题组对 291 名相关人员的调查情况来看(见表 11-3),认为"城中村违法建设中急需解决的问题"主要有"加强执法队伍建设",有 196 人,占被调查人数的 67.35%;"完善有关法律政策"有 216 人,占被调查人数的 74.23%;"完

---

① 《中华人民共和国建筑法》于 1997 年 11 月 1 日第八届全国人民代表大会常务委员会第二十八次会议通过,1997 年 11 月 1 日中华人民共和国主席令第 91 号公布,自 1998 年 3 月 1 日起施行。

② 《全国人民代表大会常务委员会关于修改〈中华人民共和国建筑法〉的决定》由中华人民共和国第十一届全国人民代表大会常务委员会第二十次会议于 2011 年 4 月 22 日通过,自 2011 年 7 月 1 日起施行。

③ 《全国人民代表大会常务委员会关于修改〈中华人民共和国土地管理法〉的决定》由中华人民共和国第十届全国人民代表大会常务委员会第十一次会议于 2004 年 8 月 28 日通过,自公布之日起施行。

④ 《中华人民共和国城乡规划法》已由中华人民共和国第十届全国人民代表大会常务委员会第三十次会议于 2007 年 10 月 28 日通过,2008 年 1 月 1 日起施行。

善房屋建设制度"有 196 人,占被调查人数的 67.35％;"加大监督和惩治力度"有 180 人,占被调查人数的 61.86％。由此可以看出,加强法制建设特别是对实施违法建设人的立法建设,已是解决城中村违法建设的首要工作之一。

表 11-3　您认为在城中村违法建设中急需解决的问题有哪些?（291 人）

选项	问题	频次	百分比
A	加强执法队伍建设	196	67.35％
B	完善有关法律政策	216	74.23％
C	完善房屋建设制度	196	67.35％
D	加大监督和惩治力度	180	61.86％
E	加强对城中村村民的教育	193	66.32％

2. 完善地方法制与国家法律的对称性

地方法规是依据国家法律并结合地方社会经济发展情况而制定的,其前提是必须遵循国家的法律而不与之相悖,才能更好的服务于地方经济社会的发展并被广大人民接受和认可。如《郑州市集体土地上村民住宅建设规划管理暂行办法》(郑政〔2011〕11 号文件)第三条规定:"在城市、镇总体规划确定的建设用地范围内,已纳入近期(五年)建设或改造计划的集体土地上,不得新建、扩建住宅,村民住宅建设层数不得超过三层,每层高度不超过 3.3 米。"这个在我们进行走访时,曾受到村民的质问:"地方政府这样规定的法律依据是什么?"我们对现有关法律查阅时并没有发现相关规定。我们认为,在对国家法律进行完善的同时,必须加强地方法制建设,并使之与国家法律相对应,真正做到"有法可依、有法必依、执法必严、违法必究"。

3. 加强对相关人员的法制宣传和教育

法制教育是法制建设的重要组成部分,而我们往往重视法治本身的建设,而忽视了对法制的宣传和教育,起码不是很重视,特别是对基层农村的宣传和教育。我们对该问题进行调查时发现,对农村村民的法制教育确实存在很大的不足。在对 763 人的村民调查中,有 316 人次称自己是通过媒体了解违法建设及其法律法规的,占被调查人数的 41.40％;有 424 人次是通过别人了解相关知识的,占被调查人数的 55.60％;仅有 116 人次认为是村干部宣传的,仅占被调查人数的 15.20％(见表 11-4)。

表 11-4　您是通过什么途径了解违法建设及其法律法规的？（763 人）

选项	问题	频次	百分比
A	媒体	316	41.40%
B	村干部宣传	116	15.20%
C	听别人说的	424	55.60%
D	自己看有关文件	129	16.90%

从上面的数据分析来看，政府对基层，特别是广大农村的法制教育，基本上处于空白。这也是直接导致农民法制意识淡薄，增加违法建设概率的原因之一。我们建议，对城市居民特别是对"城中村"（包括其他区域的农村）必须加强法制教育，建立固定的法制宣传教育日活动，并把其纳入对法制教育宣传部门和干部的考核内容之中。

（二）完善各种社会保障体制

《中共中央关于推进农村改革发展若干重大问题的决定》中指出："依法征收农村集体土地，按照同地同价原则及时足额给农村集体组织和农民合理补偿，解决好被征地农民就业、住房、社会保障。"几年以来，地方政府对此基本上没有出台相关的保障措施，村民在即将失去其主要收入来源的土地时，他们想得更多的是以后的生活保障和家庭收入问题，该问题在没有得到有效保障的前提下，进行违法建设（扩建、加建）是其取得更多收入的唯一办法。

从我们对政府相关部门、"城中村"村民的调查来看，均有相同的看法。政府部门的工作人员分别有 239 人次、281 人次和 180 人次认为："居民的养老、医疗问题；居民的再教育、就业问题；发展集体经济、增加居民收入"是政府在"城中村"改造后最应该做的工作，分别占被调查人数的 82.13%、96.56%、61.86%。村民分别有 359 人次、372 人次和 463 人次认为："居民的养老、医疗问题；居民的再教育、就业问题；发展集体经济、增加居民收入"是政府在"城中村"改造后最应该做的工作，分别占被调查人数的 47.05%、48.75%、60.68%（见表 11-5）。通过以上数据可以看出，农村村民的养老和医疗、村民就业、村民收入是"城中村"改造后政府必须要重视和解决的重要工作，也是解决"城中村"违法建设的社会的、深层次的因素。

表 11-5 您认为城中村改造后政府最应该做的工作是什么?

选项	问题	相关部门调查(291人)		村民调查(763人)	
		频次	百分比	频次	百分比
A	居民的养老、医疗问题	239	82.13%	359	47.05%
B	居民的再教育、就业问题	281	96.56%	372	48.75%
C	发展集体经济、增加居民收入	180	61.86%	463	60.68%

1. 完善社会统筹保障体系

《中共中央关于推进农村改革发展若干重大问题的决定》在健全农村社会保障体系中指出"贯彻广覆盖、保基本、多层次、可持续原则,加快健全农村社会保障体系。按照个人缴费、集体补助、政府补贴相结合的要求,建立新型农村社会养老保险制度。创造条件探索城乡养老保险制度有效衔接办法。做好被征地农民社会保障,做到先保后征,使被征地农民基本生活长期有保障。完善农村最低生活保障制度,加大中央和省级财政补助力度,做到应保尽保,不断提高保障标准和补助水平"。同时,还指出"依法征收农村集体土地,按照同地同价原则及时足额给农村集体组织和农民合理补偿,解决好被征地农民就业、住房、社会保障"[①]。

可是地方政府对此并没有给予过多的关注,至少没有作为一项重要的工作去落实,课题组在对"城中村"村民行调查时发现,763人中参加"新农合"的有 383 人次;参加社会医疗保险的有 215 人次;参加社会养老保险的有 132 人次;参加商业保险的有 72 人次,另有 65 人没有任何保险。分别占被调查人数的 51.19%、28.18%、17.30%、9.44%、8.52%(见表 11-6)。可见根据国家相关的规定,该项工作还存在很大的差距。我们在对村民进行调查时得知,"城中村"无论是否改造,村委会都有一部分预留用地和公共房屋出租,为此我们可以根据国家政策,由国家、集体和个人分别承担一部分费用,参考企业职工社会保障办法,逐步完善"城中村"的村民医疗和养老保障问题。

---

① 《中共中央关于推进农村改革发展若干重大问题的决定》于 2008 年 10 月 12 日由中国共产党第十七届中央委员会第三次全体会议通过。

表 11-6　您现在参加的社会保险有？（763 人）

选项	问题	频次	百分比
A	新农合	383	51.19%
B	社会医疗	215	28.18%
C	社会养老	132	17.30%
D	商业保险	72	9.44%
E	没有任何保险	65	8.52%

2.促进集体经济发展，建立村民就业保障机制

"授之于鱼，不如授之于渔。"我们在不断完善社会保障的同时，应促进其集体经济的发展，鼓励村民自主经营，这样村民参加社会保障的资金有了保障，同时村民的家庭收入也有了提高，对促进村民就业更是很有帮助。从我们调查的情况来看，这些正是村民担心的问题。在对 763 人的调查中，担心改造后"养老、医疗没有保障"的有 336 人次；担心"家庭收入减少"的有 352 人次；担心"就业没有保障"者有 274 人次，分别占被调查人数的 44.03%、46.10%、35.91%（见表 11-7），这也和以上有关数据基本相符。另有《河南省实施〈土地管理法〉办法》第四十一条规定，"在城市建成区内，集体土地依法归国家所有后，市、县人民政府应对农民集体经济组织，计划地依法撤销村民建制，将原农民集体经济组织成员有计划转为城镇户口，并合理安置就业"。对此，我们提出以下建议：一是结合国家有关规定，制定"城中村"（特别是土地较少的"城中村"）集体企业发展鼓励政策，帮助其发展集体经济。二是结合国家相关政策（如大学生创业优惠政策等），制定村民创业优惠政策。三是与当地人才管理部门联系，开展针对性就业培训，建立"城中村"村民人才信息库，免费发布求职信息和招聘信息。四是鼓励人员密集型企业招聘人才，并给予一定的减免政策。

表 11-7　城中村改造后您担心的问题是什么？（763 人）

选项	问题	频次	百分比
A	养老、医疗没有保障	336	44.03%
B	家庭收入减少	352	46.10%
C	就业没有保障	274	35.91%
D	70 年后房子产权问题	261	34.20%

(三)做好违法建设的界定问题

要界定违法建设,首先就必须搞清楚违法建设、违章建筑与违法建筑的不同点,即违法与违章、建设与建筑两组概念的差异之处。违法的"法"包括法律、法规,而违章的"章"则指地方政府或相关部门的规定。根据宪法的规定,公民合法的财产权依法不受侵犯。由于对建筑或建设合法性的认定涉及群众的财产权等基本权利问题,如果依据的层级过低,显然与宪法等规定不相对称。尤其是1990年4月1日《中华人民共和国城市规划法》实施后,更不能把违法建设看作普通的违章行为,而应视为违法与否的法律问题。所以,违章建筑这种习惯性说法不宜再用。建设与建筑,前者的外延要比后者大。建设既包括静态的实物,也包括动态过程,而建筑仅指静态的实物。换言之,建设既可以是名词也可以是动词,而建筑则只能属于名词的范畴。明确了这两组概念,我们认为在立法及实务中应使用违法建设较为合适。当然现有的违法建设的概念是"指在城市规划区内,违反《中华人民共和国城市规划法》等法律法规的规定,未经城市规划行政主管部门的许可,或未按照许可的规定建设的建筑物、构筑物及逾期未拆的临时建设"。宜修改为"违法建设指在城市规划区内,违反《中华人民共和国城市规划法》等法律法规的规定,未经城市规划行政主管部门的许可,或未按照许可的规定从事的建设活动或由此而形成的建筑物、构筑物及逾期未拆的临时建设"。在各地拆违过程中,往往存在拆违促拆迁、拆迁带拆违、先拆违后拆迁的情况,而这必然涉及拆迁与拆违的界定问题。

概言之,拆违和拆迁有以下不同点。

(1)两者的法律属性明显不同。拆违是对违法建设进行拆除,属无偿拆除。而拆迁主要是因城市规划及公共利益的需要对合法建设进行拆除,通常按照"拆一还一"的原则进行补偿。

(2)二者在程序上也有差别,前者可以采取强制性措施,后者则需通过协议来解决。

(3)两者的法律依据不同,拆违依据的是《城市规划法》《土地法》《城市市容环境卫生管理条例》等法律法规,而拆迁依据的是国务院《城市房屋拆迁管理条例》、建设部第12号令《城市房屋拆迁单位管理规定》等法律法规。既然拆违与拆迁有着区别,所以既不能把本来需要通过属于拆迁的问题用拆违的方法来解决,也不能把本来需要通过属于拆违的问题用拆迁的方法来解决。前一种情况会侵犯公民的合法利益,而后一种情况则会加大开发成本。要避免此种情况的出现,关键是要界定好违法建设。尽管拆迁与拆违存在着众多的不同点,但从根本上而言还是涉及违法建设与合法建设的区分问题。在"城中村"及"旧城",往往是合法建设与违法建设交织,并且建设的形成有着复杂的历史原因,这显然会为违法建设的界定带来一定的难度。我们认为,为避免矛盾,有序推进拆迁与拆违工作,对违法建设的界定可考虑遵循以下原则:一是依法界定兼顾实际的原则;二是同等情况同等对待原则;三是权证确定权属原则(当然,作为例外情形,一户多宅的,应对其权证重新进行界定);四是及时张榜公示原则。

(四)厘清拆违是否补偿的问题

拆违是一项行政行为,并且是属于具体行政行为,因而要考虑是否适用行政赔偿或行政补偿的问题。行政赔偿是国家对公民、法人和其他组织因国家机关和国家机关工作人员违法行使职权行为致其合法权益受到损害而给予赔偿的法律救济制度。行政补偿则是国家对公民、法人和其他组织因行政机关和行政机关工作人员合法行使职权行为或因公共利益需要致其合法权益受到损害而给予补偿的法律救济制度。由于行政赔偿所针对的损害是行政机关及其工作人员的违法行为,而拆违显然属于行政机关合法行为,因而不能适用赔偿原则。那么,基于"有损害必有救济"的补偿观念,对行政机关的拆违行为能否适用补偿原则呢?从制度设计的意旨看,我国建立行政补偿制度是出于以下几点考虑:保护市场主体利益,促进市场经济发展;保护行政管理相对人的积极性,维护社会公共利益;保护为社会奉献者的权益,维护社会公正;保护因公益受害的受害人的权益,化解社会矛盾和保障社会稳定;保护外国投资者的利益,促进进一步对外开放和适应经济全球化。需要注意的是,前述受损害人权益都是合法的权益,所受损害都是直接损害,且相对人本人都没有过错。如果受损害人权益本身是违法权益,则失去了适用行政补偿的理论基础。因而,《城市房屋拆迁管理条例》第22条规定:"拆除违法建设和超过批准期限的临时建筑,不予补偿。"从法的功能看,法的规范作用包括:指引作用、评价作用、预测作用、强制作用、教育作用。如果对违法建设者进行补偿,则实际上对违法者的违建行为给予的是正面评价而不是负面评价,对拟建者起的是指引作用而不是教育作用,乱建乱盖之风势必会蔓延。这显然不符合法的功能所体现的价值。从这个意义上讲,也不能补偿。

那么,对困难群体救助,这是否就理解成是对违建者进行了补偿呢?肯定不能。因为,违法建设的占有人包括单位、富裕阶层等,如果要补偿就应是违法建设占有人的全体而不是部分,而拆违城市的保障措施仅仅适用于部分违建者——困难群体,并且是困难群体中的极小部分。换言之,对困难群体进行救助,这也是政府政治职能和社会职能实现的体现。任何公民,即使是罪犯(被判处死刑立即执行的人除外),政府均有义务维护和保障其生存权。法治国家的最重要特征之一是人权得到法律和政府的切实保护。而人权最基本的内容是人的生存权,生存权最重要的体现和保障则是公民的人身权和财产权。拆违作为一种政府行政行为的方式,从本质上说交织着两种价值的博弈:政府公共管理与公民基本权利的保护。城市发展以人为本,既要体现在建设上,又要体现在拆迁上,也要体现在拆违上。拆违要拆出一种精神来,把"人文精神"贯穿于拆违过程始终。在各地拆违中,并没有出现大的群体性事件,有的地方在实行零补偿后,还能保持零冲突、零事故的局面,这主要是因为以下原因:一是违建者自身存在过错,其应为自身的违法建设行为承担不利的法律后果;二是公平原则及法律面前人人平等原则在拆违过程中得到了很好的体现,不存在法外特权单位及阶层;三是违法建设拆除以后,能够改善投资环境和城市形象,在这个方面,违建者也是受益者;四是拆违伊始,各地就及时采取了相应的保障措施,确保不因拆违造成群众就业、生活、住房困难,即"无情拆违,友情操作",困难群体的生存权得到了最大限度的维护。

(五)确定违法建设拆违的纠正程度问题

如果违法建设全部被拆除,拆违无疑是取得了很好的法律实效,即人们按照法律规定的行为模式去行为,拆违所依据的法律被人们实际遵守。但有法律实效就未必有法律效果。法律效果是指法律通过实施而实现自己的社会目的、价值或社会功能及其程度。

拆违所要达到的目的包括以下几方面。

1.塑造城市形象

有的违法建设被拆除后因为资金等原因没有及时被绿化,有的违法建设本来与周围的合法建设连在一起,拆除后反而有碍观瞻。

2.改善投资环境

对投资产生影响的基本上是开发区周边的违法建设,而市区某些违法建设实际上并不影响外商投资。

3.制裁违法者

违法建设的出现既有当事人主观方面的原因,也有社会客观方面等综合因素的影响。如果对违法建设全部拆除,就正如对所有的罪犯一律适用死刑一样,这样实际上就是让违法犯罪的人承担了所有不利的后果。从法律角度而言,这显然是不公平的。并且由于时间较长,有的违建人的成本早已收回,仅仅通过拆除的手段并不足以达到制裁违法者的效果。

4.预防违法建设行为的出现

实际上,遏制违法建设是个系统工程,对违法建设的拆除并不能杜绝类似违法行为的出现,拆除违法建设仅仅是治标之举而非治本之策。要从根本上防止违法建设的出现,必须依赖于长效机制的建立。

从上述分析可以推出:拆违并不一定都能实现其本身所要实现的目的。有法律实效也不一定就能取得法律效益。评价法律效益是否得以实现,必须从经济学的视角去分析法律在社会生活中的作用效果,用经济分析方法对法律作用进行度量。对违法建设一味采取拆除的措施,既会造成资源的浪费,不利于节约型社会的构建,没有兼顾社会财富充分利用的原则,又会加大政府拆违及运输垃圾的成本。质言之,不是所有的拆违行为都能实现法律效益。由此可见,法律的实施过程应是法律实效、法律效果和法律效益的统一。如果只追求法律实效,没有法律效果或者效果较差,无法律效益或者效益较低的话,就不能实现立法者的立法目的和执法者的执法目的,法律作用的实现也就无从谈起。

《中华人民共和国城市规划法》第40条规定,在城市规划区内,未取得建设工程规划许可证件或者违反建设工程规划许可证件的规定进行建设,严重影响城市规划的,由县级以上人民政府城市规划行政主管部门责令停止建设,限期拆除或者没收违法建筑物、构筑物或者其他设施;影响城市规划,尚可采取改正措施的,由县级以上地方人民政府城市规划行政主管部门责令限期改正,并处罚款。

从该条的立法精神可以看出,对违法建设也并非要一律拆除,在必要的时候可以责令限期改正。责令限期改正是对违法行为采取的一种补救性行政措施,要求当事人在规定时间内停止违法行为,并予以纠正。这样既可以通过罚款的手段让当事人对自己的主观过错承担否定性的后果,又可以采取相应的补救措施使某些违法建设合法化,还在一定程度上减少了当事人的损失。所以,在拆违工作中,在对大部分违法建设实行拆除的同时,对小部分违法建设应采取责令限期改正的措施以消除其违法因素。例如,有的建设用地虽属农地,但符合未来用地规划,经征用后是可以转化为建设用地的;有的建筑物虽属于违反城市规划,但并不妨碍当前的城市规划或近期的城市规划;有的建筑属于程序性违反规划,即没有办理建筑工程规划手续,但工程本身实际上并不违反城市规划,如能完善相关手续,完全可以转化为合法建筑;有的建筑虽实质违反规划,即确实影响了城市规划,但经过施工改造,又是可以改正的。

(六)加强巡查,加大处罚力度

治理违法建设,必须加强巡查,及时发现违法建筑,并按规定处罚。在路面执勤时,执法人员应善于观察,及时将路面上的违法建筑情况反映给办案人员。强化投诉机制,对群众的投诉进行仔细的调查,发现情况及时处理。城市中违法建筑相对集中的地点必须通过强有力的手段予以处理,然后再向城市的其他地区开展治理行动,以达到"以点带面"的目的。在加强巡查的同时,还必须加大处罚力度。对拒不接受处理的或影响恶劣的案件,必须从重处罚,以达到威慑作用。

(七)发动社区,加强自管自监

由于不少违法建设问题出现在社区内,而且涉及社区管理以及复杂的社会关系,不适宜在一开始就采取强硬的手段进行治理,可以通过社区资源对违法建设进行监督,并充分发挥街道办事处和社区管理机构的职能来解决这方面的问题。通过调查情况、宣传教育、协调关系等方法尽可能地减少各方的争端,在必要时也可以通过有关部门采取强硬手段解决问题。这样不仅可以达到很好的宣传效果,而且实现了把工作做到基层的目标。

(八)完善标准,加快申报建设的审批

由于以往的审批标准太高和时间太长,以致合法申报建设的数量较少,这种情况不仅不利于城市建设的快速发展,还加剧了违法建设的情况。审批部门可以适当地降低申报标准,鼓励市民对合法建设进行申报。同时,审批部门要优化内部资源,加快审批的进程,缩短审批的时间,以达到为民、便民的目的。

(九)抓好配套建设和有关补偿

为了防止违法建设的发生,有关部门应在开发建设工业区时考虑区内工厂员工的宿舍等配套设施的建设以及工厂未来扩建所需用地的规划,以达到统一规划、统一管理的目的。规划部门应对房地产开发商进行监管,开发商在楼盘设计时应对小区的绿地、阳台等公共用地和自用地进行合理的规划,避免在土地使用问题上出现纠纷而导致小区管理出现混乱。违法建筑的拆除和补偿方式直接涉及村民的切身利益,直接影响到"城中村"的改造进度和成本,故不可小视。所以,要对违法建筑进行拆迁改造,一定要首先辨明现有建筑的合法性,建立一个公平合理的法律规定框架,合理合法地

解决违法建筑,保证公众利益和个体利益分配的相对公正。那种不分青红皂白地笼统谈现状情况的拆赔比,不辨现状情况的合法性如何的做法,既纵容违法者侵害公众利益,也损害合法者的正当权益,还会造成村民对拆赔比的高企,加大拆迁改造的成本。

(十)实行土地持有者负责制

为了便于对违法建设案件的处理,有关部门可以实行土地持有者负责制。当发生违法建设的情况时,处罚部门不但可以对违法者进行处罚,还可以直接对持有土地使用权的单位或个人追究连带责任,避免出现责任不明的情况。这种做法不仅能加强单位或个人对土地的管理意识,还能充分利用群众力量对违法建设现象进行监督。

(十一)相关部门配合,抓好综合治理

城管执法部门要加强与国土、规划、公安、法院等相关职能部门的配合,及时发现问题,并按照各自的相关职能及时进行处理。各部门可以积极采取措施,建立信息交流网络,不断加大联合执法力度,对城市内的违法建设进行整改,坚决依法对违法建设进行治理。违法建设问题是在城市快速发展中出现的,它实际上反映出经济建设与城市基础建设的不平衡,它是城市管理中的重点和难点。要彻底解决这个问题,必须要通过科学的分析,展开广泛的调查研究,并结合城市特点,制定具有针对性的策略,各个部门密切配合。只有这样,解决违法建设问题才不会是纸上谈兵之事!即调动基层干部的积极性,虽然违法建筑不断出现与基层干部管理不力有很大关系,但是为了村庄建设,改善村容村貌,还是要依靠他们的各种优势,发挥他们的积极性,让他们向群众做好宣传发动工作,宣讲国家新农村建设的各项政策,宣传建房的土地、规划法规。同时,政府要有计划地开展数次声势浩大的拆违大行动。各有关职能部门要密切配合,形成合力,共同推动整治行动顺利开展。市环卫管护中心要做好渣土运输管理工作,依法加强对清运渣土的运输单位、运输车辆的管理,督促、协助各责任单位做好违法违章建设拆除后的建筑垃圾清运工作;市园林局要协助市规划管理部门对侵占公共绿地、道路绿地的违法违章建设做出认定,督促责任单位做好违法违章建设拆除后的园林绿化工作;市房管服务中心要加强房屋确权、租赁和交易市场管理,严格审查各类房屋的确权登记条件,不得为违法违章建设和临时建筑办理权属登记证明;市文广新、卫生、工商、税务等行政主管部门不得为利用违法违章建设和临时建筑进行生产经营活动的单位和个人发放有关证照;供电、供水、供热、供气部门不得向违法违章建设工地和利用违法违章建设

从事生产经营活动的单位和个人供电、供水、供热和供气,已经提供供电、供水、供热、供气业务的,要立即清理纠正;对私自接电、接水、接气的行为,主管部门应当依照有关法律、法规严厉查处;法制、司法、信访部门负责做好整治工作中指导监督、行政执法、司法保障和群众来信来访接待工作;司法公证机关要做好强制拆除违法违章建设的司法公证工作,为强制拆除行动提供及时的公证服务。

查处违法建设的操作流程见图 11-1 所示。

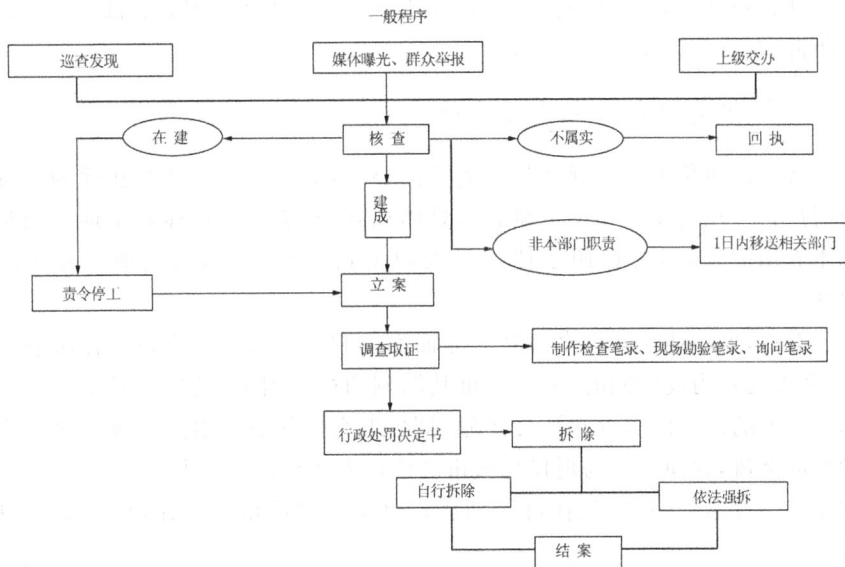

图 11-1　查处违法建设操作流程

(十二)违法违章建设整治行动要有序进行

1.宣传发动阶段

由违法违章建设整治行动办公室公布整治方案和要求;各部门运用多种形式开展专项宣传教育活动,广泛宣传整治工作的重要性、紧迫性和有关法律法规及整治政策,进一步动员社会力量,调动广大市民积极参与整治活动,争取全社会特别是当事人的理解、支持与配合。

2.调查摸底阶段

各责任单位负责对辖区内的现有违法违章建设逐街逐户调查摸底,登记造册,提出分类整治建议;违法违章建设整治行动办公室召集专题会议,根据各责任单位提出的整治建议,研究确定分类处理办法。

3.实施拆除阶段

(1)自拆阶段。应当拆除的违法违章建设,由违法违章建设单位或个人自接到限期拆除决定书一个月内自行拆除完毕。

(2)助拆阶段。对当事人同意拆除但在规定期限内未能自行拆除或自行拆除确有困难的,由各责任单位负责协调组织有关部门帮助实施拆除。

(3)强拆阶段。对执法部门已下达限期拆除决定,但当事人未自行拆除的违法违章建设,经政府批准,由各责任单位负责协调组织有关部门实施强制拆除,各部门要全力做好配合。

4.绿化美化和土地恢复阶段

各责任单位要根据规划及环境整治要求,对拆除违法违章建设的区域及时进行绿化美化。违反土地利用总体规划,非法占用集体农用地特别是基本农田的项目,要按照法律要求及时复耕到位,将违法用地恢复土地原状。

总之,城市违法建设牵涉到方方面面的利益关系。我们在加强法制建设、加大处罚力度的同时,更要注重其深刻的社会因素,特别是对于失去大部分土地的居民的教育和社会保障问题,怎么使其更好地融入现代化城市发展的潮流,并使之成为现代化城市的建设者和真正的主人,这是我们进行城市化建设遇到的更深刻的社会问题,也是治理城市违法建设的"妙药灵丹"。

第十二章　新型城镇化建设进程中的文明城镇建设

　　"文明城镇"称号对于提升城市品位、优化发展环境、扩大对外开放、增强城市软实力,特别是提升新型城镇化建设质量,促进城镇化进程健康、可持续发展,具有十分重要的意义。因此,在新型城镇化建设进程中,应注重城镇的精神文明建设,着力提升城镇的文化内涵,建设富裕文明的新型城镇。

第一节　新型文明城镇建设的重要意义

一、新型文明城镇建设是贯彻党的十八大报告的必然要求

　　十八大报告发出建设"美丽中国"动员令,并对精神文明建设做出战略部署和全面规划,指出要"要深入开展社会主义核心价值体系学习教育,用社会主义核心价值体系引领社会思潮、凝聚社会共识""倡导富强、民主、文明、和谐,倡导自由、平等、公正、法治,倡导爱国、敬业、诚信、友善,积极培育和践行社会主义核心价值观""整体提升公民道德素养""在改善民生和创新管理中加强社会建设"等明确要求。新型文明城镇建设,就是要不断提升城镇文明程度,优化城镇发展环境,核心是每一个城镇市民都要"做文明人、办文明事"。贯彻党的十八大报告精神,要求我们必须提高站位,深刻认识文明城镇建设只有起点、没有终点,努力促进各项工作上水平、上台阶。

二、新型文明城镇建设是推广全国文明城市建设经验的迫切需要

　　当前享有全国文明城市(区)荣誉称号的市(区)有53个,很多城镇都建立了在全国叫得响的工作品牌。鞍山着力打造"唱讲学做创"活动品牌,郭

明义的先进事迹在全国引起了巨大反响,全国人民都亲切地称他为"雷锋传人",与此同时一系列有影响力的工作品牌在全省乃至全国开展,如"农家书屋",这对强化舆论监督能力有很大作用。北京市西城区全面实施"经济强区、文化兴区、环境优区"战略,在新的起点上持续推进更高水平的文明城区建设。南京推出"平民英雄""温暖外来人员""慢功出细活"等许多做法,尤其是形成了向着生态南京迈进的创建特色,体现了新型城镇化的环保特色。苏州积极举办全国文明城市苏州论坛,发表了《苏州宣言》。马鞍山市深度开发李白文化、三国文化、当涂民歌等文化品牌资源,充分发挥文化效应等。另外,大庆以惠民工程为载体,在文明城市创建中提升城市品质、提高百姓福祉;银川提出巩固深化创建成果要在系统性、长效性上下功夫;包头力求把全国文明城市测评体系的各项测评指标转化为常态工作目标,把全国文明城市测评方法转变为常态管理办法;广州推进文明城市建设的常态工作和迎"国检"工作的有机结合等宝贵经验,值得我们借鉴吸收,以促进新型文明城镇建设。

三、新型文明城镇建设是促进城镇经济社会更好发展的重要保证

通过巩固文明城镇建设,真正贯彻"以人为本"的新型城镇化建设核心要求,就要加快基础设施建设,完善城市服务功能;加强城市环境综合整治,提高人民生活质量;加强思想道德教育,提高市民文明素质;转变机关作风,提高办事效率;加快发展文化事业,提高城市品位;强化社会治安综合治理、实现社会政治稳定等,从而建设良好的政务环境、法治环境、市场环境、人文环境、生活环境和生态环境,促进经济社会的全面、协调、可持续发展,保证新型城镇化建设良性开展、全面进步。正如邓小平所指出的:"没有这种精神文明,没有共产主义思想,没有共产主义道德,怎么能建设社会主义?"一个地区的发展离不开人才,有了人才提供智力保障,才能推动发展。"精神文明建设作用的目标是人的精神世界的现代化,任务是促进人的素质的全面提高。社会主义精神文明的一大任务就是培养'四有'新人。"可见通过精神文明建设提高人的素质,同时不断践行科教兴国、人才强国、创新驱动的战略思想,培养大量人才,从而为新型城镇化建设提供强有力的智力支持与人才保障。

第二节　新型文明城镇建设的目标和重点任务

一、新型文明城镇的建设目标

实现文明城镇建设目标,就是要突出重点、精准发力、注重细节、深度推进,不断改善人居环境,提高市民的文明素质和城镇文明程度,营造廉洁高效的政务环境、公正公平的法制环境、规范守信的市场环境、健康向上的人文环境、安居乐业的生活环境和可持续发展的生态环境,努力把城镇建设得更加优美、更加有序、更加和谐,促进城镇经济更加发展、政治更加安定、文化更加繁荣、社会更加和谐、民生更加殷实、风尚更加良好,努力打造文明传承创新区,努力把城镇建设成区域文化中心和精神文明高地。

二、新型文明城镇建设的重点任务

要严格按照中央文明办新颁布的《2013 年全国城市文明程度指数测评体系》和《2013 年全国未成年人思想道德建设测评体系》新要求,逐项对照检查,做好查漏补缺工作,解决新型文明城镇建设面临的主要问题,做好以下几项重点工作。

(一)解决新型文明城镇建设氛围不浓的问题

当前新型文明城镇建设氛围不够浓厚,宣传力度需进一步加强。存在的主要问题是:个别新闻媒体的文明城镇建设专题专栏时断时续,基本没有在主要版面、黄金时段刊播大篇幅、有深度的重量级报道,宣传密度、力度不够;主要公共场所、市区主干道、出入市口以建设新型文明城镇为主题的大型公益广告档次不高,广告数量较少;广场、车站、机场等公共场所建设新型文明城镇的主题公益广告少,商业广告多、乱、杂,有些地方用字不规范,制作品位低,影响了城镇形象;街道办事处和社区精神文明创建专栏内容更新慢、频率低、形式不够多样化、影响不够广泛;城镇网通、移动、联通利用手机短信形式宣传建设新型文明城镇工作力度还不够、形式不活、氛围不浓;市民对建设新型文明城镇的知晓率不够高,宣传发动还需要加大力度,城镇所有单位、全体市民参与文明城镇的积极性还需要进一步调动。这些都需要党和政府在新型文明城镇建设过程中高度重视,并着力加以解决。

(二)加强突出问题治理

当前新型文明城镇建设中还存在一些突出问题,影响城镇的文明形象。比如,个别地方垃圾乱堆乱放、"五小"反弹,卫生状况滑坡严重;少数都市村庄、背街小巷、集贸市场以及无主管企业杂居院社区人居住环境投入和整治力度不够,市民投诉较多;交通秩序不够规范,行人、非机动车乱闯红灯、乱穿马路、违法停车、乱停乱放等不文明交通行为仍然十分突出。因此,在解决交通拥堵、道路破损、道路占用、市容市貌等问题方面亟待突破,在食品行业、窗口行业、公共场所等重点领域需加大常态化检查惩处力度。

(三)要着力提高公民思想道德素质

城镇的文明程度,归根到底取决于市民的文明素质。就一些文明城镇目前的建设情况来看,随地吐痰,乱扔果皮纸屑,乱倒垃圾,乱摆乱放,私自摆摊设点,光膀子喝酒、打架斗殴、小偷小摸、坑蒙拐骗等现象时有发生,不同程度地影响了城镇的形象,而市民文明素质的提高是一个长期的过程。另外,根据问卷调查显示,"市民对政府诚信的满意度""行业风气满意度""群众对反腐倡廉工作的满意度"等指标达标情况不够稳定,体现出各级党政机关、执法部门及窗口行业的办事效率、服务水平有待进一步提高。

(四)扩大文明城镇建设投入

新型文明城镇建设中面临的一些突出问题,不论是解决交通拥堵、城市绿地建设、市容市貌整治等,还是改善居民的住房、教育、就业、养老等民生问题,都需要足够的公共建设投入,需要坚实的财力做保障。特别是地铁、城市快速路、地下管网、市容绿化等基础设施,投入大、见效慢、周期长,更需要决策者和市民形成共识,宁可在其他方面日子过紧一些,也要在这方面加大投入,补基础设施的欠账,补民生事业投入的不足。这都需要付出高昂的成本,需要大量的财政投入,而当前投入仍然不足严重制约了一些地方的文明城镇建设。另外,文明城镇建设中各项经费开支缺乏长效机制,往往突击建设时时经费比较能保证,而大量的日常文明城镇建设经费缺乏统筹规划和总体设计,经费投入随意性较大,科学性、严谨性、可持续性欠缺。

(五)坚持责权利统一,提高公共服务水平

在文明城镇建设工作中,人、财、物的调配权主要集中在上级部门,而责任主要集中在下级特别是基层一线部门,这就导致了一定程度上的责权利不均衡。同时,文明城镇建设的目的是利民惠民,本身要求政府从管理型政

府转变为服务型政府。但囿于种种原因,在文明城镇建设中往往是进一步强化了政府的城市管理角色,加大了对市民的治理力度,在给市民生活带来很多不便的同时也引发很多新的矛盾和冲突,造成许多新的不和谐因素,比如城管在文明城镇管理中和商贩的冲突等,就是其中的典型代表。如何转变管理理念,促进城市管理者换位思考,变"堵"式管理为"疏"式管理,变严打高压式管理为温情脉脉的服务型管理,达到管理者和被管理者和谐共生、互相体谅、互相支持的理想状态,依然是文明城镇建设中任重道远需要解决的问题。

(六)建立长效机制,健全领导体制、奖惩机制、网格化管理机制等,巩固提升文明城镇建设成果

当前一些地方在文明城镇建设工作中,还存在"大呼隆""一阵风"现象,突击性、突发性工作比较多,工作依然存在紧一阵、松一阵现象和应付上级检查评比现象,还没有形成健全的长效机制。监督检查偶发性、临时性较多,常态化、规范化监督不足。巩固提升文明城镇建设成果的工作机制尚未形成体系,需要在常态化、长效化上下大力气。如何经常抓、长期抓,把文明城镇建设各项指标体系分解部署,深度融入各项建设和管理事业中,融入城镇广泛开展的网格化管理中去,做到经济发展和精神文明两手抓、两不误,依然是我们需要下大力气加强和完善的重要环节。

第三节　新型文明城镇建设的对策建议

一、立足一个出发点:教民惠民、持续求进

建设文明城镇,核心是"以人为本",落脚点是人民,是通过人民群众素质的提高把城镇建设得更加美好,最终使全体市民受益,达到共建共享的目标。

(一)加强公民道德建设,持续提升市民的文明素质

加强公民道德建设,要以全面加强教育为先,同时促进学校教育、家庭教育、社会教育以及其他方面教育之间的协调,从而形成一个完备的教育体系,发挥他们各自的职能作用,才能真正地实现公民道德的提高。要突出加强社会教育,着力培养文明市民,提升文明城镇水平。加大"讲文明、树新

风"公益广告宣传力度;持续在社区、机关、学校、企业等基层单位开展"爱国歌曲大家唱"活动;深入开展"学雷锋"志愿服务,在学校开展"学雷锋"主题班日、主题队日、主题团日等实践活动,在社区开展"学雷锋,献爱心"活动,企业开展"岗位学雷锋,争做好员工"活动等方式进行宣传。着力培养提高青少年文明水平,把道德教育融入幼儿园、中小学教育全过程:一是中小学广泛开展"道德讲堂"活动;二是弘扬雷锋精神,开展志愿服务活动;三是大力推进"我们的节日"主题教育活动;四是大力推进资源节约活动,积极倡导勤俭节约之风;五是统筹相关部门综合整治对青少年成长不利的社会环境,加强网吧、歌厅等娱乐场所的管理,严禁青少年进入不良场所。

(二)加大民生事业投入,持续提升市民的幸福指数

"仓廪实而知礼节",市民民生保障程度越高,幸福指数也就相应提高,公民就有条件更加注重礼仪道德修养,更加重视营造文明美好的人居环境和社会秩序。要在经济不断发展,政府财力不断增强的基础上,不断加大民生事业投入,巩固提升教育公平、养老保障、全民医保等工作,加大"城中村"和棚户区改造及公租房建设力度等,提高公共文化体育设施建设水平等。另外,城市绿化、环境整治、社区居民环境的整洁、城市交通的畅通都是衡量城镇文明程度的重要指标。政府相关部门对此必须采取有力措施,秉行"尽力而为,量力而行"的准则,将保障和改善民生作为城镇文明建设的主线,并且通过创办和实施一系列项目来改善老百姓的生活质量,将城镇建设成为富强、文明、和谐、美丽的新型现代化城镇。

在教育方面,要进一步加大教育事业投入,提高教师收入待遇;切实解决好"入园难""入园贵"和"入学难""入学贵"的问题。首先要保障学生的教育公平,优化资助贫困学生的运行机制;其次要优化城乡之间的教育资源配置,统筹各方面资源体系,合理调配教师,使得公办学校的班级和教师都实现标准化配置;最后加大优质资源的覆盖范围,利用信息化的优势,稳步缩小区域、城乡以及学校之间的差距。

在养老方面,要健全和完善覆盖城乡居民的社会养老保险体系,随着经济的向前发展、财政收入的增加、物价在合理范围内波动等诸多因素的影响,有望实现养老金在合理范围内稳定增长,同时做好顶层设计,从根本上解决"双轨制"矛盾,以及由此形成的养老金"待遇差"问题。要加快建立社会养老服务体系和发展老年服务产业,重点发展居家养老服务,着力发展社区养老服务,统筹发展机构养老服务,保障人人老有所养、老有所依。

在医保方面,改革支付方式,健全全民医保体系,加快健全重特大疾病医疗保险和救助制度。提高城镇基本医疗报销水平,切实减轻参保人员医疗负

担。提高农村医疗保障,不断提高新农合医保补助标准。一些省市级重点医院可以定期开展对乡村卫生室的帮扶活动,重点医院可以利用自身的技术、教学、人才优势,对乡村医生进行职业培训,更新他们的医学知识和技能,提高乡村医生的技术水平和医疗服务水平,让农民享受高质量的医疗服务。

要进一步依法依规加快"城中村"改造。根据新型城镇化建设的统一部署,进一步加快"城中村"以及合村并城改造步伐,各市区范围内、各开发区范围内、开发区周边3公里范围内以及目前县城规划区范围内、新组团起步区范围内、市级以上产业集聚区范围内的村,除特色村予以保留外,其余"城中村"及合村并城等都要在规定时间内将全部启动改造。"城中村"改造是个系统工程,事关村民、租房者、开发商等多方的利益,必须坚持政府主导、市场运作、群众自愿、区级负责、因地制宜、一村一案,条件成熟一个、审批改造一个的原则,依法、健康、有序地进行,通过"城中村"改造,把原农民聚居村落变成现代化城市社区,早日改善群众居住环境和城市面貌,提升城市形象。

要下大力气实施"居者有其屋"工程。住房是广大工薪阶层和亿万农民工在城镇安身立命、安居乐业的根本和基础,住房问题决定当今中国的人心向背。特别是在谈到房地产时,在房价一直处于高高在上的情况下,许多人拿出几辈人积攒下来的积蓄,都没办法买到一套房子,甚至有的人倾其所有都无法买到一套哪怕仅仅只够容身的住房。因此,对于城市生活的工薪阶层、进城打工的农民以及"80后""90后"这些人来说,住房成为他们依靠自己的力量几乎已经无法解决的关键问题。中国的住房建设道路,总的方向就是以政府为主提供基本保障、以市场为主满足多层次需求的住房供应体系。当前要重点加大棚户区改造和公租房建设力度,试点开征房产税。要坚持以需定供、优化品种、并轨管理、分级补贴的原则,完善政策体系,科学编制规划,强化目标责任,加强建设管理,强力推进以公租房为主的保障房建设,千方百计加快住房保障全覆盖。

要进一步加大公共文化体育设施建设力度,为老百姓提供更多更好、更优质的公共文化服务。从地方实际出发,传承特色文化,加大投入,建设新型的城镇群艺馆、图书馆、美术馆、博物馆等,让公共文化基础设施遍及城乡,让公共文化活动来到市民身边,让每一个人都能享受到均等的文化服务。

二、把握两个重点:提高全民参与度与加强社会管理

(一)大力提高市民文明城镇建设参与度

要整合宣传资源,建立宣传教育中心,充分发挥媒介的作用,利用手机

短信、移动电视等新兴传播手段,调动公益广告、宣传橱窗等多种载体,积极争取记者、作家等社会力量参与到文明城镇建设的宣传报道工作中来。

一要加大公益广告建设力度。制定文明城镇公益广告覆盖标准,结合拆迁和旧城改造等工程,因地制宜加大公益广告牌的建设力度。可以在城镇的出入口、主干道节点等人多影响大的位置多设置一些大型、巨型而又美观的永久性公益广告牌,建设、市政园林等部门可以对这类广告牌的开设简化审批程序,城管执法部门可以对公益广告牌加大保护力度。建设公益广告牌的资金来源可以社会化,出资兴建公益广告牌的投资主体可以享有广告牌四分之一到三分之一的商业广告发布权。

二要开展全民环境保护活动,凝心聚力建设美丽城镇。目前一些城镇的主要街道两旁随手丢的垃圾较多,对市容市貌影响很坏。垃圾乱扔,不是只有环保部门才能管,每一个社会公众都有保护环境的责任。目前一些城镇公众的环境参与意识呈明显的"依赖政府型",公众对自身及其他社会组织应该做的环保工作缺乏清晰认识。要消除这种现象就必须充分调动公众的参与度,让更多的人参与环保。建议为了更好地促进文明城镇建设,政府需要设立文明城镇建设热线电话,这样当市民看到一些不利于文明城镇建设的情况时,例如环境卫生不干净、城市里的公共设施被人破坏、一些不文明行为或者窗口行业服务不规范等问题,随时都可以拨打热线电话进行举报。鼓励全民参与并自发成立民间环境保护组织和志愿者组织,在法律许可范围内,通过有组织的环保公益活动,引导全民参与进行环保活动。

三要大力开展文明城镇建设进家庭活动,有效扩大群众的知晓率和参与度。组织动员广大市民"人人参与、家家行动",努力"从我做起、从现在做起",积极提升文明素质,为文明城镇建设做出积极贡献。

四要市民文明培训进社区,充分发挥区、街道、社居委的作用,通过社居委,第一抓市民文明规范养成培育;第二抓载体活动,如抓文明小区、文明道路创建,积极引导市民自觉不自觉投身到文明城镇建设活动中去;第三抓文明城镇建设典型,发挥先进典型的带动力量,带动整体文明水平的提升。

五要建立完整的全民参与、鼓励机制,使人们不仅从自身做起、从一点一滴的小事做起,而且要带动周围的群众,为社会道德的提高献出自己的一份绵薄力量。同时,调动广大人民的积极性,使他们自愿投身到学雷锋、树新风、做好事等志愿服务中来。此外,大力开展一些志愿服务活动,比如扶持老人、帮助残疾人、照顾小孩等,替国家出一份力。

(二)健全市民文明素质提升的硬性制度保障

市民文明素质的提升离不开制度的刚性约束作用。目前在社会上经常会有一些失德现象的发生。例如,现在信用风险变得越来越大,主要是由于其相关的诚信体系建设不完善,让失信者有机可乘。除此之外,失德现象的频繁出现,其根本原因是我国相关法律法规的缺失,造成了无法对这些失德行为进行警戒和惩治的严重后果,以至于在一定程度上纵容了这些失德现象的发生。因此,提升市民的文明素质必须要有制度的刚性约束。

一是健全法律法规构筑道德保障体系。为了弘扬社会正气,并为激浊扬清创造良好的法治环境,需要特别完善相关的法律法规。除此之外,为了增强大家向上向善的动力,还应制定相关的奖励和保护见义勇为行为的法规条例,甚至还可以采用经济、行政等手段来引导大家,逐步形成引导与约束、自律与他律相结合的道德保障机制。

二是增强全民诚信体制建设。治理失信行为的最有效的措施是在全社会建立一套比较完整的诚信体制。经全国人大批准,我国将建立以组织机构代码和公民身份证号为基础的社会信用代码制度。2013 年 3 月 15 日,我国的《征信业管理条例》开始实施,标志着我国征信市场进入规范发展阶段。因此,应加快完善我国的征信系统使其覆盖全社会,形成一个较为完善的惩戒防范机制。此外,还应健全个人和单位的信用档案,完善"黑名单"制度,以此搭建一个统一的信用记录平台。

三是建立惩戒机制。古人云:"严刑重典者成,弛法宽刑者败。"要想把国家道德失去规范性治理好,绝不可以只靠道德的教育和舆论界给予的谴责,最主要的还是国家要制定相关的法律法规,实施相关的措施,对于那些失去道德和败坏道德的人给予相应的惩罚,对于那些违反法律的人实施必要的打击。对于公共场合的不雅行为给予严重的惩罚,是世界上大多数国家普遍采取的做法。国际上有很多例子,在中国的香港特别行政区随地吐痰,将会受到 600 港元的罚款;在英国的首都,如果车内人员向车外随意扔东西,车主就会得到 100 英镑的罚单,如果因为随意扔杂物进了法庭,就会处以 2 500 英镑的罚款。在新加坡,国家对不文明行为更加严厉,一个最好的例子就是,1993 年一个美国人在新加坡搞恶作剧,向汽车喷漆,当地政府及法院对他实施了鞭刑。

四是加强各项具体管理制度的构建,把集中治理做到规范化、常态化。把重点放到集中整治公共秩序上来,加强管理制度建设,主要包括公园广场、机场车站、旅游景区、体育场馆等场合,依法依规防范和惩处不文明行为。整治窗口行业是这次的重点,行业规范一定要严格,纪律要求必须严明,杜绝靠人情、托关系才能办事的不好现象,避免"门难进、脸难看、话难听、事难办"的社会现象再次出现,扭转"吃拿卡要"等不良举措,把暗访和集中曝光制度建立起来,把良好的政风行风树立起来。

三、着力两个难点：保障弱势群体和转变政府职能

一个城市的文明水平，不仅体现在一些重点、亮点和闪光点上，更要看城市的角落和边缘地带，看城市的穷人和底层阶层的生活状况和文明程度。城府要切实转变职能，眼光向下，关心关注关爱弱势群体民生保障，着力提高底层群众文明水平，才能为全民提升文明程度打好基础、提供前提、创造条件。

（一）解决好城镇弱势群体的民生保障

首先，党委政府要更多关注城镇弱势群体，努力使他们享有学有所教、劳有所得、病有所医、老有所养、住有所居的基本需求。公共财政要向弱势群体民生倾斜，通过提供公共产品和服务满足弱势群体的公共需求。加速弱势群体民生保障体系的构建，把公共服务体系做到公平公正、惠及全民、水平适度、可持续发展的程度，真正使全民共享改革和经济发展的成果，推动城镇向更高文明程度迈进。

其次，尽快将农民工纳入城镇救助范围。对在城镇里已经有了相对稳定的工作和居住地的农民工可以直接加入该地的城镇救助范围，对那些没有稳定下来的农民工则国家应指定统一的救助标准并建立救助基金。尽快建立城乡一体的社会救助体系，以扫除社会救助的盲区。

最后，实施就业援助，建立"流动机制"。对弱势群体的救助应考虑如何帮助弱势群体就业。一是提高其劳动技能。可让有工作能力的弱势群体在开办的免费培训班中学会一技之长。二是对那些没有正常工作能力的弱势群体中的弱势群体，可根据条件因人设岗，如开办福利工厂帮助就业。三是鼓励那些有创业欲望的弱势群体，通过减免税收、简化手续等一系列措施帮助这些人创业，或者在有条件的地方设立小额创业基金，提供免费贷款服务。

（二）加快转变政府行政管理职能

加快城镇的现代化步伐，建设更高程度的城镇文明，要求我们必须采取切实有力的措施，加快实现政府职能转变。要提升群众的满意度，关键在于提升政府形象。要以打造为民务实清廉为目标，强化政府在城市发展过程中的宏观调控、社会保障和公共服务职能。加强政府的民主化建设，提高广大市民参与城镇建设的积极性，拓宽市民参与文明城镇建设的途径。转变政府职能，放宽市场准入，凡是那些适合社会组织和企业的产品和服务应有

计划地转为社会和市场运作,通过项目管理、公开采购等方式提高效能。

四、选准文明城镇建设的突破点

(一)建立健全文明城镇建设指标体系

完善的指标体系是评价和考核文明城镇建设的重要标准,确保文明城镇建设工作的整体推进,就应构建完善的指标体系,为建设文明城镇提供科学的衡量标准。建立健全指标体系,可为具体的工作提供相应的指标、标准,能够更好地衡量建设文明城镇工作过程中各项工作完成的程度,同时可以有力监督各项工作顺利有效地完成,为巩固提升文明城镇的建设提供有力的保障。根据《全国城市文明程度指数测评体系》,可将文明城镇建设指标体系的构建工作具体化,例如,重点工作材料审核、实地考察现场、问卷调查、未成年人思想道德建设工作等部分,并对其进行细化,将每部分都具体到点,使整个指标体系能够覆盖到构建文明城镇建设的方方面面。只有拥有完善的指标体系才能使文明城镇建设工作顺利并有序地进展下去。

(二)突出"三个注重"

当前,一些地方开展文明城镇建设成效显著,但对照《公民道德建设实施纲要》《全国城市文明程度指数测评体系》《全国未成年人思想道德建设测评体系》等各测评体系标准,有很多不合标准的项目。文明城镇建设应对整体工作注重查摆,不达标项目坚决整改;对达标但标准不高项目要注重提升;对易反弹问题要注重治理。要抓好学习培训、责任分解、宣传发动、督促检查;开展好"讲文明树新风"文明道德公益广告的宣传、学习雷锋精神和参与志愿服务、道德模范的评选以及有助于形成学习道德模范、崇尚道德模范、争当道德模范的社会风范的活动;要注重抓好落实各个测评体系与文明城镇建设指数测评体系的有机结合。

(三)改善社区人居环境

市容市貌是城镇的形象,直接影响文明城镇建设的基本标准。环境卫生是文明城镇建设和城镇整治过程中最为顽固和最易反弹的问题,因此坚持做好城镇环境卫生显得任重而道远,这就更要求我们循序渐进,层层推进,在原有的基础上更近一步,开展大规模城镇无缝隙绿化、市容卫生环境整治,改善市容市貌环境。加强城市绿化工作,完成城区主要景观绿化工程,依托城镇道路建设生态廊道,提高建成区绿化覆盖率、绿地率及城市人均公园绿地面积。要加大人行道、绿化带公共服务设施的管理,确保完好整洁美观。改善社区人居环境,提升公共绿地及小区庭院绿化的管理和养护水平,确保公共绿地内的花草树木生长良好,卫生干净整洁。

(四)着力解决城镇交通拥堵问题

交通拥堵是文明城镇建设中的突出问题,是提高城镇文明水平的重难点,同时也是我们在城镇文明建设中最薄弱的环节,更是广大市民心之所系的问题。交通拥堵问题能否很好地解决直接关系到城镇文明水平的进程,关系到城镇的形象,关系到整体环境治理的进程,关系到人民群众的幸福生活,关系到一个城镇的功能效率,体现出城镇竞争力的高低。对这一突出问题,各部门要重视、要不遗余力地进行整改,在提高运输和通行的效率、道路和交通设施的效率、合理规划和建设的效率上下功夫。要分清主次矛盾,分清轻重缓急,采用科学有效的手段,及早动工,从解决最突出、最关键的矛盾、最大的瓶颈开始,通过政府和市场两大主力加大投资,集中精力和财力做最重要的、最关键、最有效的事情,从而使交通拥堵的问题得到一定程度的改善,使市民的生活得到应有的提高。具体应做到:规范车辆管理,对进出城镇的各类运营车辆加强管理,做到各类客运车车容整洁、遵守交通规则;要加强机动车辆停放管理,科学划定停车区域,从严查处机动车辆乱停乱放、随意掉头等行为;完善道路标志标牌,要做到各类交通设施、道路标志标线规范醒目,交通警示牌无破损倾斜,确保交通秩序井然有序;交警部门要合理设置路口红绿灯的通行时间,避免形成车辆拥堵。

第四节　构建新型文明城镇建设的长效机制

建设新型文明城镇,关键在长效,核心在机制。要在狠抓文明城镇建设常态管理的同时,探索完善长效机制,确保文明城镇建设工作常态化、具体化,推动精神文明创建工作步入科学化、制度化的发展轨道。

一、建立统一指挥、整体推进的组织领导体制

加强文明城镇建设,必须上下联动、各方协同,加强党对关键部门关键位置的干部的培养、任用和监管工作,建立"党委政府统一领导,文明委组织协调,党政部门各负其责,人大、政协视察监督指导,群众组织密切配合"并纳入网格化管理目标的文明城镇建设长效机制。

（一）党委政府统一领导

要强化党对重要部门的干部的培养、任用和监管的组织领导,把《全国文明城市测评体系》的内容、文明城镇建设的目标任务纳入城镇经济社会发展总体布局中,与各地、各部门经济社会发展目标和工作职责相衔接,同步布置、同步落实、同步推进。要充分发挥党总揽全局、协调各方的领导核心作用,着力提高政府执行力,形成党委政府齐抓共管局面。建议设立党委政府主要领导担任组长的新型文明城镇建设领导小组,负责新型文明城镇的总体设计、统筹协调、整体推进、督促落实。严格落实层级责任制度、"一把手"责任制度、督查问责制度等,以坚强的组织和制度保障,确保完成新型文明城镇建设的各项任务。

（二）文明委组织协调

文明委必须在党委政府的统一领导下,组织和协调各相关部门,根据《全国文明城市测评体系》,制订《文明城镇建设责任分解书》,切实推进各项任务的完成。对涉及多个部门和单位的文明城镇建设工作,文明委要积极主动、认真负责,搞好组织协调,相关单位要不等不靠、积极配合,自觉抓好落实。着力推进各成员单位的工作职能,坚持协调牵头部门与职能部门,促进重点工作与长效建设共发展,结合常态性督查与阶段性考评,注重推进文明建设各项工作。

（三）人大、政协视察监督指导

要高度重视发挥人大代表和政协委员的作用,每年要向人大代表、政协委员通报文明城镇建设工作情况,人大代表和政协委员通过巡视纠察、建言献策,增进提升文明城镇建设各项工作的水平。对于他们提交的涉及文明城镇建设工作的议案、提案,要在最快的时间完成,使得人大代表、政协委员的满意率得以提升。要不断创新监督工作的方式方法,人大代表、政协代表通过参加定期举办新型文明城镇建设工作交流会、现场会,针对建设过程中出现的问题及时通报并且调整限期;同时通过组织人大、政协组织实地视察、督查、点评等形式,整体推动文明城镇建设工作深入开展。

（四）群众组织密切配合

倡导社会组织联动机制,重视服务群众,同时结合动员全民参与,把"共有资源、共创文明、共享成果、共建家园"作为核心,深入开展新型文明城镇建设工作,推动其更快地发展。在各个行业、部门单位,大到机关事业单位、学校以及医院等,小到各乡镇事业单位,甚至在街道办事处,采取定期举办座谈会、悬挂宣传标语、启用宣传车、制作专栏板报等各种可促进文明建设工作发展的形式,将"八荣八耻""三管九不"市民行为规范》《公民道德建设实施纲要》以及《市民公约》进行更大范围的宣传,使"讲文明、讲卫生、讲科学、讲公德"的理念深入民心,同时加强群众的责任意识和主人翁意识。地方和驻区部队紧密联合,共同进行市容市貌整治、道路绿化亮化、义务植树、扶危济困等活动。各群众团体,如共青团、工会、妇联等,利用自身与群众联系紧密的优势,组织更多别具一格、引人注目、各式各样的文明建设活动,吸引更多的群众参与进来,进而扩大群众的参与率。

(五)纳入网络化管理目标

积极探索在中心城区社区和城郊村镇开展文明网格化管理工作,建立网格化文明管理分工负责制,构筑文明城镇建设工作网络,努力把社区居民和基层群众的力量凝聚起来,把社区和村镇党员、骨干的作用发挥出来,把文明城镇建设工作渗透到社区和基层工作的各个方面,形成文明城镇建设工作新格局。将网格管理工作纳入创先争优活动和文明城镇建设考核体系,纳入街道社区和党员干部年度绩效考核,督促指导网格管理人员采取上门走访、电话联系、蹲点联系等方式,开展经常性联系服务活动,全面了解情况,准确掌握群众诉求。

二、建立常态化网络宣传教育机制

面对网络带来的信息流动速度加快、流通途径多样、网络舆论泛滥等各种变化,我们应该积极地面对、大有作为,探究和建立网络文明宣传教育工作机制,努力形成"文明宣传铺天盖地、先进形象顶天立地、丑恶现象轰然倒地"的文明熏陶长效机制。

(一)组建网上文明宣传教育队伍

应当组建一支网上文明宣传教育队伍,他们应当具有较高的素质、道德素养、文字表达能力、一定的网络技术水平和较高的政治觉悟。从人员组成上看,可由文明志愿者、教师、行政工作人员、人民调解员、社工、社区民警、居(村)委干部等构成;从组织构架上看,要确立自上而下的组织网络,按照实际情况区分虚拟责任区;从工作职责上来看,主要是按期对虚拟责任区的各大论坛、微博进行监管,对网上可以直接回答的道德问题进行处理,对敏感问题、重点事件和可能引发后果的言论及时地汇总汇报。

(二)建立网上文明宣传教育平台

要做好充足的准备来考察本地区的网络实际情况,如微博、博客及其他一些网上交流平台的实际情况,弄清楚网络信息底数。通过与互联网服务提供商、论坛提供单位等商议,适时在网上开通"网上道德文明咨询""网上调解"等功能,先进行局部试点,摸索探究出好的方法和机制,待成熟后再推广。另外,还应当与电信服务商、移动、联通等无线通信网络服务提供商进行协商,逐渐创办在无线通信网络领域开展文明宣传教育的平台,如在手机新闻播报中加入文明宣传的内容,在某些特殊时期,针对特殊人群进行通过发手机短信的方式来宣传文明教育,用手机短信的这种方式对公众的道德需求进行调研等。在与相关服务提供商协商的同时,应当摸索出一条可以长期发展的道路,找出公益与效益相结合的双赢模式。

(三)构建网络舆情危机处置机制

建立一套自上而下的网上舆情危机处置联动机制,划分好各单位成员的职责跟分工,并且由各级文宣办按照各地的具体情况,开展具有针对性的网上文明宣传教育工作。在工作中,如遇网民在网上埋怨、诉苦、对政策有所质疑等情况,由各虚拟责任区文明道德工作者进行网上沟通解决和文明宣传。

(四)降低成本、整合资源、寻求共赢

充分地利用网上资源进行宣传,从而建立一个完整的网上文明宣传框架。随着网络城镇和网络商务的迅猛发展,人们的生活、消费越来越多地在网络上进行,智能手机的网络沟通已成为市民必不可少的交流方式,网络占据人们的生活时间日益增多,对人们的价值观念和文明习惯起着巨大的潜移默化的影响。因此,要充分重视网络阵地,整合网络资源,在发挥网络方便快捷的交易沟通作用同时,加强网络的文明道德建设。从全国互联网发展来看,微博、博客、微信、易信、网上通信、网上商业交易等简便快捷,网络越来越成为人们沟通的一个不可或缺的渠道,因此网络必将成为一个消息的集散地,成为人们传播、获取消息的纽带。而网络传播的消息真真假假,有好有坏,有积极中肯的意见建议,也有坑蒙拐骗的"钓鱼网站",推动网络建设,维护网络健康发展,势在必行。构建文明城镇,网络需先行。

三、构建主要领导直接负责的经费投入和人事配备体制

健全文明城镇建设的长效机制是涉及整个城镇政治、经济、文化和社会各个方面的社会系统工程,必须在精神上坚守、行动上坚持、措施上坚决,形成"领导直接管、经费很充足、人员能保证、事事能落实"的人力物力保障长效机制。

(一)领导直接管,着力构建长效综合管理机制

建立领导责任机制要求采取"省市联动、市区同创、军民共建、条块结合、领导分包、全民参与"的办法,充分发挥市文明委、市管理委员会和城区领导小组之间相互协调配合,完成城市体制改革,将"事权一致,分级负责"作为原则,使城市管理体系得到进一步的完善,从而形成"协调一致,分工明确"的管理体系。建立领导班子成员分工负责制度,做到事事有人管,人人有专责,并要切实履行自己的职责,独立开展工作,又要密切配合,关心全局工作,积极参与领导,做到分工不分家,创造团结协作的人际关系和良好的工作环境。

(二)经费很充足,着力构建长效综合财政机制

要健全完善文明城镇建设的财政机制,为了使常态化文明城镇建设顺利进行,需要加大经费的投入,使重要项目及活动的经费得以保证。把精神文明建设划分到社会发展的总体规划中来,把专项和日常工作经费都归入财政预算。财政投入要将社会事业、城市管理和基层社区作为重点。将《全国文明城市测评体系》作为标准,将新闻媒体和城市户外广告资源按照一定的比例投入关于常态化文明建设的宣传。最后,还需要把精神文明建设的各项表彰奖励制度继续执行下去。

(三)人员能保证,着力构建长效综合人力机制

建设文明城镇,必须有充足的人员保障,保证各项工作有人抓、有人管,防止过去"说起来重要、做起来没人"问题的发生。因此,要强化工作人员保障,逐步完善和强化市、区两级精神文明建设的专职队伍力量,打造一支具有政治很强、业务精良、纪律严格、作风纯正的精神文明建设队伍。

(四)事事能落实,着力构建长效综合实践机制

构建文明城镇的目标十分明确,任务已经分解到位,关键在于狠抓落

实。当前要对照标准全面排查,巩固成绩,补缺补漏,狠抓贯彻执行。一定要在某个具体的环节上拿出实招、办实事、务实效,把工作的重点放到解决薄弱环节、突出问题这两个方面上,尤其要针对自身不足采取改进措施。要一切从实际出发,理论联系实际,不夸大,不缩小,脚踏实地,做好各项工作。

四、建立责权利统一的绩效评价体制

把文明城镇建设的工作情况,作为评价各级领导组织和领导干部业绩的一项重要指标,监察部门要把它并入考核部门单位效能建设的评价体系,实现"责任主体清晰化""目标考核具体化""监督检查常规化"。

(一)创建"有权必有责、有责必有利、无责必去权"的分工负责长效机制

依照权责统一、建管并重的理念,寻找建立和城市发展相适应的长期有效的管理运行机制,综合利用法律政策、文教传媒等手段,攻克难点、提高效能。合并和理清市、区各部门间的关系,为长期有效地管理提供人力、物力、财力的支撑,形成一种"统一规划、归地管理、分级负责、市场运作"的工作格局。要增强城市的管理,达到使城市管理权力能够真正地下移,让城乡两区包括其街道、社区承担应有的责任、义务,还有必要的行政执法权和处罚权(即可以采取交托授权的方式),并且把政府、资金、人力发放给基层,做到责任、权力及利益相互统一,效率和效益相互一致。

(二)要提高专兼职人员队伍责权利的平衡和协调

要制定严格的专兼职工作人员的编制统计系统,明确其工作内容以及注意事情。明确专兼职人员责权利的各种类型,责任、权力、利益维持一种平衡的关系,不能有明显的差别,承担一定得责任就要给予其相应的权力与利益,这样才能约束其行为的同时又激发其工作积极性。

(三)要建立人民群众的评价监督反馈机制

紧紧依靠人民群众作为强大的监督者,规范专兼职人员的执法行为,专兼职人员责权利统一的绩效评价也有据可查。意见反馈评价机构的负责人由各地组织部领导兼任,由纪检系统辅助,保证评价机构的工作顺利进行。

五、完善干部带头和全民参与的奖惩体制

加强新型文明城镇建设,需要全体市民人人负责、人人参与,心往一处

想、劲往一处使,强化"纵向到底、横向到边"的"责任环","相互衔接、相互监督"的"约束链",形成"一级带着一级干,一级做给一级看"的良性循环,使文明城镇建设真正做到领导负责、上下同心、严格规范、有序推进,形成"干部带头、全民动手、同舟共济、共建共享"的齐抓共管长效机制。

(一)干部要带头

创建和完善各项工作机制,促进领导干部以身作则,深入群众,深入基层社区,带头宣传推动,让市民关注知晓此事,同时了解基层存在的问题和听取基层的意见建议,结合工作实际,因地制宜地设计载体和抓手,制定与本地区本部门相适应的文明城镇建设实施方案,制定完备的奖惩政策,确保各项工作任务得到贯彻落实。实行文明城镇建设督查周报制度,严格对照《全国文明城市测评体系》和《全国未成年人思想道德建设工作测评体系》进行反复地检查,对于那些未加整改事项、反复事项,以督查专报、文明城镇建设督查通知书等形式向上级党委、政府报告。

(二)全民要参与

以"让群众参与、使群众得益、受群众监督"为要求,积极探索广大人民群众参与文明城镇建设的新途径、新办法。基层社区组织应积极组织社区活动,主动处理社区居民之间的矛盾,构建和谐社区。充分发挥在校师生人员集中的特点,加强宣传教育,让大中小学生成为宣传文明城镇建设的生力军,从而带动市民家庭对文明城镇建设的了解,主动加入弘扬文明行为的行列中来。城镇的各种社会组织、社会团体,尤其是新闻媒体,应当积极宣传,大力引导,让真善美得到弘扬,让假丑恶得到惩处,使得文明新风弥漫各个城镇。

总之,文明城镇建设不仅是一项社会系统工程,同时也是一项需要长期进行的工作任务。只有着力于把文明城镇建设的各项测评指标转化为各级党委、政府的日常工作重点,进一步提升文明城镇建设水平,在更高水平上深入推进文明,才能构建具有时代特征、地域特点的社会发展特色和文明优势。城镇建设工作,使文明城镇这个新型城镇化的亮丽名片更加璀璨夺目!

参考文献

[1]厉以宁,艾丰,石军.中国新型城镇化理论与实践丛书:中国新型城镇化概论[M].北京:中国工人出版社,2016.

[2]杨会春.推进新型城镇化建设学习读本[M].北京:人民出版社,2014.

[3](德)勒施.经济空间秩序[M].北京:商务印书馆,2010.

[4]郝寿义,安虎森.区域经济学[M].北京:经济科学出版社,1999.

[5](美)赫希(Hirsch,W.Z.).城市经济学[M].北京:中国社会科学出版社,1990.

[6](苏)伊利英(Ильин,И.А.).城市经济学[M].北京:中国建筑工业出版社,1987.

[7](美)配第(W.Petty).政治算术[M].北京:商务印书馆,1978.

[8]尚娟.中国特色城镇化道路[M].北京:科学出版社,2013.

[9]新玉言.国外城镇化比较研究与经验启示[M].北京:国家行政学院出版社,2013.

[10]李从军.中国新城镇化战略[M].北京:新华出版社,2013.

[11]中华人民共和国国家统计局.中国统计年鉴[M].北京:中国统计出版社,2012.

[12]王艳成.城镇化进程中乡镇政府职能研究[M].北京:人民出版社,2010.

[13]姚士谋.中国城镇化及其资源环境基础[M].北京:科学出版社,2010.

[14]《中国新型城市化报告》研究编纂委员会.中国新型城市化报告[M].北京:科学出版社,2010.

[15]吴莉娅.城市化动力[M].哈尔滨:黑龙江人民出版,2010.

[16]尹丽娜,尹海燕.西方生态社会主义思想对我国生态文明建设的启示[J].教育教学论坛,2013(52).

[17]闫梅,黄金川.国内外城市空间扩展研究评析[J].地理科学进展,2013(07).

[18]张占斌.新型城镇化的战略意义和改革难题[J].国家行政学院学报,2013(01).

[19]杨艳."两化"互动统筹城乡是科学发展观的具体实践[J].四川农业科技,2012(12).

[20]张青,安毅.我国粮食安全与粮食储备体制改革方向[J].国家行政学院学报,2009(05).

[21]冯俏彬.我国应急财政资金管理的现状与改进对策[J].财政研究,2009(06).

[22]朱铁臻.中国特色的新型城市化道路[J].北京规划建设,2008(05).

[23]刘荣增.城乡统筹理论的演进与展望[J].郑州大学学报(哲学社会科学版),2008(04).

[24]约翰·弗里德曼,刘合林.中国城市化研究中的四大论点[J].城市与区域规划研究,2008(02).

[25]詹宏伟.当代国外发展观的演进述评[J].毛泽东邓小平理论研究,2008(03).

[26]郑新立.全面认识与把握我国经济发展走势[J].求是,2013(21).

[27]方辉振,黄科.新型城镇化的核心要求是实现人的城镇化[J].中共天津市委党校学报,2013(04).

[28]宋伟.传统城镇化路径反思与河南新型城镇化路径选择[J].区域经济评论,2013(03).

[29]宣晓伟.过往城镇化、新型城镇化触发的中央与地方关系调整[J].改革,2013(05).

[30]张占斌.城镇化需在体制机制改革上有突破[J].投资北京,2013(05).

[31]王素斋.新型城镇化科学发展的内涵、目标与路径[J].理论月刊,2013(04).

[32]张占斌.新型城镇化的战略意义和改革难题[J].国家行政学院学报,2013(01).

[33]邵宇,王鹏,陈刚.重塑中国:新型城镇化、深度城市化和新四化[J].金融发展评论,2013(01).

[34]邓祥征,金琴,林丹琪.中国西部城镇化发展模式研究[J].农村金融研究,2012(02).